einfach
natürlich

Wir wollen wieder Spaß am Essen haben, aber auch nicht die Augen verschließen vor BSE, Salmonellen, Schwermetallen, Nitrat und Antibiotika. Wir lassen uns den Genuss nicht madig machen. Und deshalb haben wir mit Landwirten gesprochen, pickenden Hühnern zugesehen, Käse selbst gemacht, Gärtnern beim Jäten geholfen und Bäcker über Sauerteig ausgefragt. Schließlich wollen wir wissen, was wir essen, und wieder richtig glücklich schlemmen. Das schöne, satte Gefühl erleben, sich was Gutes zu gönnen! Mit Fix-und-Fertig-Produkten samt Zutatenlisten klappt das nicht! So ein Gefühl kommt beim Butterbrot, dick mit Quark bestrichen und darauf ebenso dick Schnittlauch. Und beim Feldsalat mit frischen Feigen und feinen Streifen Bündnerfleisch. Zum Reinsetzen gut. Oder doch lieber was Süßes? Schon sooo lange keinen Kirschenmichel mehr gemacht. Und Apfelmus!! Ja genau, so ganz frisch! Mit irgendwas dazu, Kartoffelpuffer? Oder Vanillesahne? Oder.... na, das entscheiden wir beim Apfelschälen.

Dieses Kochbuch liefert den Beweis, warum natürlich genießen das Beste im Leben ist. Mit lauter Rezepten zum Fingerablecken und vielen Fakten für Richtig-Besser-Esser. Für jeden, der mehr über sein täglich Brot wissen will, um mit Freuden reinzubeißen.

Know How

»Was kann man denn noch essen?« Alles!

Wenn man weiß, wie, wann, von wem ...

Jeden Monat ein neuer Skandal. Da kann einem der Appetit vergehen. Doch wer jedesmal in Panik verfällt, landet bald bei der Nulldiät. Und ja kein Wasser dazu trinken – voller Kupfer aus den Rohren! Statt Hysterie hier Hinweise, wie es um die Qualität unserer Lebensmittel bestellt ist und gleich vorweg die frohe Botschaft:

Angstmachen gilt nicht! Mitmachen zählt.
Damit es uns wieder richtig gut schmeckt.

Weder Schönfärben noch Schlechtreden wollen wir, sondern einen breiten Weg bahnen durch den dunklen Dschungel der Ernährungsinfos hin zu einem guten Gewissen beim Schmausen und Schlemmen. Denn nichts wäre blöder, als bei der leckeren Spinatlasagne an Nitrat zu denken und beim saftigen Rinderbraten an BSE. Was man dazu braucht, sind einige gute Infos, mit denen man konkret was anfangen kann und die einem nicht nur schwer im Magen liegen.

Also dann, guten Appetit!

Gemüse & Obst –
Kunterbunt ist gesund

Aromen und Farbstoffe sind Heilmittel. Was schmeckt, ist auch gesund. Mit Nase und Augen auf dem Weg zu den besten Lebensmitteln.

Wissenschaftler schauen in Nährwerttabellen, wenn sie den Wert eines Lebensmittels erfassen wollen. Ihnen geht es um Vitamine und Mineralstoffe, um Cholesterin, Purine, Spurenelemente und Ballaststoffe. Doch wer Lebensmittel nach Kalorien, Fetten, Vitamingehalt und Mineralstoffwerten klassifiziert und beurteilt, vergisst, dass wir nicht nur essen, um Nährstoffe aufzunehmen. Wir essen, um zu genießen. Geschmack lässt sich nicht in Zahlen messen und schert sich wenig um Nährstoffbedarf, Höchstwerte und Tabellenkalkulationen. Doch den ziffernverliebten Erbsenzählern unter den Diätexperten droht jetzt ohnehin das Aus: Was Genussmenschen schon lange wussten, merken seit einigen Jahren auch Mediziner, Lebensmittelchemiker und Ernährungswissenschaftler. In unseren Lebensmitteln schlummert viel mehr als wir bislang messen konnten. In ihnen verborgen sind Aromastoffe, Gerbsäuren, Farbstoffe, Milch- und Fruchtsäuren und so manch andere Stoffe, die bislang nur selten beachtet wurden, weil sie angeblich keinen gesundheitlichen Nutzen haben. Dass diese Stoffe aus einem Lebensmittel ein Genussmittel machen, das wir gern sehen, fühlen, in den Mund nehmen und essen, interessierte kaum jemanden. Doch neue Forschungen zeigen,

dass genau diese Substanzen nicht nur dem Gaumen oder dem Auge gefallen. Sie fördern in ganz erheblichem Umfang die Gesundheit. Und erst jetzt widmen sich auch mehr und mehr Wissenschaftler diesen Aroma- und Farbstoffen und entdecken Substanzen, die sie sekundäre Pflanzenstoffe oder bioaktive Pflanzenstoffe nennen.

Eine Astronautenkost aus allen bekannten lebenswichtigen Nährstoffen mag zum Überleben ausreichen. Um lange gesund zu bleiben, reicht es nicht. Es fehlen genau diese bioaktiven Substanzen. Sie schützen vor Krankheiten und sind derzeit das Lieblingskind vieler Ernährungsforscher. Darüber freuen sich alle Genießer, werden doch nun endlich ihre Interessen an möglichst leckeren und farbenfreudigen Lebensmitteln auch von Medizinern und Ernährungsexperten geteilt.

Die neuen Gesundheitsstoffe können wir anders als all die Vitamine, Mineralstoffe und Spurenelemente schmecken und riechen. Das macht den Einkauf leichter. Denn wir brauchen keine dicken Nährwerttabellen, sondern eine gute Nase und die Freude an farbenprächtigem, knackig-frischem Gemüse und Obst. Da kann man nur hoffen, dass

nicht eines Tages findige Gentechnologen Farb-, Aroma- oder Frischegene beliebig manipulieren können und eine Tomate, eine Erdbeere oder ein Apfel noch nach Monaten aussehen wie frisch gepflückt.

Achtet das Aroma

Die frischesten und damit auch gesündesten Produkte lockten schon immer durch ihren Duft und ihr Aroma. Das Schnuppern an der Melone oder an der Ananas weist beim Einkauf den Weg zu voll ausgereiften Früchten. Und zu den besten Lebensmitteln, weil die Aromastoffe die Gesundheit schützen. So enthalten Zitrusfrüchte den Geschmacksstoff Limonen (bitte auf der dritten Silbe betonen, es handelt sich ja nicht um den kleinen, grünen Bruder der Zitrone). Dieses Limonen gilt als krebsvorbeugend, weil es Entgiftungsenzyme aktiviert. Ein anderes Beispiel ist das Capsaicin in Chilischoten. Ein Scharfmacher, der Bakterienkeime vernichtet. Noch mehr Beweise gefällig, warum Lebensmittel mit viel Geschmack auch gesund sind? Es gibt jede Menge: Die Aromastoffe im Kohl, im Rettich und im Senf sorgen für einen schnellen Abbau von Krebsauslösern und wehren Bakterien sowie Viren ab. Gerbstoffe im Wein tragen viel zum Geschmack des edlen Traubensaftes bei, aber auch zu seinem Ruhm als Gesundheitselixier für Herz- und Kreislauf. Seit Jahrhunderten bekannt ist die Gesundheitswirkung einer ganz anderen Gruppe von Aromastoffen: die Schwefelverbindungen im Knoblauch. Sie senken den Blutdruck, die Cholesterinwerte, helfen bei verengten Gefäßen und stärken die Abwehrkraft! Deshalb: Schnüffeln, schnuppern, riechen, wittern und jeden Geruch wahrnehmen, den aromatische Lebensmittel zu bieten haben. Beim Wein, beim Senf, bei Zitronen, Tomaten und natürlich auch beim Knoblauch!

Fröhnt den Farben

Ein großer Teil der heilsamen Bioaktivstoffe ist leicht mit dem Auge zu erkennen. Das Rot einer Paprika, das satte Grün des Broccoli, der dunkelrote Ton einer Herzkirsche oder die violette Farbe mancher Beeren. Diese Farbstoffe genießen mittlerweile als gesunde Bioaktivstoffe hohes Ansehen. Einer davon, das Beta-Carotin, hat sogar als Vorstufe des Vitamin A einen Vitamin-Status erhalten. Vermutlich fehlt dem Körper das Beta-Carotin aber weitaus häufiger als das Vitamin A. Denn Beta-Carotin brauchen wir als Schutz gegen Schadstoffe. Genau so wirken all die vielen anderen bunten Pflanzenfarbstoffe.

Einfache Faustregel: Je kräftiger der Farbton, desto mehr Schutzstoffe liefert ein Lebensmittel. Wer schon immer nach der »orangesten« Möhre, der »blausten« Weintraube oder der »rotesten« Tomate griff, tat gut daran, seine Lebensmittel nach dem Äußeren zu beurteilen. Denn hier zeigen sich (meist) auch die inneren Werte.

Schützt die Schalen

Selbst wenn wir die Lebensmittel mit Nase und Augen ausgesucht haben, kann es den wertvollen Bioaktivstoffen noch ziemlich an den Kragen gehen. Die leckeren Gartengenossen wollen richtig und mit etwas Verständnis behandelt werden. Generelle Ratschläge sind schwer zu geben. Dem einen Bioaktivstoff tut etwas Hitze gut: So geben gekochte Möhren und Tomaten mehr von ihren gesunden Farbstoffen an den Körper ab als in roher Form. Andere ziehen es vor, ungekocht verzehrt zu werden, etwa die Farbstoffe im Spinat oder Kopfsalat. Doch fast alle Bioaktivstoffe zittern vor Schälmessern. Oft verbergen sich die gesunden Farb- und Aromastoffe gerade in den äußeren

Schichten der Pflanzen. Direkt unter der Schale von Kartoffeln, Äpfeln, Tomaten, in der äußersten Schicht der Möhre und in den Deckblättern des Kopfsalates steckt das, was den Lebensmitteln Farbe, Geschmack und Gesundheit gibt. Schützt also die Schalen. Wenn immer möglich nicht schälen, schneiden und schnippeln. Und wenn wie bei der Kartoffel oder hin und wieder bei der Tomate die Schale weg muss, dann gaaanz vorsichtig: Mit der Schale erhitzen und dann erst schälen. So löst sich die Schale problemlos vom Untergrund und man schneidet keinen Millimeter zu viel ab. Doch ansonsten die Lebensmittel mit Haut und Haaren genießen.

Nieder mit dem Nitrat

10 Anti-Nitrat-Tipps für nitratreiches Gemüse: Endivien, Feldsalat, Fenchel, Kohlrabi, Kopfsalat, Mangold, Portulak, Radieschen, Rettich, Rhabarber, Rote Bete, Rucola, Spinat

1. Gemüse aus Freilandanbau kaufen
2. Gemüse aus Bioanbau kaufen
3. Gemüse in der Hochsaison kaufen
4. Nur ganz ausgereiftes Gemüse kaufen mit möglichst grünen Blättern
5. Gemüse am Nachmittag oder Abend ernten (sorry, Tipp ist nur für Hobbygärtner)
6. Gemüse nicht tagelang liegen lassen, sondern frisch zubereiten
7. Gemüse plus guten Vitamin C-Spender essen (hervorragend sind Paprika, Kohlgemüse, Fenchel, Erdbeeren, Kiwis, Zitrusfrüchte ...)
8. Dicke Blattrippen oder einen harten Strunk herausschneiden
9. Nicht lange warm halten
10. Nicht langsam aufwärmen

Zeitgemäß essen

Warum auch im Garten alles seine Zeit hat. Raus aus dem Gewächshaus. Freiluft für den Feldsalat!

»Hoffentlich bekommen wir keinen milden Winter«, wünschen sich Gärtner, die noch im Oktober kleine Feldsalattöpfchen auspflanzen. Denn wenn die nächsten Wochen mild werden, heißt das Feuchtigkeit und wo es feucht, aber nicht kalt ist, droht Mehltau-Alarm. Feldsalat wird zur reinen Glückssache. Und will man ohne große Agrarchemie auskommen, heißt Feldsalat-Anbau auch viel Arbeit mit Hacken oder Jäten. Je kälter es jetzt wird, desto weniger Sorgen muss sich der Gärtner machen, dass sein Feldsalat zu schnell zu groß wird. Das kleine Pflänzchen liebt den Winter, kann Schnee und Frost gut überstehen. Dann hat es genügend Zeit, sich zu entwickeln. Und das viele Nitrat, das der Feldsalat aufnimmt – nur weil seine Gene es so wollen – wird langsam umgesetzt und abgebaut. Dann kann schon im Februar reichlich geerntet werden: das erste frische Grün, das auch ohne Folientunnel oder gar Gewächshaus auf den Markt kommt. Gut zu wissen, dass es auch ohne geht. Denn alles was unter Glas wächst, wenig Sonne und kaum Zeit bekommt, sich zu entwickeln, kriegt kaum 'ne Chance, seine hohen Nitratwerte vollständig in Chlorophyll umzubauen und damit seinen Blättern eine sattgrüne Farbe zu geben. Das sollte man besonders bei den Nitratsammlern beachten – z.B. Spinat, Rote Beten. Hier macht es also besonders viel Sinn, sein Gemüse zeitgemäß zu genießen, wenn es außerhalb geheizter Gewächshäuser reif wurde. Saisongerecht einkaufen,

jedem Exoten Exil auf Lebenszeit und sind für Globalisierung im Kochtopf (genauso wie im Kopf). Doch was gibt es Besseres als den Spargel aus der Nachbarschaft? Was kann denn Erdbeeren toppen, wenn sie heute früh vor Tag und Tau gepflückt und heute Mittag mit Appetit und Schlagsahne gegessen werden? Ein Hoch auf die Hochsaison. Und darauf, dass immer etwas bei uns gerade Hochsaison hat. Entdecken ist angesagt und Vorfreude: Dreimal werden wir noch wach, dann ist .... Markttag!

Obst und Gemüse fast ohne blaue Briefe

Nicht immer werden die gesetzlichen Grenzwerte für Nitrat, Agrarchemikalien und viele andere Schadstoffe eingehalten. In den letzten Jahren schneiden allerdings die in Deutschland produzierten Gemüse- und Obstsorten fünfmal besser ab als ihre importierten Kollegen aus dem Ausland, und selbst bei denen wurde im Schnitt nur jede zwanzigste Lebensmittelprobe beanstandet.

Auf gute Nachbarschaft

Einzelne Gemüse- und Obstsorten mögen sich nicht unbedingt. Schuld darin ist das Reifegas Ethylen. Einige Sorten verströmen es in großen Mengen. Wickelt man diese Früchte in Papier, fängt sich darin das Reifegas und die Frucht wird schneller reif. Legt man ein anderes Obst oder Gemüse daneben, reift auch dieses nach – auch wenn das nicht immer erwünscht ist.

Keine	neben
Äpfel, Aprikosen Avocados, Birnen, Melonen, Feigen, Nektarinen, Papayas, Pfirsiche und Pflaumen	Kiwis, Broccoli, Honigmelonen, Kohlköpfe, Blumenkohl, Rosenkohl und Mangos

heißt das Zauberwort. Wir freuen uns auf Spargel, Rhabarber, Erdbeeren, Kürbis, Pfifferlinge oder auf den Grünkohl nach dem ersten Frost deshalb so sehr, weil es diese Genüsse nur eine kurze Zeit lang gibt. Sie zeigen uns und unserem Gaumen, dass der Frühling kommt, der Sommer naht, der Herbst beginnt oder es Winter ist. Wir leben den Rhythmus der Jahreszeiten und erleben uns als Teil der Natur!
Na, jetzt wird es hier ja richtig naturphilosophisch! Schnell zurück an den Kochtopf. Hier beweisen uns Gemüse und Obst, dass es nicht lohnt, sie das gesamte Jahr über einzukaufen. Verschifft und hergekarrt aus allen Ecken dieser Welt schmecken sie oft überhaupt nicht mehr. Sie müssen unreif geerntet, für den Transport gezüchtet oder aromafeindlich gekühlt werden. Gemüse und Früchte kommen zwar heil bei uns an, doch Geschmack und Frische bleiben auf der Strecke. Damit wir uns nicht falsch verstehen: Wir wollen die Ananas nicht ausbürgern, geben

Kappen-Knigge

Richtiger Umgang mit Pilzen

Essbare und giftige Pilze zu unterscheiden, fällt nicht immer leicht. Außerdem haben Pilze ein empfindliches Eiweiß, das sich schnell zersetzen kann und dann selbst bei essbaren Pilzen zu einer Vergiftung führt. Deshalb:
- Nur sammeln, was man ganz genau kennt.
- Bei Unklarheiten eine Pilzberatungsstelle fragen – oder zumindest ein gutes Pilzbestimmungsbuch.
- Nicht in Plastiktüten sammeln, sondern luftig und kühl im Korb.
- Wildpilze nicht roh essen, sie können Parasiten übertragen.
- Wildpilze gründlich von faulen Stellen befreien, mit einem Küchentuch sorgfältig abreiben und gleich zubereiten.
- Von Anis- und Schafegerlingen sowie von Riesenchampignons Lamellen oder Röhrenschicht und wenn möglich die Huthaut entfernen, in ihr sammeln sich Schwermetalle.
- Wildpilze nicht aufwärmen, Reste besser wegwerfen.
- Zuchtpilze enthalten weniger Bakterien, die das Eiweiß zersetzen können, daher ist bei ihnen ein Wiederaufwärmen möglich.
- Und damit es im nächsten Jahr wieder Wildpilze gibt, beim Sammeln die Pilze sorgfältig mit einem Messer abschneiden. Dabei das Wurzelgeflecht nicht mit herausziehen.

Saisonkalender Gemüse & Obst

Jan. Febr. März April Mai Juni Juli Aug. Sept. Okt. Nov. Dez.

Blattspinat	
Blumenkohl	
Bohnen, grün	
Broccoli	
Chinakohl	
Erbsen	
Feldsalat	
Fenchel	
Grünkohl	
Kartoffeln	
Knollensellerie	
Kohlrabi	
Kopfsalat	
Kürbis	
Lauch/Porree	
Mangold	
Möhren	
Paprikaschoten	
Pastinaken	
Petersilienwurzel	
Radieschen	
Rettich	
Rote Bete	
Rosenkohl	
Rotkohl	
Rucola	
Salatgurken	
Schwarzwurzeln	
Spargel	
Spitzkohl	
Stangelsellerie	
Tomaten	
Weißkohl	
Wirsing	
Zucchini	
Brombeeren	
Erdbeeren	
Heidel-/Himbeeren	
Johannisbeeren	
Kirschen	
Pflaumen/Zwetschgen	

großes Angebot, günstige Preise   geringes Angebot, höhere Preise   kaum Angebot

scheinen sie auch nach Wochen noch fit zu sein. Was wir dann essen, hat möglicherweise durch die lange Lagerzeit kaum noch Nährstoffe. Doch selbst geprüfte Nasen und Augen können diese wichtigen Frischekennzeichen nicht mehr erkennen, um das wahre Alter und damit auch die Güte von Obst und Gemüse richtig zu beurteilen.

Zumindest Ökoprodukte verzichten auf Gentechnik-Lebensmittel. Da aber der Bioanbau nicht in seinem eigenen Kosmos lebt und Pollen von genveränderten Pflanzen vermutlich demnächst überall herumfliegen, kommt auch die Ökoernte nicht drum herum, ein Prozent genveränderte Stoffe zuzulassen. Geht's drüber hinaus, wird ein Gentechnik-Hinweis notwendig und von Bioqualität kann kaum noch die Rede sein.

Gen-Technik im Supermarkt

Es gibt bereits Lebensmittel von gentechnisch veränderten Pflanzen und Bakterien in unseren Märkten. Dazu zählen zum Beispiel Soja- und Maisprodukte oder Lebensmittel, die mit Vitaminen angereichert sind oder mit Enzymen behandelt wurden. Was fehlt ist allerdings einen Kennzeichnung dieser Gen-Tech-Produkte. Gekennzeichnet werden müssen nur Lebensmittel, in denen die veränderten Gene nachweisbar sind. Doch das hoch gereinigte Öl aus der gentechnisch veränderten Sojabohne enthält keine veränderten Gene mehr. Und auch dem Vitamin ist seine Herstellung, ob im normalen Chemielabor oder im Gentechniklabor nicht anzumerken. Anders wäre es bei der so genannten Anti-Matsch-Tomate. Diese amerikanische Gen-Tech-Tomate bleibt am Strauch lange fest, kann daher voll ausreifen und kommt trotzdem nicht matschig in den Supermärkten an. In dieser Tomate sind die veränderten Gene enthalten. Würde sie bei uns auf den Markt kommen, müsste auf den Etikett verzeichnet sein, dass sie gentechnisch verändert wurde. Die Kennzeichnungsvorschriften berücksichtigen auch den Fall, dass fremde Gene unbeabsichtigt in Lebensmittel kommen können. Deshalb muss erst dann auf Gentechnik hingewiesen werden, wenn mehr als ein Prozent der Gene gentechnisch verändert wurde.

Gentechnik: Zucht und Unordnung

Dass Pflanzen gezüchtet werden, ist nichts Neues. Mit Hilfe der Gentechnologie scheint es allerdings gar keine Grenzen der Züchtung mehr zu geben. Gene aus völlig anderen Organismen bringt man in das Erbmaterial von Pflanzen oder Tieren hinein, die dann bislang unbekannte Eigenschaften bekommen. Tomaten werden nicht mehr matschig. Reis bildet plötzlich Vitamin A und bestimmte Pflanzen können Spritzmittel gut vertragen. Schöne neue Welt? Wenn Tomaten nicht mehr matschig werden, woran erkennt man dann ihr wahres Alter? Wenn Pflanzen resistent gegen Agrarchemikalien werden, wird man dann nicht erst recht viel spritzen und belastet damit die Böden? Und hat wirklich ein Entwicklungsland die Gelder, Vitamin-A-Reis zu kaufen? Ohnehin beseitigt dieser

Reis leider keinen Vitamin-A-Mangel. Man müsste jeden Tag über ein Kilo davon essen, um den Bedarf zu decken.

Wenn Gentechnologie Lebensmittel hervor bringt, die den Hunger besiegen, hat sicher niemand etwas dagegen einzuwenden. Doch warum die Lebensmittel der Satten verändern? Sind sie denn so schlecht, dass wir neue Nutzpflanzen und auch Tiere brauchen, von denen wir nicht wissen, ob ihre angezüchteten Eigenschaften zu Umweltkrisen führen können? Und vor denen vor allem Allergiker Angst haben, weil neue Allergien entstehen können? Bei denen wir alle befürchten, dass ungezügeltes Züchten dazu führt, dass neue Lebensmittel uns Frische, Farbe und Aroma vorgaukeln können. Facelifting für Gemüse und Obst – nein Danke. Wenn neue Gen-Tech-Pflanzen nicht so schnell die Blätter hängen lassen oder mehr von einem bestimmten Aroma produzieren,

Good
news

Weil Positives zum Mitmachen motiviert. Weil wir so richtig gerne Optimisten sind. Weil wir uns auch mal was Gutes tun.

Vögel stehen auf Ökohöfe

Vögel mögen Biobetriebe lieber als konventionelle Bauernhöfe – zumindest in Dänemark. Dort fand das Umweltministerium heraus, dass es gegenüber herkömmlich bewirtschafteten Betrieben auf Ökohöfen 50 Prozent mehr Lerchen, 52 Prozent mehr Hänflinge und Kiebitze und sogar 58 Prozent mehr Rauchschwalben und Grauammern gibt. Britische Vogelkundler bestätigen dies. Sie zählten auf Organic-Äckern 44 Prozent mehr Vögel als auf herkömmlich bewirtschafteten Flächen.

Kochen wird uns wieder wichtiger

Eine Studie der Lebensmittelzeitung ergab, dass uns in den nächsten zehn Jahren beim Essen vor allem Gesundheit, Genuss, Umweltverträglichkeit und Natürlichkeit immer wichtiger werden. Auch wollen wir wieder mehr in Gesellschaft essen, wünschen uns mehr regelmäßige Mahlzeiten und werden wieder öfter selbst kochen. Also gute Aussichten, nicht als Fernsehjunkies vorm Fastfood-Menü zu enden.

Tiere würden Bio kaufen

Das Ludwig-Boltzmann-Institut für Ökolandbau in Wien erforschte das Ernährungsverhalten von Ratten, Hühnern und Kaninchen.

Erstaunliches Ergebnis: Alle Tierarten bevorzugten instinktiv das Futter, das ganz ohne Spritzmittel und Kunstdünger erzeugt wurde. Interessant auch, dass Tiere aus einer Biokostguppe weniger Totgeburten hatten. Vielleicht liegt es an den niedrigen Nitratwerten.

Wir essen immer besser

Wir ernähren uns gesünder. Der deutsche Ernährungsbericht zeigt, dass der Verbrauch von tierischem Fett in den letzten zehn Jahren gesunken ist. Hingegen bekamen pflanzliche Fette mehr Platz auf unserem Speiseplan. Gut für Herz und Kreislauf! Im Schnitt sind wir heute besser mit Vitaminen, Mineralstoffen, Spurenelementen, Ballaststoffen und sekundären Pflanzenstoffen versorgt als noch vor zehn Jahren, auch wenn es noch einzelne Nährstoffdefizite gibt.

Alternativer Anbau macht alle satt

Ein ewiges Argument gegen den Bioanbau: Würden alle so wirtschaften wie die Ökolandwirte, würden wir nicht mehr satt werden. Nur durch den ertragsreichen Anbau können wir alle Menschen ernähren. So die Meinung vieler. Doch Markus Seemüller fand in einer Diplomarbeit an der TU München heraus, dass es allein unser großer Appetit auf Fleisch ist, der durch die artgerechte Tierhaltung auf den Ökohöfen viel Weideland beansprucht. Würden wir uns aber mehr von Pflanzen und weniger von Tieren ernähren – wozu zum Beispiel die Deutsche Gesellschaft für Ernährung rät – könnte die Landwirtschaft auch ohne Agrarchemie und Kunstdünger genügend Lebensmittel herstellen.

Wir können unseren Lebensmitteln trauen

Immer wieder heißt es, dass heute in Lebensmitteln weit weniger Vitamine und Mineralstoffe stecken als früher. Saurer Regen und verarmte Böden hätten ihnen ihren Wert geraubt. Eine große Expertenbefragung entlarvte dieses Vorurteil als völligen Nonsens. Die Wissenschaftler kennen keine Anzeichen dafür, dass die Lebensmittel von heute weniger wertvoll sind die unserer Eltern und Großeltern.

Ungespritzt am süßesten

Landwirtschaftsexperten der Washington State University verglichen die Äpfel aus konventionellem, integriertem und ökologischem Anbau. Ergebnis: Die Äpfel ohne Spritzmittel waren süßer. Sie brachten mehr Profit und kosteten weniger Energie. Im Vergleich der drei Anbausysteme erhielt der Ökoapfel den ersten Platz, gefolgt von dem aus integriertem Anbau und auf den letzten Platz kam der Apfel aus dem konventionellen Obstanbau.

Bad news are good news oder: Der nächste Lebensmittelskandal kommt bestimmt

Journalisten warten schon drauf: Gift im Gemüse, Würmer in der Wurst oder wie wär's mit Fäkalien im Fisch? Da vergeht einem der Appetit, die Auflagen steigen und die Panik auch. Bad news are good news – zumindest für die Presse. Hier fünf bewährte Schritte, wie statt guter Info erfolgreich Hysterie verbreitet wird:

1. Schritt: Gefühle wecken

Kranke Menschen, verendete Tiere, eklige Würmer zeigen – damit wird die Info zur Emotion.

2. Schritt: Schreckensszenarien aufbauen

Hochrechnungen mit Kranken und Toten für die nächsten Jahre präsentieren – kann eh keiner kontrollieren, klingt aber sehr wissenschaftlich, seriös und schauerlich.

3. Schritt: Verunsichern

Wissenschaftler mit überraschenden Thesen präsentieren, die der vorherrschenden Meinung widersprechen – nun weiß keiner mehr, wem zu trauen ist.

4. Schritt: Hysterie schüren

Allgemein anerkannte Empfehlungen als angeblich unzureichend entlarven (z. B. mit der Behauptung »BSE kann auch über Biomöhren übertragen werden«). Hilflosigkeit und Hysterie sind die Folge.

5. Schritt: Abkassieren

Gut an der Panik verdient haben alle Medien und Journalisten, von denen man Hilfe erhofft, aber Panikmeldungen bekommen hat. Das hebt die Einschaltquote, steigert die Zeitschriftenauflage, und gilt als »kritischer Journalismus«.

Hier die Anti-Panik-Mittel für den nächsten Lebensmittelskandal

• Fakten sammeln aus Zeitschriften und Sendungen, die möglichst ohne Emotionen auskommen.
• Fragen stellen an Menschen, die Ihnen bislang schon so manchen guten Tipp gegeben haben, vielleicht Ihren Arzt oder Metzger, die Verbraucherzentrale oder eine andere Beratungsstelle.
• Reden mit Freunden und Bekannten, deren Meinung Ihnen auch in anderen Situationen wichtig ist.
• Das eigene Ernährungsverhalten nur dann ändern, wenn Sie genau wissen, dass damit unterm Strich mehr Vor- als Nachteile bleiben.

Mehr als nur
Körner-Kram

Von Mix-Fix-Broten und langsamen Sauerteigen. Von voll-korn-gesundem Getreide. Von falschen Verwandten, großen Kulturpflanzen und unnötigen Zusatzstoffen.

Dass die bekannten Ernährungslehren in einem Punkt mal einer Meinung sind, erlebt man ja sehr selten. Was den Makrobioten nicht schmeckt, ist den Rohköstlern heilig und wovor die Trennkost warnt, darüber kann die klassische Ernährungswissenschaft nur lachen. Emma und Otto Normalverbraucher stehen da manchmal etwas hilflos da. Doch beim Korn, da sind sich alle einig: Getreide kann für die gesunde Ernährung des Menschen nicht genug gelobt werden. Wir wollen da nicht nachstehen und hier das Hohe Lied auf Hirse und Hafer, Weizen, Reis, Mais und all die anderen Gräser anstimmen. Denn – ganz ehrlich – sie haben es verdient! Schließlich konnte und kann wohl keine große Kultur auf Getreide verzichten. Die Asiaten haben den Reis, in Afrika stoppt die Hirse (manchmal recht schlecht) den Hunger und in Amerika war ursprünglich der Mais daheim. Ja, und Europa wäre nicht denkbar, wenn es nicht Weizen, Roggen und Hafer gäbe. Okay, auch Gerste – schon allein wegen des Bieres! Leider hat das Getreide bei uns ziemlich an Ansehen verloren. Wir essen nur noch 60 Prozent der Getreidemenge wie vor 50 Jahren. Das Brot wird jetzt dünner geschnitten, dafür die Wurst dicker! Soll heißen, das Fleisch hat das Getreide verdrängt. Schade eigentlich, ein frisches Brot schmeckt doch unvergleichlich!
Na gut, zugegeben, in den meisten Bäckereien findet man immer die gleichen Brotsorten aus den gleichen Fertigmischungen. Eventuell unterscheiden sie sich noch durch ein paar Haferflocken auf der Kruste oder

durch lustige Namen. Meckern wir nicht nur drüber, sondern machen wir was dagegen. Viele haben sich schon Brotbackautomaten gekauft. Andere wollen sich das kraftvolle Selberkneten nicht nehmen lassen und greifen wieder selbst zu Sauerteig oder Hefe. Anfangen kann man gut mit frischen Brötchen aus dem eigenen Backofen. Aber Achtung: Das Backfieber lässt einen nicht mehr so schnell los. Muss es auch nicht, schließlich bäckt es sich trefflich mit Gewürzen und Kräutern, Nüssen und Samen immer wieder anders. Sesam, am besten leicht angeröstet, Kürbiskerne, Mohn .... alles möglich. Schon mal Zimt in den Teig getan? Ruhig ein bisschen mehr. Auch nicht schlecht: den Teig mit Kokosnussmilch zubereiten. Und in der Weihnachtszeit ein wenig Anis, etwas Muskatnuss- und Pimentpulver unterrühren und natürlich jetzt erst recht ganz viel Zimt. Darauf dann Pflaumenmus – genau richtig gegen den Stress im Advent.

Gebt dem Sauerteig mehr Zeit!

Ein Roggenbrot braucht Sauerteig, um aufzugehen. Und Sauerteig braucht Zeit, die heute kaum jemand mehr hat. Früher stellte man den Teig fürs Roggenbrot in drei Stufen her. In jeder Stufe darf der Teig gehen, Aroma entwickeln, Säuren bilden, alle Getreidebestandteile können quellen, sich aufschließen lassen oder auch abgebaut werden. Das alles dauert länger als einen Tag und lässt sich

schlecht planen. Denn solch ein Sauerteig nimmt es schon mal krumm, wenn die Luft nicht die richtige Feuchtigkeit hat, es in der Backstube zieht oder die Temperatur nicht stimmt. Deshalb also gehört das Tuch über den Teig. Damit nicht zu viel kühle Luft herankommt und stören kann. Erfahrene Hausfrauen und Bäcker fühlen ihrem Teig an, wie es (in) ihm geht. Bäcker, die es sich einfach machen, verwenden ein Teigsäuerungsmittel, auch »Kunstsauer« genannt. Dieser Mix unterschiedlicher Säuren wird relativ fix in nur drei Stunden mit dem Mehl fertig und der Teig ist backfähig. Eine solches Turbo-Brot muss nicht unbedingt schlechter schmecken. Es bleibt erfahrungsgemäß aber nicht so lange frisch. Außerdem hat es einen großen Nachteil, denn einige Stoffe im Vollkornmehl fanden keine Zeit, sich abzubauen. Diese Stoffe heißen Phytine und haben die unangenehme Eigenschaft, Mineralstoffe so fest an sich zu binden, dass sie vom Körper nicht mehr verwertet, sondern nur noch ausgeschieden werden. Vollkornbrot ist dann also gar nicht mehr so vollwertig. Erst, wenn der Brotteig lange gehen durfte, kommen dem Körper die Vorteile des ganzen Kornes auch ganz und gar zu Gute. Es lohnt sich, mal seinen Bäcker danach zu fragen, wie viel Zeit er seinem Sauerteig gibt! Übrigens gilt natürlich das Gleiche für Weizenbrot und Frühstücksbrötchen. Weizen braucht zwar nur Hefe, aber auch die kann eine oder 20 Stunden wirken. Der Bäcker nennt das kurze oder lange Führung. Bei ihm geht in aller Regel der schnellere Hefeteig in Führung, denn auch in einer Bäckerei ist Zeit nun mal Geld.

Warum Brötchen Brötchen heißen oder auch anders:

Brötchen
Kleines Brot, klingt aber irgendwie trocken, und das sollen Brötchen ja eigentlich nicht sein, deshalb gibt es auch unzählige andere Wörter dafür, hier nur eine kleine Auswahl:

Büürli
(Schweiz)
Keine Ahnung, woher das stammt, vielleicht weil die Bauern (»Büre«) dieses kleine Brötchen aus grobem Teig so gerne mögen?

Mütschli
(Schweiz)
Nur so viel: in manchen Gegenden der Schweiz wird ein Kuss Münschi genannt.

Rundstücke
(Hamburg, Schleswig Holstein)
Rundes Stück, etwas nüchterner Ausdruck, aber so sind die Norddeutschen!

Schrippe
(Brandenburg, Berlin)
kommt von »Schripfen«, was im Altdeutschen nichts anderes heißt als einschneiden. Und genau das macht man mit den Schrippen, bevor sie gebacken werden.

Seelen
(Schwaben)
längliche Form, über den Namen lässt sich beim Frühstück prächtig philosophieren.

Semmeln, Semmeli
(Thüringen, Sachsen, Bayern, Österreich)
Hier haben die alten Römer mitgegessen. Die nannten ein feines Weizengebäck nämlich simila und daraus wurde die Semmel.

Wecken   (Schwaben)
Weggli   (Baden, Schweiz)
Weck   (Weimar)
Das passt ja nun gut: nach dem Wecker kommt der Wecken, das Wahre zum Wachwerden... Vermutlich gibt es offiziell noch andere Erklärungen, aber diese ist bestimmt nicht schlechter.

Vollkorn: Weg mit den Vorurteilen

Dass Vollkorn viel besser ist als Weißmehl, das weiß seit der Vollwertwelle jeder. Ein Vielfaches an Vitaminen und Mineralstoffen, man wird schneller satt – wichtig für Leute mit Gewichtsproblemen – und die Ballaststoffe bringen den Darm in Schwung – wichtig für Leute mit ganz anderen Problemen. Doch Baguette aus Vollkorn, das Ciabatta in dunkel oder braune Spaghetti: für viele schwer vorstellbar. Außerdem bekommt ein Brot aus ganzen Körnern nicht jedem, und außerdem: Weiß ich denn, ob ein Vollkornbrot nicht in Wirklichkeit ein mit Zuckerkulör gefärbtes ganz normales Roggenmischbrot ist? Nun, laut Gesetz muss ein Vollkornbrot auch aus Vollkornmehl sein und Farbstoffe sind gerade deshalb beim Brot verboten, um keine Vollkornqualität vorzutäuschen. Wenn einem trotzdem das Brot zu dunkel erscheint, fragt man seinen Bäcker mal nach den Zutaten seiner Brote. Er sollte sie bereitwillig nennen. Einige geben die Zutaten auf kleinen Etiketten an. Da wird einem manches Brot plötzlich als Vollkornbrot begegnen, das man zuvor gar nicht so vollwertig fand. Denn Vollkorn heißt ja nicht, dass da immer ganze oder grob gemahlene Körner drin sind. Ein Grahambrot zum Beispiel besteht aus Vollkornmehl, das genauso vermahlen ist wie Weißmehl. Der Unterschied liegt in seinem Ausmahlungsgrad von 100, das heißt, dass bei ihm 100 Prozent des Weizenkornes samt Randschichten und Keim vermahlen werden und die Mühle keine Kleie aussiebt. Denn auch das ganze Korn lässt sich sehr fein vermahlen und sehr gut vertragen – selbst von empfindlichen Mägen. Und um gleich noch ein Vorurteil aus der Welt zu räumen: Vollkorn soll mehr Schadstoffe enthalten, weil die sich an den Randschichten absetzen und damit im Vollkornbrot – wie der Name schon sagt – voll mit drin sind. Fakt ist allerdings, dass der einzige Schadstoff aus der Umwelt, der beim Getreide eine entscheidende Rolle spielt, das Cadmium ist. Hier werden in wenigen Fällen beim Weizenmehl sogar die tolerierbaren Höchstmengen überschritten. Doch Cadmium nimmt das Getreide über die Wurzel auf und damit ist das gesamte Korn gleichmäßig betroffen. Vollkornmehl genauso wie Weißmehl. So weit zu den unsinnigen Vollkorn-Vorurteilen. Unsinn wär sicher auch, jetzt nur noch vollkörnig zu essen, selbst wenn es einem nicht schmeckt oder es überhaupt nicht passt. Ein feiner Biskuitteig aus Vollkornmehl kann nie so luftig und leicht werden wie aus feinem Weizenmehl Type 405. Doch wenn es weniger um die zarte Luftigkeit, sondern mehr um die Kruste und das herzhafte Aroma eines Brotes geht, hat ein Vollkornmehl die Nase vorn. Schließlich kommen mit den Randschichten und dem Keim des Kornes so manche Geschmacksstoffe mit ins Brot. Die spürt man auf der Zunge. Und noch ein Vorteil: Das Vollkornbrot bleibt etwa doppelt so lange frisch, eines aus Roggenvollkorn sogar noch länger. Vollkornmehl kann aufgrund seiner Ballaststoffe Feuchtigkeit besser halten und trocknet nicht so leicht aus.

Vollkorn soll kein Dogma sein, sondern eine Bereicherung der Lebensmittellandschaft. Und das nicht nur im Brotregal. Schließlich gibt es das volle Korn auch beim Reis oder bei den Haferflocken, die ohnehin so gut wie immer in Vollkornqualität daherkommen.

Welches Mehl wofür

Weizenmehl Type 405
für alles, was fein und locker werden soll

Weizenmehl Type 550
nimmt der Bäcker für helle Brote

Weizenmehl Type 1050
für dunklere Teige, für Mischbrote, passt auch gut für Gebäck, das mürbe sein soll oder für herzhafte Teige, zum Beispiel die Pizza!

Weizenmehl der Typen 812, 1600 und 1700 nehmen Bäcker in der Regel nur für Mischbrote.

Weizenvollkornmehl
trägt keine Typenzahl, da es ganz natürlich bleibt und sich nicht an eine Zahl halten muss. Das einzig richtige Mehl für Vollkornbrot oder -brötchen, aber auch für Vollkornkuchen. Ganz nebenbei gesagt: Bei diesem Mehl jubelt der Ernährungswissenschaftler. Höchste Werte für Kalzium, Eisen, B-Vitamine!

Roggenmehl Type 815
für helles Roggenbrot

Roggenmehl Type 997 oder 1150
für herkömmliches Roggen- oder auch Mischbrot

Roggenmehl der Type 1370 oder 1740
nimmt eigentlich nur der Bäcker fürs Brot, im Handel schwer zu kriegen.

Roggenbackschrot Type 1800
für dunkles Roggenbrot

Roggenvollkornmehl
für das kräftigste Vollkornbrot! An diesem Mehl scheitern viele Backautomaten und so manche knet-ungeübte Hand. Muskelkater nach dem ersten eigenen Roggenvollkornbrot! Da zeigt sich, dass Vollkorn fit macht.

PS
Type (ist übrigens richtig geschrieben, ein Typ ist nun wirklich was anderes) bezeichnet die Mineralstoffmenge (in Milligramm pro 100 Gramm Mehl). Je höher die Type, desto weniger Randschichten wurden ausgesiebt und desto vollwertiger das Mehl. Beim Vollkornmehl gibt es keine Typenbezeichnung, weil der Name schon sagt, dass das ganze Getreidekorn samt Keim vermahlen wurde.

Und was heißt...?

griffiges Mehl fühlt sich körniger an als das herkömmliche Mehl, obgleich es auch Type 405 ist. Man nimmt es für Nudel-, Knödel- oder Quark-Öl-Teig, da es für eine bessere Bindung sorgt. Griffiges Mehl wird oft »Dunst« genannt.

doppelgriffiges Mehl hat noch gröbere Teilchen als das griffige Mehl und macht sich gut im Kartoffelteig.

Grieß ist so körnig, dass er gut aufquellen kann und deshalb für Puddings genau der Richtige ist.

Seltenes Getreide, Ahnen und falsche Verwandte:

Dinkel: Eigentlich die Mutter unseres Weizens. Ist jetzt wieder voll im Trend, weil er würzig schmeckt und viele Nährstoffe bringt!

Grünkern: Ist der junge Dinkel, der gedörrt wird und dadurch Aroma bekommt.

Einkorn: Eine Urgroßtante des Weizens. Sie ist etwas schwieriger im Umgang (Urgroßtante!). Doch es lohnt sich. Das Einkornbrot schmeckt nussig und enthält weitaus mehr Selen als herkömmliches Brot. Dieses Spurenelement macht die Abwehrkraft stark.

Hirse: Ist das älteste Getreide und wegen ihres hohen Eisengehaltes gerade in der fleischfreien Küche hochaktuell. Die kleinen gelben Kügelchen kann man wie Reis kochen.

Buchweizen: Ist gar kein Weizen, nie gewesen. Aber jedes Ausprobieren wert. Zum Beispiel für Blinis, kleine Pfannkuchen aus Buchweizenmehl!

Amaranth: Heißt auch Fuchsschwanz, sieht aber weder aus wie vom Fuchs, noch wie eine Säge noch ist es ein Getreide. Seine Körner können wie Reis gekocht werden. Schmecken noch besser (individuelle Meinung!) und haben bedeutend mehr Mineralstoffe (objektive Zahlen). Von anderen Amaranthsorten in Ostasien isst man die Blätter als Gemüse. Sie heißen Papageienkraut und wären schon deshalb eine Entdeckung wert!

Quinoa: Wird »kienwa« ausgesprochen, gehört unbedingt in heißes Wasser zum Entbittern oder muss zumindest gut gewaschen werden. Dann schmeckt Quinoa super nussig. Es kommt aus den Anden und war das »Getreide« der Indios, obgleich es botanisch ein Gänsefußgewächs und damit kein echtes Getreide ist. Aber egal, Quinoa kann genauso gekocht werden wie Reis, und vermahlen wie Weizen. Teigen sollte man immer etwas Weizenmehl untermengen, damit sie binden. Das Tolle an Quinoa: Das Pseudogetreide liefert viel Eisen und Eiweiß. Das Beste gegen den Hunger in Entwicklungsländern und gegen mögliche Nährstoffmängel bei Veganern.

Wildreis: An seinem Namen stimmt fast gar nichts mehr. Wildreis ist mit Reis zwar entfernt verwandt, zählt aber botanisch nicht dazu. Und wild gewachsen ist er nur noch zum Teil. Neue Züchtungen dieses Wassergrases eignen sich für den gezielten Anbau. Nur beim »echten« Wildreis sammeln noch Indianer an den See- und Flußufern Nordamerikas die Samen des wild wachsenden Grases und trocknen ihn. Gekocht wird der dunkle Wildreis ähnlich wie sein weißer Verwandter. Und beide bilden nicht nur optisch einen reizvollen Mix auf dem Teller.

Die **Milch** macht's

Keine Lebensmittelgruppe mögen wir mehr als Milch, Jogurt, Käse & Co. Im Schnitt isst jeder von uns davon 275 Gramm jeden Tag! Grund genug, mal etwas tiefer ins Milchglas und unter die Käserinde zu schauen.

Erna macht es sich gemütlich auf der Wiese: Mittagspause. Die schwarzbunte Holstein Friesian Kuh käut in aller Ruhe wieder, umgeben von Gänseblümchen inmitten Ostfrieslands. Ihrer Bäuerin gefällt die gemächliche Art von Erna. Eine Kuh, die viel ruht, gibt auch viel Milch. Hektik mögen sie gar nicht. Außerdem zickt die genügsame Erna beim Melken nicht rum, wenn ihr pro Tag immerhin 20 Liter abgepumpt werden. Das schafft nicht jede. Schließlich kommen Erna und ihre Kolleginnen ohne Kraftfutter aus, müssen sich ihre Energie aus dem holen, was ihnen gefüttert wird und was sie am Tag auf der Weide grasen. Doch so ein Rindvieh besitzt einen kompliziert gebauten Mehr-Raum-Magen mit ebenso komplizierter, wie völlig natürlicher Biotechnologie. Zwischendurch holt sich die Kuh ihr vorverdautes Futter nochmals aus dem Magen, käut wieder und schafft es dank raffinierter Verdauung, dass schließlich bestes Eiweiß und Fett entstehen. Vorausgesetzt, die Kuh ist gesund. Die fünf gesunden Mägen des Rindes sind auch dafür verantwortlich, dass sich in der Milch sehr seltene Fettsäuren finden, die als Krebsschutzfaktor gelten. Bakterien im Pansenmagen können so genannte »konjugierte Linolsäuren«, abgekürzt CLA, herstellen. Diese Begriffe kann man ruhig vergessen. Nur so viel: Milch ist die beste Quelle für

CLA. Zwar ist noch nicht raus, ob bei einem halben Liter Milch pro Tag die enthaltene CLA-Menge einen zumindest geringen Krebsschutz bringt – aber immerhin wär's möglich. Zumal wenn die Tiere ökokorrekt gefüttert werden: Kühe, die auf der Weide stehen oder liegen, haben in ihrer Milch doppelt so viel CLA zu bieten wie ihre Schwestern, die bei Silagefutter das ganze Jahr im Stall verbringen. So zeigt sich auch bei der Milch: Geht's dem Tier gut, freut sich der Mensch!

Rohe Milch nicht für jeden

Landwirte müssen bei der Milch schärfste Hygienebestimmungen einhalten. Sind zu viele Bakterien drin, kriegen sie für ihre Milch empfindlich weniger Geld. Zusätzlich sorgen die Molkereien mit einem kurzen Hitzestoß dafür, dass die Milch frei von Bakterien und daher auch längere Zeit haltbar ist. Unerhitzte Milch direkt ab Hof als Rohmilch zu verkaufen ist höchstens mit dem Hinweis gestattet, dass man die Milch abkochen muss. Natürlich kann das keiner kontrollieren. Doch wer es nicht tut, riskiert Listerien, Campylo- oder EHEC-Bakterien in der Milch. Klingt unschön und ist es auch. Zumindest Kindern, Schwangeren und älteren Menschen können

sie richtig gefährlich werden, weil starke, blutige Durchfälle und Entzündungen als Folge den Körper schwächen können. Deshalb Rohmilch besser erhitzen. Interessant ist, dass bei Kühen, die kein Getreidefutter erhalten, sondern ganz artgerecht nur Gras und Heu fressen, solche Bakterien in der Milch nur sehr, sehr selten auftauchen. Wer aber den Geschmack von frisch gemolkener Milch mag, findet ihn am sichersten in der Vorzugsmilch. Zu bekommen in fast jedem Reformhaus und in vielen Bioläden.

Vorzüge der Vorzugsmilch

Ein kleiner Schock für jeden Vollwertfreund ist der Blick in die Nährwerttabelle Kapitel Milch: Da hat die H-Magermilch, obgleich homogenisiert, ultrahocherhitzt und von fast allen Fetten befreit, fast den gleichen Nährwert wie die Vorzugsmilch, die fast naturbelassen ist. Einen wesentlichen Unterschied gibt es nur beim Vitamin A. Doch davon hat selbst die Vorzugsmilch nicht sonderlich viel zu bieten. Gerade mal sechs Prozent des Tagesbedarfs im 200-ml-Glas. Und das Eiweiß? Bei der H-Milch ist es völlig ruiniert oder fachlich ausgedrückt: denaturiert. Doch selbst damit macht die Vollwertmilch keinen

Stich: Eiweiß wird ohnehin spätestens im Magen durch die Magensäure denaturiert. Zudem erfreut sich die Magermilch eines weit geringeren Fettgehaltes, der bei großem Milchdurst schon ins Gewicht fallen kann. Doch eigentlich werden gerade beim Fett die Vorteile der Vorzugsmilch deutlich. Denn möglicherweise – die Experten forschen noch – sind gerade bestimmte Fette in der Milch supergesund (siehe links). Außerdem gibt Fett der Milch einen guten Geschmack. Da muss man nicht in Nährwerttabellen blättern. Der Geschmack von Vorzugsmilch sagt alles. Zumal H-Milch für einen richtigen Milchfan kaum zu ertragen ist. Grund genug, sich weiterhin die Vorzugsmilch zu gönnen, selbst wenn sie sich im Kühlschrank nicht länger als zwei bis drei Tage hält und schnell verbraucht werden muss. Sie belohnt uns dafür mit einer herrlich cremigen Schicht obendrauf. Fast wie Sahne.

Die Ostfriesen lieben ihre Kühe schon allein deswegen. Denn ein richtiger Ostfriesentee wird mit »Wulkjes« getrunken, kleinen Sahnewölkchen, die die Bäuerin vorsichtig von Ernas guter Milch abschöpft.

Kuhmilch ABC

Fettarme Milch
Hier hat die Molkerei der Milch so viel Fett entnommen, dass ihr Fettgehalt zwischen 1,5 und 1,8 Prozent liegt.

H-Milch oder UHT-Milch
»H« kommt von haltbar. Diese Milch braucht in der geschlossenen Packung nicht gekühlt zu werden und hält sich aber trotzdem einige Wochen. Das funktioniert, weil beim sekundenschnellen Erhitzen auf bis zu 150 Grad alles abgetötet wird, was der Milch zum Verderben werden könnte. Allerdings bilden sich durch die Ultra-Hoch-Temperaturen (deshalb »UHT«) Geschmacksstoffe, die nicht jeder schätzt. Doch für die aufgeschäumte Milch auf dem Cappuccino ist sie unschlagbar.

Homogenisierte Milch
Auf dieser Milch setzt sich kein Fett ab, weil die Fetttröpfchen der Milch unter hohem Druck zerstört wurden. Das Fett verteilt sich dann gleichmäßig (homogen) in der Milch.

Kondensmilch
Gezuckerte oder ungezuckerte Milch, der unter Vakuum mit viel Hitze ein Teil ihres Wassers genommen wurde.

Leichtmilch/Extramilch
Diese Milchsorten gibt es in Österreich. Leichtmilch wird auf 1 Prozent Fett eingestellt, der Extramilch gibt man so viel Fett dazu, dass sie 4,5 Prozent davon enthält und besonders cremig ist.

Magermilch oder entrahmte Milch
Eine Milch fast ganz ohne Fett, höchstens 0,3 Prozent Fett werden von der Molkerei in der Milch gelassen.

Pasteurisierte Milch oder Pastmilch
Milch wird 15 bis 30 Sekunden lang etwas über 70 Grad erhitzt, um gefährliche Keime abzutöten. Dadurch ist die Milch etwa fünf Tage, mit Glück auch etwas länger haltbar. Beim Einkauf immer auf das Mindesthaltbarkeitsdatum achten.

Rohmilch
Naturbelassene Milch, die ab Hof verkauft wird. Muss vor dem Trinken erhitzt werden, um eventuell enthaltene Bakterien abzutöten. Ab-Hof-Verkauf nur unter bestimmten hygienischen Auflagen erlaubt.

Vollmilch
Milch, deren Fettgehalt auf mindestens 3,5 Prozent eingestellt wurde. Milch hat mal mehr Fett, mal weniger. Die Molkerei stellt die Milch so ein, dass der Fettgehalt immer gleich ist.

Vorzugsmilch
Naturbelassene Milch, die besonders streng auf Bakterien kontrolliert wird. Verkauf nur bei sehr geringer Keimzahl erlaubt. Zu kaufen vor allem in Reformhäusern und Bioläden. Im Kühlschrank zwei bis drei Tage haltbar, dann wird sie sauer.

Rohmilchkäse: Diva in der Käsekammer

Die Tür zur Reifekammer muss immer einen kleinen Spalt offen bleiben, sonst ist die Luft zu feucht und mit dem Ziegenkäse wird es nichts. In wenigen Wochen soll sich aus der mit Lab-Enzymen gestockten Ziegenmilch ein aromareicher weicher Schnittkäse entwickeln. Doch wehe, es ist zu feucht im Haus. Dann wird nur der Käse aus der Kuhmilch besonders gut. Schließlich haben wir es hier mit Käse aus nicht pasteurisierter Milch zu tun. Und der ist heikel und absolute Erfahrungssache. Die Milchqualität muss stimmen, die Luft darf keine fremden Keime enthalten, aber die richtige Feuchte und Temperatur. Dann wirken noch die Bakterien, die die Kuh über das Gras, die Luft und den Stall aufnimmt. Und sollte das wacklige Gleichgewicht all dieser unterschiedlichen Faktoren nicht stimmen, nimmt der Roh-

milchkäse Schaden. Deshalb kann er aus dem Allgäu nicht so schmecken wie aus der Steiermark. In jeder Gegend, selbst in jeder Käsekammer entwickelt sich Rohmilchkäse anders. Er lebt vom Charakter seiner Heimat. Da ja die Milch roh bleibt und damit auch keine Bakterien abgetötet werden, muss die Milch von allerbester Qualität sein, höchste hygienische Standards einhalten und sie braucht größte Sorgfalt bereits bei der Entstehung. Schon wenn die Kuh Silagefutter bekommt, taugt die Milch nicht mehr für den Rohmilchkäse. Silagefutter lässt den Käse aufblähen: Es entwickeln sich bei der Reifung Gase, die den Käselaib zerreißen. Auch ein Bauer, der feuchtes Heu füttert, riskiert Probleme beim Rohmilchkäse. Erst recht wird er Kraftfutter und andere Hilfsmittel im Futter meiden, weil sie dem Käse nicht gut tun. Rohmilchkäse stammt fast ohne Ausnahme aus der Milch von Kühen, die natürlich aufgezogen werden. Und darum ist er

meist teurer als pasteurisierter Käse – und aromareicher.

Leider finden auch schädliche Bakterien Geschmack am Rohmilchkäse, die sich schon mal auf der Oberfläche ansiedeln. Und weil ein Rohmilchkäse nicht mit Bakterien- und Pilzhemmern abgerieben wird, sollte man seine Rinde nicht mitessen. Einige Bakterienarten finden sich in sehr seltenen Fällen sogar im Innern des Käses. Daher wird Kindern, Schwangeren und älteren Menschen vom jungen Rohmilchkäse abgeraten. In älterem Käse, der länger als drei Monate reift, sinkt der Wassergehalt und damit die Überlebenschance für schädliche Bakterien. Also keine Gefahr. Und wer noch sicherer gehen will, isst Käse aus pasteurisierter Milch. Da gibt es schließlich auch leckere Sorten. Auf den »Allgäuer Emmentaler« oder »Allgäuer Bergkäse« muss er allerdings verzichten. Die beiden werden immer aus Rohmilch hergestellt.

Milchmädchenrechnung
Fett in der Trockenmasse

Beim Käseeinkauf schon mal über das Kürzel Fett i. Tr. gestolpert? Die meisten werden wissen, dass das Fett in der Trockenmasse heißt. Doch warum sagt man nicht einfach »Fettgehalt«? Weil es überhaupt nicht der Fettgehalt ist. Ein Käse wird ja reifer, indem er Wasser verliert. Und damit steigt der Fettanteil im Käse. Damit der Käse nicht während des Reifens dauernd ein neues Etikett mit dem aktuellen Fettgehalt braucht, gibt man schon beim jungen Käse einen Fettgehalt an, als wäre sämtliches Wasser aus dem Käse draußen. Das ist zwar völliger Käse, weil ein solcher immer Wasser enthält – aber so ist es nun mal. Fett in Trockenmasse benennt den Fettanteil, den der Käse hätte, wenn in ihm kein Wasser enthalten wäre. Je mehr Wasser, desto größer der Unterschied zwischen der Angabe „Fett i. Tr." und der Realität. Als Faustregel gilt, dass Hart- und Schnittkäse zwei Drittel der angegebenen Fettmenge in sich birgt, Weichkäse etwas weniger als die Hälfte. Soooo fett ist Käse also gar nicht!

Chemie im Käse?

Käse ist nicht nur Natur. Ihm wird optisch und auch chemisch oft etwas nachgeholfen, zumindest wenn er keine Bio-Qualitäten hat. Herkömmlicher Käse kann Farbstoffe enthalten, damit er einen satteren Farbton besitzt. Zwar sind diese Farbstoffe ungefährlich, doch sie täuschen allein durch ein kräftiges Gelb einen besseren, aromatischeren Käse vor.

Auch Nitratsalze gibt man in die Käsemasse, um die Reifung zu beeinflussen. Dabei baut sich das Nitrat langsam zu Stickstoff ab und verdunstet. Trotzdem sollte man Käse nicht unbedingt beim Überbacken dunkelbraun werden lassen. Es könnten sich dann aus den Nitrat-Abbauprodukten Nitrosamine bilden. Und die stehen immerhin im Verdacht, Krebs zu begünstigen.

Bakterien im Jogurt

Nein, kein Fall für den Hygieniker! Ein Jogurt braucht Bakterien. Spezielle Milchsäurebakterien bilden sein frisch-säuerliches Aroma. Und wenn er nicht erhitzt wird, dann gelan-gen diese Bakterien sogar bis in den Magen und einige wenige trotz Magensäure sogar in den Darm. Findige Jogurt-Experten haben neue Milchsäurebakterien entwickelt, die nicht nur einen guten Jogurt fabrizieren, sondern auch den Magensäureangriff optimal überstehen und sich im Darm niederlassen können. Je nach Art der Bakterien helfen sie im Darm zum Beispiel nach einer Antibiotika-Behandlung oder einem Reisedurchfall beim Aufbau der Darmflora. Probiotisch (»Für das Leben«) nennen sich daher die neuen, teuren Jogurts mit Gesundheitseffekt. Doch auch ein ganz gewöhnlicher Jogurt kann dank seiner altbewährten Milchsäurebakterien und seiner Milchsäure den Darm sanieren. Beim Einkauf sollte man nur darauf achten, dass der Jogurt nicht wärmebehandelt wurde. Dann sind alle Milchsäurebakterien dahin. Ob es sich wirklich lohnt, diese Probiotic-Jogurt mit ihren neuen Bakterien seinem altbewährten Jogurts vorzuziehen, kann kaum bewiesen werden. Schließlich ist ein Jogurt kein hochwirksames Arzneimittel, das in medizinischen Studien getestet wurde.

Rinde
Mitessen oder wegschmeißen?

Rohmilchkäse
Die Rinde kann in seltenen Fällen schädliche Bakterien enthalten. Deshalb besser nicht mitessen.

Hartkäse
Schmeckt nicht gut, deshalb besser nicht mitessen.

Weichkäse
Weichkäse enthält in der Regel Schimmelkulturen oder eine schützende Rotschmiere auf der Rinde. Diese aromareichen Rinden werden sehr gerne mitgegessen.

Schnittkäse
Parafin- oder Wachshüllen über dem Käse wird niemand mitessen. Oft gibt man auf die Rinde auch nicht erkennbar das Anti-Pilzmittel Natamycin. Es soll Schimmel verhindern, kann aber auch heftige allergieähnliche Reaktionen auslösen. Daher muss Natamycin auf der Verpackung oder auf dem Käse angegeben werden. Rinde großzügig abschneiden.

Schon entdeckt?
Genusstauglich-keitskennzeichen

Ein ovales Kennzeichen ist auf Milch und Milchprodukten und oft auf anderen Produkten zu finden: das Genusstauglichkeitskennzeichen. Genusstauglich deshalb, weil diese Lebensmittel die EU-Hygienevorschriften einhalten. Etwas verschlüsselt gibt dieses Oval auch an, wo das Lebensmittel zuletzt verarbeitet wurde. So weiß man, ob der Jogurt quer durch die Lande transportiert oder zumindest in der Region verpackt wurde. Für Deutschland steht als erster Buchstabe ein D, dann folgt ein Kürzel für das Bundesland, zum Beispiel BW für Baden-Württemberg. In Österreich steht AT für das Land, danach kommt in der Regel ein M für Milchprodukte und dann zum Beispiel S für Salzburg.

23

Bioanbau

Low Fat

Schlacken

Reich
an
Vitaminen
und
Mineralstoffen

Bio-
aktiv-
stoffe

light

Minus-
Kalorien

Functional
Food

Sonnen-
kost

Artgerechte **Tier-** haltung

Trenn-Kost

Fat-burner

16 **Schlagwörter** und was dahinter steckt

Blut-gruppen-diät

Kalorienarm Kalorienarm Kalorienarm

Kontrolliert integrierter Anbau

Fettreduziert

Bioanbau

Wo Bio drauf steht, muss Bio drin sein. Nur wenn ein Betrieb von der EU als Biobetrieb anerkannt und regelmäßig untersucht wird, darf er verkaufen, was sich Bio oder Öko nennt. Zum Beispiel muss beim Biobrot der Bauer, der das Getreide erntet, der Müller, der es mahlt, und auch der Bäcker, der das Brot herstellt, als Biobetrieb registriert sein. Jeder von ihnen hat eine »EU-Kontrollnummer«, unter der er als Biobetrieb geführt wird. Lebensmittel, bei denen nicht mindestens 95 Prozent der Grundzutaten aus dem Bioanbau stammen, dürfen sich nicht Bio nennen. Mit weniger als 70 Prozent ist sogar verboten, auf einzelne Biogrundprodukte hinzuweisen.

Low Fat

Alles was Low Fat ist, sollte so wenig Fett enthalten, dass höchsten 30 Prozent der Kalorien vom Fett stammen. Den weitaus größten Kalorienanteil decken Eiweiß und Kohlenhydrate ab. Wer sich nur von Low-Fat-Produkten ernährt, vermeidet Probleme mit erhöhten Blutfettwerten und schwabbelnden Fettpölsterchen. Doch einige Lebensmittel wie Schnittkäse und Öle haben von Natur aus so viel Fett, dass es sie als Low-Fat nicht gibt. Und trotzdem sind sie sehr wertvoll. Doch was zählt, sind ja nicht die einzelnen Lebensmittel, sondern ob ich mit meiner gesamten Ernährung die Low-Fat-Regel von maximal 30 Prozent Fettkalorien einhalte.

Schlacken

Abfallprodukte ausschwemmen und von innen heraus Hausputz betreiben, das verspricht eine Entschlackungsdiät mit viel Gemüse, Obst und Wasser, aber wenig Fett und Fleisch. Doch gibt es solche Schlacken im Körper überhaupt? Man darf sich darunter keine Schlacken vorstellen, wie sie im Hochofen anfallen. Ganz andere Schlacken, nämlich aus Fett und Cholesterin, finden sich in den Arterien. Harnsäurekristalle setzen sich an den Gelenken ab und lösen Gicht aus. Auch Homocystein, ein Abfallprodukt des Stoffwechsels, sammelt sich an und schadet Herz und Kreislauf, wenn Gemüse und Salate zu kurz kommen. Gesund essen lohnt sich!

Reich an Vitaminen und Mineralstoffen

Ein Lebensmittel, bei dem auf Vitamine oder Mineralstoffe hingewiesen wird, muss davon auch einige vorweisen können: Wird zum Beispiel auf Vitamin E hingewiesen, müssen in 100 g mindestens 15 Prozent des Tagesbedarfs enthalten sein. Wermutstropfen dieser Regelung: Es gelten für die Angaben auf Lebensmitteletiketten die niedrigen EU-Tagesbedarfsmengen. Sie liegen zum Teil 50 Prozent unter den Werten, die von der Deutschen Gesellschaft für Ernährung pro Tag empfohlen werden.

Bioaktivstoffe

Wieder so ein Begriff, der nicht geschützt ist. Doch er wird in aller Regel für sekundäre Pflanzenstoffe verwendet. Und was bitte sind nun sekundäre Pflanzenstoffe? Alles was nicht Vitamin oder Mineralstoff ist und trotzdem schon in kleinsten Mengen unserer Gesundheit zu Gute kommt. Zum Beispiel die Farbstoffe in der Karotte oder die Schwefelverbindungen (die mit dem kräftigen Aroma) im Knoblauch und in der Zwiebel.

Light

Light kann heißen: leichter bekömmlich, leichter verdaulich, weniger Alkohol oder Kohlensäure. Eine allgemeine Definition fehlt. Wird »Light« in Bezug auf Fett oder Kalorien verwendet, sind im Vergleich zum herkömmlichen Lebensmittel in aller Regel 30 Prozent weniger drin. Doch selbst dann kommt nicht immer ein Diätprodukt dabei heraus. Zumindest beim Light-Käse gilt ein Höchstwert von 32 Prozent Fett i. Tr., und ein Light-Jogurt und eine Light-Milch müssen zumindest in Deutschland mit 1,8 Prozent Fett auskommen. Das Leiden vieler Light-Produkte: Fettersatzstoffe, Aufschäumer und Süßmittel helfen ihnen zwar zu weniger Kalorien, aber machen sie nicht gerade gesünder.

Minus-Kalorien

Wenn zum Beispiel eine Gurke so wenig Kalorien enthält, dass der Körper beim Verdauen mehr Kalorien verbraucht, als er bekommt, dann würde die Gurke doch ein Kalorienminus erzielen!? Also ideal zum Abnehmen. Seit Jahren kursieren Listen mit Lebensmitteln, die mehr Kalorien verbrauchen sollen, als sie dem Körper zuführen. Alles Quatsch. Der Stoffwechsel und damit auch die Verdauung laufen ohnehin. Sie verbrauchen beim Verdauen nicht so viel mehr an Kalorien, dass am Schluss die Kalorienbilanz eines Lebensmittel negativ ausfiele.

Functional Food

Die Tomate gegen Krebs, der Jogurt für den Darm und die Margarine contra Cholesterin. Zukunftsmusik? Nein: Gegenwart! Züchtung, Gentechnik oder modernste Biomethoden verändern Lebensmittel, so dass sie sich positiv auf spezielle Körperfunktionen auswirken – funktional sind! Damit werden sie Medikamenten immer ähnlicher. EU-Gremien denken auch darüber nach, ob bald auf bestimmten Functional-Food-Lebensmitteln stehen darf, dass sie Krankheiten entgegenwirken. Dann dürfte auch ein Beipackzettel nicht fehlen. Und was ist mit Nebenwirkungen? Fragen Sie bei Aldi an der Kasse oder Ihren Gemüsehändler.

Sonnenkost

Die Sonnenkost liefert mehr Schatten als Licht. Sonnenköstler essen nur Rohes, das an der Sonne gereift ist. Also vor allem Früchte und Gemüse. Manche erlauben sich noch Nüsse. Damit kann sich aber niemand dauerhaft mit allem versorgen, was sein Körper braucht. Es fehlt das Vitamin B12, es fehlen fast immer Kalzium, Eisen Zink, einige B-Vitamine, Eiweiß, wichtige Fettsäuren, fettlösliche Vitamine und etliches mehr. Und doch fühlen sich viele Sonnenköstler fitter denn je. Schließlich essen sie sehr fett- und kalorienarm. Den Mangel spürt man erst später – leider dann oft zu spät!

Artgerechte Tierhaltung

Für artgerechten Anbau gibt es klare EU-Vorschriften. Augenblicklich bauen noch viele Bauern ihre Ställe um, denn im Jahr 2011 muss der letzte Biobetrieb seinen Schweinen Auslauf zum Wühlen geben und der Kuh freie Bahn im Stall einräumen. Bereits jetzt gilt, dass artgerecht gehaltene Tiere auf trockenem Einstreu liegen müssen und keine Antibiotoka oder andere Arzneimittel prophylaktisch mit dem Futter bekommen dürfen.

Trennkost

Kohlenhydrate und Eiweiße gemeinsam zu verspeisen, soll die Verdauung überlasten. Also trennen, sagen die Trennkost-Propheten. Nicht nötig, sagen Ernährungsexperten. Schon Muttermilch enthält Kohlenhydrate und Eiweiße gleichzeitig. Doch viele haben mit Trennkost ihr Übergewicht in den Griff bekommen. Vermutlich weil die Trennkostregeln eine bewusste Ernährung erzwingen. Ein unüberlegter Biss in die Currywurst oder Käse-Sahne-Torte ist nicht mehr drin. Immer erst überlegen, ob das den Trennkostregeln entspricht. Wer so kontrolliert isst, ernährt sich automatisch bewußter.

Fatburner

Die richtigen Nährstoffe essen und schon trennt sich der Körper bereitwillig von seinen Fettvorräten. So die Fatburner-Theorie in Kürze. Vitamin C, Eiweiß, Carnitin und unterschiedliche Mineralstoffe sollen die Fettverbrennung aktivieren. Eins ist sicher: Nur Bewegung und mehr Muskeln heizen den körpereigenen Fettofen an. Nährstoffe alleine können kein Fett verbrennen. Die sind zwar am Fettabbau beteiligt. Das bedeutet aber nicht, dass der Körper stärker an seine Fettreserven geht, je mehr er von diesen Nährstoffen erhält. Eine Waschmaschine wäscht ja auch nicht dreimal so schnell oder gut, nur weil man dreimal so viel Waschmittel einfüllt, wie nötig wäre.

16 Schlagwörter und was dahinter steckt

Blutgruppen-Diät

Blutgruppe bekannt? Dann weiß man nach der neuesten Diättheorie auch, welche Lebensmittel einem bekommen und welche man lieber links liegen lassen sollte. Neuester Nepp auf dem Feld der Diäten und Ernährungslehren ist die Blutgruppen-Diät. Danach verträgt man mit einer bestimmten Blutgruppe nur gewisse Lebensmittel. Alles Quatsch, meint nicht nur die Deutsche Gesellschaft für Ernährung. Die Blutgruppen-Theorie entbehrt jeder wissenschaftlichen Grundlage. Mal ganz davon abgesehen, dass dann einer Einladung zum Essen ein Blutgruppentest vorangehen müsste, um auch ja nur Leute gleicher Blutgruppe zum gemeinsamen blutgruppengerechten Mahl einzuladen.

Kalorienarm

Das steht auf Lebensmitteln, die es auf nur 50 Kilokalorien pro 100 Gramm bringen. Brühen und Suppen müssen sogar auf 20 Kilokalorien pro 100 Gramm abspecken, um als kalorienarm zu gelten.

Kontrolliert integrierter Anbau

Der integrierte Anbau versucht, mit weniger Agrarchemikalien auszukommen, indem er zum Beispiel schädliche Insekten durch natürliche Feinde bekämpft. Chemische Mittel werden gezielt und erst dann eingesetzt, wenn es aus wirtschaftlichen Gründen erforderlich ist. Darin unterscheidet sich der kontrolliert integrierte Anbau nicht grundsätzlich von einem Bauernhof, der seine Lebensmittel konventionell erzeugt.

Fettreduziert

Butter und Magarine dürfen sich fettreduziert nennen lassen, wenn sie nur 41 bis 60 Prozent Fett in sich bergen. Fettreduzierte Wurst, Käse und Feinkostsalate müssen dagegen 30 Prozent weniger Fett enthalten als das herkömmliche Lebensmittel. Ob das dann wirklich mager ist, hängt natürlich ganz davon ab, wie fett das herkömmliche Produkt ist.

Wo sind die stolzen Gockel?

Mehr Platz, wenig Stress und keine Antibiotika im Futter. Damit Hähne wieder krähen und Hühner scharren: Kein Ei aus dem Käfig und kein Vogel ohne Freiland.

Warum es dumme Pute und blöde Henne heißt, merkt jeder, der mal einen der riesigen Geflügelställe von innen gesehen hat. Dass Tiere ohne Licht, in Gestank und Dreck noch dazu bereit sind, Eier zu legen und saftige Muskeln zu bilden!? Obwohl – dumm und blöd sind eigentlich nur wir, wenn wir das Fleisch und die Eier solch kranker Tiere auch noch essen.

Um ehrlich zu sein, ganz so einfach ist es ja nicht. Jeder von uns verbraucht 240 Eier jedes Jahr (wer jetzt nachrechnet: Da sind die Eier in Mayo, in Schokocreme, im Eis und den diversen Fertiggerichten schon mit drin). Macht so um die 20 Milliarden Eier allein in Deutschland. Würden diese gigantischen Eiermengen so erzeugt werden, wie es sich romantische Eierliebhaber vorstellen und wie es uns das bunte Bild auf der Eierbox vorgaukelt, wären riesige Regionen für den Auslauf von Hühnern zu räumen. Sorry für diese Enttäuschung, aber das sind die Frühstückseier-Fakten. Auch Biohühnerhöfe sind keine Oasen und die Hühner heißen nicht mehr Gerda oder Lina. Mittlerweile stolzieren Züchtungen wie das Tetra SL braun-Huhn, kurz Tetra genannt, auf dem Ökohof herum und davon gleich 3000. Sie alle teilen sich ein Stallgebäude, das nach den neuen Bio-Richtlinien für glückliche Hühner gebaut ist. Sonnenlicht fällt in das fabrikartige Gebäude, Stroh liegt überall herum. Die Hühner können sich frei bewegen, haben Auslauf ins Grüne und Tetra scharrt im Sand, pickt nach Körnern, findet einen armen Wurm und lässt sich auch den Klee schmecken.

Wenn das Huhn pickt, freut sich der Mensch

Das Picken ist den Hühnern angeboren. Zum Glück, denn würden sie es nicht unaufhörlich tun, müssten sie verhungern. Zumindest in der Natur. Im Stall findet so ein Huhn schnell seine Nahrung, und die ist auch noch besonders gut und reichhaltig. Das Huhn ist satt und

Hackordnung darf aufatmen. Übrigens macht sich der Gang ins Grüne auch bei den Eiern bemerkbar. Die Farbstoffe (Carotinoide) in den Gräsern, im Klee und in den Kräutern, färben das Eidotter gelb. Und diese Carotinoide dienen uns als Schutzstoffe, um mit Giften besser fertig zu werden. Weil Eier-Großproduzenten wissen, dass wir alle satt-gelbe Eidotter mit einem gesunden Ei gleichsetzen, geben sie einfach künstlich Carotinoide ins Industriefutter ihrer Batteriehühner und schon wird das Dotter gelber. Biohühner bekommen diese künstlichen, und deshalb vermutlich auch gar nicht so wertvollen Carotinoide nicht. Deshalb enttäuscht so manches Ökoei durch sein fahles Eigelb. In Zukunft muss jede Biohenne ins Grüne dürfen. Dann ist auch das Gelbe vom Ei wieder das, was es mal war.

Alles eine Frage der Haltung!

Freilandhaltung
Tagsüber so viel Auslauf ins Freie wie Huhn will und pro Huhn 10 qm Platz. Klingt gut, ist auch gut, hat aber auch Nachteile: Die Eier sind häufiger mit Kot verschmutzt, es kommt mehr Dreck in den Stall.

Intensive Auslaufhaltung
Wie bei der Freilandhaltung (incl. der Nachteile) und leider nur 2,5 qm pro Huhn.

Bodenhaltung
Für jedes Huhn etwas weniger Platz als dreimal diese Seite. Da gibt es oft Stress und Gepicke zwischen den Hühnern. Zum Stressabbau liegt in einem Drittel des Stalls was zum Picken und Kratzen, also Stroh, Holzspäne, Sand oder Torf, und dann muss noch genügend Platz für das stille Örtchen sein – da sind Hühner heikel!

Volierenhaltung
Sitzstangen sind so lang, dass jedes Huhn 15 cm Platz findet – zum Glück sitzen nicht immer alle gleichzeitig auf der Stange. Die Grundfläche des Stalls ist so berechnet, dass auf einer Fläche von der Größe dieser aufgeschlagenen Doppelseite etwa 3 Hühner unterkommen. Funktioniert natürlich nur, wenn sich möglichst viele Hühner auf die Stangen schwingen.

Käfighaltung
Ein Huhn hat in einem Käfig nicht mal einen Platz von der Größe dieser Seite. Es kann nicht picken, scharren oder flattern. Einziger Vorteil: Die Eier sind so gut wie frei von Bakterien. Hygiene okay, Tierhaltung unter aller Sau! In der Schweiz gibt es schon seit 1992 überhaupt keine Käfighaltung mehr. Es geht also auch ohne.

pickt jetzt nur noch aus Langeweile oder Gewohnheit ins Gefieder des Nachbarn. Hühnern, die nicht auf einem Biobetrieb groß werden, schneidet man deshalb einfach die Schnäbel etwas ab. Dann können sie sich nicht verletzen. Bei Bio nicht erlaubt. Die brauchen daher Züchtungen wie die Tetrahühner, die sind ruhiger und weniger darauf aus, andere Hühner zu picken. Biohöfe bieten außerdem mehr Auslauf. Dann macht das Picken im Boden auch wieder Spaß, wird mal von einer leckeren Larve oder einem aromatischen Krautstängel belohnt. Der Artgenosse in der unteren

Das beste Ei ist frisch und frei

Wer die Hühner liebt, kauft Freiland-Eier ein, auch wenn Kritiker sagen, dass die ja voller Dreck und Kot seien. Klar. Eier, die von den Hühnern nicht direkt auf ein Laufband ablegt werden, sondern aufs Stroh, können auch schnell mal mit Kot und Bakterien in Kontakt kommen. Man soll nun aber nicht glauben, dass Eier von Batteriehühnern grundsätzlich salmonellenfrei sind. Auch hier muss man die Rohei-Tipps beachten für Tiramisu und selbstgemachte Mayonnaise. Außerdem gibt's genügend Gründe, warum ein paar Bakterien auf der Eierschale noch nicht das große Problem sind:
1. Die meisten Eier wie das typische Frühstücksei oder die Eier zum Backen werden erhitzt und damit alle Salmonellen getötet.
2. Die harte Eischale und die innere dünne Eihaut bilden eine gute Barriere gegen Bakterien.
3. Im Eiweiß können sich keine Bakterien entwickeln, dafür sorgen Substanzen im Eiklar.

Bleibt eigentlich nur ein Risiko bei roh verwendetem Eigelb. Deshalb...

... möglichst frische Eier verwenden. Das Mindesthaltbarkeitsdatum hilft nicht viel weiter. Es gibt an, wann das Ei frühestens vier Wochen alt ist. Und das ist oft zu alt für rohe Eier. Auf vielen Eiern steht heute schon das Legedatum drauf. Wenn das Ei noch keine 10 Tage alt ist, kann es ohne Probleme als Rohei durchgehen. Fehlt das Legedatum, bleibt noch der einfache, wenn auch etwas ungenaue Frischetest. Wie's geht steht im Kasten.

... alle Speisen mit rohen Eiern auch wie rohe Eier behandeln: Ab in den Kühlschrank, nie in der Wärme stehen lassen. Sonst vermehren sich die Salmonellen explosionsartig und dann kann's unangenehm werden.

Eiertest
Vorsicht vor schwimmenden Eiern

Das Ei wird in ein breites Glas mit Wasser gelegt. Jetzt gibt es drei Möglichkeiten.

1 Ei liegt unten am Boden: es ist frisch, kann auch roh verwendet werden.

2 Ei stellt sich auf: nicht mehr ganz so frisch, für rohe Eierspeisen tabu.

3 Ei schwimmt waagerecht im Wasser: weg damit, ganz Sparsame nehmen es noch zum Backen.

Kurze Erklärung, wieso dieser Eiertest funktioniert: Am stumpfen Ende des Eies bildet sich nach dem Legen eine Luftblase und diese Luftblase wird größer, je älter das Ei ist. Denn durch die Schale kommt langsam aber sicher Luft ins Ei. Irgendwann ist die Luftblase so groß, dass das gesamte Ei schwimmt.

Eier mit Etikette

An alle Freunde des Federviehs: Ein Blick aufs Eier-Etikett lohnt sich, auch wenn man genau hinschauen muss: In Deutschland gelegte Eier von Hühnern, die in Deutschland geschlüpft und aufgewachsen sind, dürfen das Zeichen »D/D/D« tragen. Daneben gibt es noch eine ebenfalls freiwillige sechsstellige Identifikationsnummer direkt auf dem Ei. Die vierte Ziffer dieser Nummer sagt aus, wie das Huhn gehalten wurde, dessen Ei ich gerade kaufe:

1 = Freiland
2 = intensive Auslaufhaltung
3 = Bodenhaltung
4 = Volierenhaltung
5 = Käfighaltung

Auf den vielen unterschiedlichen Eierpackungen finden sich so manche Kürzel und Nummern. Nicht immer gut zu erkennen und leicht zu verstehen. Trotzdem drauf achten.

Suppenhühner erzählen
Ein Leben für das Ei und zum guten Schluss noch in den Topf

Legehennen wie die Tetra von Seite 28 genießen ja durchaus Privilegien. Ihre Lebenserwartung ist um ein Vielfaches höher im Vergleich mit ihren Kollegen, den Hähnchen, Broilers oder Poulets. Die werden in 40 Tagen vom Kükenflaum zum wertvollen Eiweißlieferanten hochgepeppelt. Dann ab zur Schlachtbank. Ökobetriebe haben den Hähnchen zumindest ein Lebensalter von 81 Tagen und mehr eingeräumt. Viel länger darf (oder muss?) da eine Legehenne ihrem Tagwerk nachgehen. Täglich nur ein Ei und sonntags auch mal zwei; das geht im Schnitt etwa 12 bis 15 Monate so. Doch dann ist für Hähnchenbrust oder gebratene Keule ihr Fleisch zu würzig, weil zu alt. Aus der Legehenne wird nur noch ein Suppenhuhn. Doch was heißt »nur«. Geflügelbrühen aus guten Suppenhühnern – zum Abheben! Denn darin verbirgt sich das ganze Aroma eines reichen Hühnerlebens.

Neben den Hühnern darf hier die Pute als wichtige Quelle für helles Fleisch nicht vergessen werden. Schließlich mögen wir ihre große Brust und die zarten Keulen »dank« BSE und Schweinepest immer lieber. Da können Ente und Gans trotz der traditionellen Weihnachtsrezepte nur ziemlich abgeschlagen hinterher watscheln. Sie spielen mengenmäßig keine große Rolle.

Dauerdoping fürs Geflügel

Hähnchen und Puten verbringen ihr Leben in großen Herden, die meist auf dem Boden, aber nie in Käfigen gehalten werden. Manche haben Auslauf ins Freie, in Ökobetrieben ist das sogar Vorschrift. Ähnlich wie bei den Schweinen geben viele Hähnchenmäster dem Futter Antibiotika zu. Das ist erlaubt und mindert die Gefahr, dass ein Bakterium gleich Tausende von Tieren ansteckt. Außerdem sorgen Antibiotika bei Hähnchen und Pute – ganz ähnlich wie bei Bodybuildern – ganz schnell für pralle Muskeln. Damit riskieren wir allerdings, dass immer mehr Bakterien resistent gegen Antibiotika werden. Es gab Fälle, bei denen die Ärzte ihren Patienten mit keinem Antibiotika mehr helfen konnten. Sie hatten sich mit hoch resistenten Bakterien infiziert. Biobetriebe geben zum Futter prophylaktisch keine Antibiotika hinzu. Nur kranke Tiere dürfen damit behandelt werden. Dafür ist das Geflügel aus Biofleischereien auch um ei-

niges teurer. Wer gerne Hähnchenbrust oder Putenfilet mag, überlegt sich das. Doch bei einem Blick in die Mastbetriebe, in denen die Puten so große Brustmuskeln haben, dass sie nicht mehr ihr Gleichgewicht halten können, vergeht einem schon mal der Appetit. Ein guter Tipp: Bei der nächsten Fahrt übers Land die Augen aufhalten nach Hinweisschildern »Eier zu verkaufen«. Meist sind das kleine Betriebe und oft gibt es da nicht nur die begehrten Eier von Happy-Hühnern, sondern das Mast-Hähnchen gleich dazu. Fragen lohnt sich!

Karantäne für die Keime

Nicht nur in den Hühnereiern, auch im Geflügelfleisch lauern Salmonellen. Deshalb Fleisch immer durchbraten, sonst drohen im besten Fall Übelkeit und Durchfall. Außerdem alles gründlich heiß abwaschen, was irgendwie mit Hähnchen, Pute, Gans oder Ente in Kontakt kam. Dann kann nichts passieren und kein Bakterienkeim kann sich im Kartoffelsalat explosionsartig vermehren, nur weil die Kartoffeln auf dem gleichen Brett geschnippelt wurden, auf dem kurz vorher die rohen Hähnchenkeulen lagen.

Schwein
gehabt

Ein Schweineleben: Suhlen im Schlamm und schlafen im Stroh.

Die kleinen Ringelschwänze stehen nicht still, immerhin ist Essenszeit im Schweinestall. Da will jeder den größten Brocken abkriegen, drängelt, schubst und macht sich breit. Das hofeigene Schweinefutter aus Kartoffeln, Rüben, Getreide und Erbsenschrot schmeckt aber auch zu gut. Ganz ohne Antibiotika, Tiermehl und Kraftfutterzulagen aus der Chemie. Da will man nicht hinten anstehen. Suhlen kann man später auch noch und mit den anderen Schweinen um die Wette wühlen.
In diesem Biohof haben die Schweine wirklich Schwein gehabt. Sie können sich frei im Stall und auf einer großen Außenfläche bewegen. Ihre Kollegen in den konventionellen Schweineställen gehen sich oft gegenseitig auf die Nerven, weil die Ställe viel zu eng sind und für die natürlichen Verhaltensweisen des Borstenviehs keinen Platz lassen. Statt sich zu suhlen beißen sie sich dann gegenseitig in die Schwänze und knabbern sie ab. Warum sie sich gegenseitig in die empfindlichen Schwänzchen beißen, weiß man nicht so genau, viele sehen dahinter aber eine typische Stressreaktion. Deshalb zwickt man den jungen Ferkeln oft systematisch die Schwänze ab. In Biobetrieben ist das verboten. Hier haben die Schweine auch viel mehr Fläche, kommen sich nicht so nah und können auch nicht so schnell Krankheiten übertragen. Deshalb kommt die artgerechte Tierhaltung ohne Antibiotika im Futter aus. Medikamente werden erst gegeben, wenn ein Tier krank ist.

Pillen vor die Säue?

In der herkömmlichen Schweinemast werden dem Schweinefutter Antibiotika beigegeben, weil man ja nie weiß, ob bei den Haltungsbedingungen sich nicht ganz schnell ein Bakterium breit macht. Außerdem verhelfen Antibiotika zum schnellen Fleischansatz. Doping fürs

Schwein: eine echte Schweinerei. Übrigens auch für die Gesundheit des Menschen. Schließlich gewöhnen sich viele Bakterien an die eingesetzten Antibiotika. Und diese Antibiotika ähneln denen, die auch der Arzt uns verschreibt, wenn uns ein Bakterienangriff allzu sehr umhaut. So kommt es immer wieder vor, dass gefährliche Krankheitskeime gegen Antibiotika resistent geworden sind und kein Medikament mehr helfen kann!

So sieht ein glückliches Schwein aus

Ein Ringelschwänzchen, das wedelt
Zwei Augen, die neugierig schauen
Eine Nase, die grunzt
Ein Hintern, der sich scheuert
Ein Tier, das sich suhlt und im Dreck wühlt

So sieht gutes Schweine-fleisch aus

Es hat eine kräftige hellrote Farbe
Es darf nicht schimmern
Es ist trocken und liegt nicht im eigenen Saft
Es ist saftig, aber nicht wässrig

Ruhige Schweine haben besseres Fleisch

Ein robustes, ruhiges, weniger stressanfälliges Ökoschwein, das nicht dahin gezüchtet wurde, schnell viel Fleisch anzusetzen, darf sich mehr Zeit nehmen zum Groß- und Fettwerden. Nicht sechs bis sieben Monate, sondern oft doppelt so lange kann es leben. Seinem Fleisch merkt man es an. Es schmeckt saftiger ohne in der Pfanne zusammen zu schmurgeln. Das sagen zumindest die Käufer, die für Biofleisch dann auch gerne das Doppelte ausgeben. Warum das Schweinefleisch aus der artgerechten Haltung so gut schmeckt, weiß niemand so ganz genau. Viele vermuten, es liegt daran, dass die Schweine auf den Biohöfen es ruhiger angehen können. Denn Stress verträgt sich nicht mit einer guten Fleischqualität. Besonders beim Schlachten. Sicher geht auch dem noch so ruhigen Bioschwein im Schlachthof die Muffe. Doch es kann mit Stress besser umgehen. Außerdem musste es nicht wie viele andere zuvor stundenlang auf den Straßen unterwegs sein, wurde nicht hektisch ausgeladen und womöglich noch mit Schlägen traktiert. Denn stundenlange Angst macht sich bei der Fleischqualität bemerkbar.

PSE statt BSE

BSE gibt es beim Rind, aber nicht bei Schweinen. Bei Schweinefleisch gibt es ein ganz anderes Problem, das sich PSE nennt: Pale, soft, exudativ. Heißt auf gut Deutsch: Blass, weich und verschwitzt. Etwa so wie nach der Sauna. Beim Schwein kommt der Saunaeffekt durch turboschnelle Aufzucht und den Stress beim Schlachten, dem die sensiblen Tiere nicht gewachsen sind. Dadurch verändert sich das Fleisch und es kann kaum noch Wasser binden. Kommt das wässrige Fleisch jetzt ins heiße Öl, spritzt es nur noch. Aus für Kruste und Aroma. Das Wasser verdampft, das Fleischstück biegt sich und wird zäh. Guten Appetit!

33

Von Sonntagsbraten und Massenware
Das muss jetzt einfach mal gesagt sein

Früher, da war (auch nicht) alles besser. Aber zumindest haben die Leute dem Fleisch einen weit höheren Wert eingeräumt. Es war etwas Besonderes, wenn ein Braten auf den Tisch kam. Man hat sich drauf gefreut, denn das gab's nur sonntags. Heute gibt es ein Sonntagsessen genauso wenig wie das Sonntagskleidchen, von dem unsere Mütter oder Großmütter noch erzählen. Fleisch kommt jeden Tag auf den Tisch, schließlich ist es billig: 100 g Schweineschulter für 80 Pfennig oder umgerechnet 40 Cent. Bleibt nur die Frage, wie der Bauer da noch wertvolles Fleisch erzeugen kann? Oft geht das nur mit Masse statt Klasse, Antibiotika statt Auslauf und Tiermehl statt Tierliebe. Heute findet das zwar niemand mehr okay. Doch wissen wir auch alle, dass Lebensmittel, die mehr wert sind, auch mehr kosten? Bitte, wer sein Fleisch billig einkaufen will, der bekommt auch nur was Billiges. Punkt, Basta, Aus – so einfach ist das.

Dabei kann Fleisch so toll schmecken. Lieber einmal auf das billige Sonderangebot verzichten und sich einen fragwürdigen Fleischgenuß verkneifen. Dafür beim nächsten Mal das leckere, gut abgehangene Stück kaufen, von dem der Metzger glaubhaft versichert, dass es seinen Preis wert ist. Wenn schon Fleisch, dann auch schon ein gutes Stück! Damit es wieder Spaß macht, auch mal ein saftiges Steak vom Rind zu essen, besser etwas mehr bezahlen und dafür auch viel mehr kriegen: Mehr Sicherheit, ein gutes Gewissen und ein Stück Fleisch wie früher der Sonntagsbraten.

Auf Seite 163 bei den Adressen gibt es auch Hinweise, wie Sie Fleischer finden, die Ihnen exzellentes Fleisch

garantieren. Noch besser, Sie fragen selbst Ihren Fleischer, woher er seine Bratenstücke, seine Filets und Schinken bekommt. Vielleicht ist er ganz dankbar, wenn sich seine Kunden etwas mehr für seine Arbeit interessieren und nicht nur nach den Sonderangeboten fragen. Gerade kleinere Fleischereien können oft ganz genau sagen, von welchem Bauern sie ihr Fleisch bekommen und wie die Tiere dort gehalten werden. Also nur Mut und mal fragen!

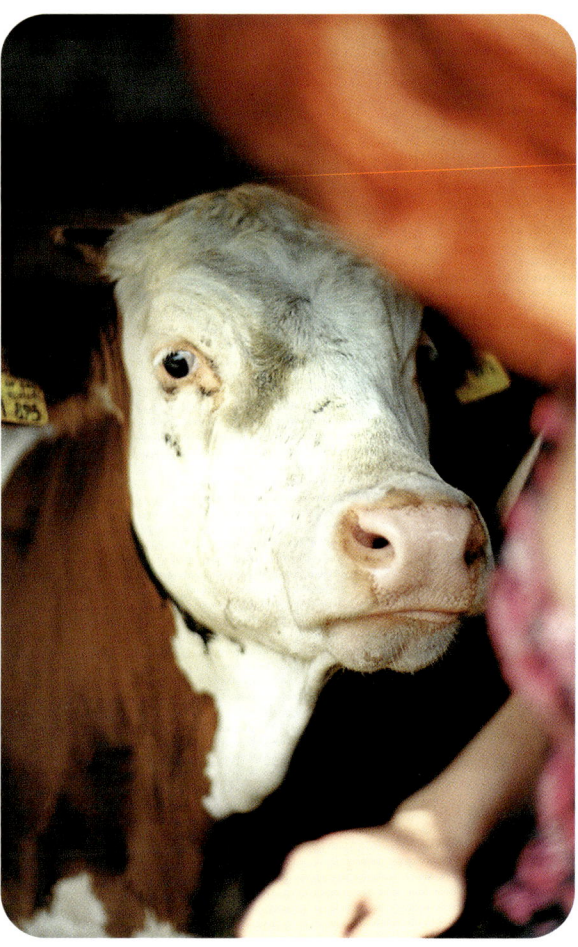

Beim Rind macht es uns die neue Etikettierung ohnehin viel einfacher. Da steht das Land drauf, in dem das Tier geboren, aufgewachsen, geschlachtet und zerlegt wurde. Kann man gleich erkennen, ob das Tier erst noch quer durch Europa musste, bevor es zum Schlachthof kam. In Deutschland gibt es dieses Etikett schon mit allen Infos, in anderen EU-Ländern wartet man mit den Angaben zu Geburt und Aufzucht noch bis 2002. Bleibt eigentlich nur die Frage, warum es das nicht auch für Schweinefleisch gibt?

Exotenfleisch

In den Zeiten von BSE kamen Straußensteaks und Känguru-Koteletts in die Fleischtheken. Der Strauß fühlt sich in Mitteleuropa recht wohl, Hauptsache er hat viel Auslauf. Sein rotes Fleisch erinnert an Rindfleisch, ist fettarm und zart. Es gibt in Deutschland einen Verband der Straußenzüchter, die auf Hilfsmittel im Futter wie Antibiotika verzichten. Allerdings kommt viel Straußenfleisch aus Afrika, so dass Qualitätskontrollen von hier aus schwer möglich sind. Kängurufleisch stammt meist von wild lebenden Tieren Australiens. Es gilt als sehr fettarm und ähnelt geschmacklich dem Reh. Vom Känguru sind Viruserkrankungen bekannt, deshalb muss sein Fleisch gut kontrolliert werden. Das Exotenfleisch garantiert also keinen Fleischgenuss ganz ohne jedes Risiko, wohl aber ein geschmackliches Erlebnis.

Stichwort BSE

Kein Bock auf BSE. Es gibt ja eh nichts, was man mit letzter Sicherheit sagen kann. Wer so denkt, hat recht. Und doch soll es hier um BSE gehen, schließlich brüten noch immer die leisen Zweifel, ob man nicht doch lieber gleich zum Vegetarier wird. Hier statt Panik Durchblick:

Rindfleisch
Muskelfleisch ohne Knochen gilt als ungefährlich, aber im Schlachthof können BSE-Erreger aus dem Hirn und Mark auf das Fleisch spritzen. Deshalb ein geringes Restrisiko. Beim T-Bone-Steak mit Wirbelsäulenknochen ist das Risiko größer, deshalb in Deutschland verboten!
Was kann man tun: Nur Rindfleisch aus Öko-haltung und Fleischprogrammen essen, die Tiermehl oder Milchaustauscher seit Jahren verbieten. Auch bei argentinischem Rindern ist BSE bisher unbekannt.

Innereien vom Rind
Nieren und Leber sind eher von BSE befallen als Fleisch. Der größte Infektionsherd sitzt in Hirn und Rückenmark. Beides darf nicht mehr verkauft werden. Beim Schlachten können Teile des Hirns in Herz und Lunge gelangen.
Was kann man tun: Hirn und Mark sind ohnehin verboten, andere Innereien besser nur mit Ökosiegel kaufen oder von Fleischprogrammen, bei denen weder Tiermehl noch Milchaustauscher im Futter waren.

Kalbfleisch
Man nimmt an, dass sich in jungen Tieren der BSE-Erreger noch nicht stark entwickelt hat und keine Gefahr besteht. Hirn und Mark vom Kalb dürfen verarbeitet werden. Da keiner weiß, wie viel Erreger nötig sind, um eine Creutzfeld-Jacob-Krankheit auszulösen, bleiben Hirn, Mark und Fleisch mit Wirbelsäulenknochen ein Risiko.
Was kann man tun: Kalbfleisch aus Ökohaltung und Programmen, die Tiermehl oder Milchaustauscher seit Jahren verbieten, ist weitgehendst sicher.

Schafffleisch
Schafe können Scrapie bekommen, eine BSE-ähnliche Erkrankung, die für den Menschen ungefährlich ist, hinter der sich aber BSE verstecken kann.
Was kann man tun: Auf das Herkunftsland achten! Scrapie ist in Deutschland, Österreich und in der Schweiz sehr selten, in Neuseeland nie aufgetreten. Leider muss das Herkunftsland nicht angegeben werden.

Schweinefleisch
Ein Schwein steckt sich auf natürlichem Wege nicht mit BSE an, daher gilt Schweinefleisch als sicher.

Geflügelfleisch und Eier
Auch Hühner, Gänse, Enten oder Puten konnten in Versuchen nicht mit BSE infiziert werden. Deshalb ein »BSE: nie und nimmer«-Siegel fürs Federvieh und ihre Eier.

Wurst
Wer weiß schon, was genau in der Wurst ist. So ist Kalbshirn in der Wurst weiterhin erlaubt.
Was kann man tun: Kaufen Sie die Wurst beim Metzger, der sagen kann, was drin ist.

Wild
Tiermehl wird noch immer an Wildtiere verfüttert. Das lässt sich schwer kontrollieren. Doch bislang ist selbst in Großbritannien nicht bekannt, dass Wild an BSE erkrankte. CWD, eine BSE-ähnliche Krankheit, ist nur bei Rotwild und Elchen in den USA und Kanada aufgetreten. Also dort, wo es BSE nicht gibt. Daher geht von Wild vermutlich bei uns nur ein sehr geringes Risiko aus.

Fische und Meerestiere
In Fischfarmen gibt es leider immer noch Tiermehl, doch es deutet nichts darauf hin, dass sich Fisch mit BSE anstecken kann. Wer ganz sicher gehen will, nimmt »wilden« Fisch, der garantiert nicht aus der Fischfarm kommt. Fragen Sie Ihren Fischhändler danach.

Milch, Käse & Co.
Da sich BSE-Erreger entlang der Nervenbahnen bewegen, gibt es keinen Grund, auch in der Milch ein Risiko zu sehen. Denn da sind keine Nerven drin. Versuche haben bestätigt: Keine BSE-Gefahr durch Milch & Co.

Fleischextrakte, Brühwürfel
Die bekannten Hersteller von Fleischextrakten geben als Quelle ihrer Rohstoffe Südamerika an. Dort ist bislang kein BSE-Fall aufgetreten. Wer den Herstellern nicht traut, weicht auf Gemüsebrühen oder Hefeextrakte aus.

Gelatine
Damit Gelatine entsteht, werden Knochen, Knorpel und Schwarten vom Schwein und Rind starken Laugen und Säuren ausgesetzt und stundenlang gekocht. Kaum anzunehmen, dass das ein Krankheitserreger überlebt.

Babykost
Viele große Hersteller nehmen schon lange Bioprodukte für ihre Babykost. Wollen Sie ganz sicher sein, verzichten Sie auf Produkte, in denen Rindfleisch enthalten ist – einfach auf der Zutatenliste nachschauen.

Gummibärchen
Bestehen aus Gelatine, deshalb einfach dort schauen!

Das Märchen vom lammfrommen Schaf

Dass Schafe alles mit sich machen lassen, stimmt ja gar nicht. »Bist Du aber ein Schaf«, so sollte man eigentlich nicht einen Menschen nennen, der gutmütig genug ist, sich ständig ausnutzen zu lassen. Schließlich fangen Schafe ziemlich gnadenlos an zu meckern, wenn sie nicht ihren gewohnten Auslauf kriegen. Von lammfromm kann keine Rede sein. Die lassen sich nicht einsperren. Sie brauchen die Freiheit der Wiesen. Schafzucht ist heute immer noch wie früher. Da wird gewandert, was das Zeug hält, und gegessen, was die Weiden hergeben. Und wenn kein Platz zum Wandern ist, dann gibt es zumindest eine große Weide. Davon können die meisten Schweine, Rinder und Hühner nur träumen. Fragt sich nur, warum Lammfleisch dann nicht viel höher im Kurs steht? Manche meinen immer noch, es stinkt oder »hammelt« etwas. Das war mal so, als noch die alten Tiere unters Messer kamen. Deren Fett schmeckt tranig und da sie viel davon haben, ist ein Hammel wirklich kein Genuss. Ganz anders aber das junge Lamm. Springlebendig hat es noch wenig Fett angesetzt und auch die streng schmeckenden »Hammelhormone« stören noch nicht sein Aroma. Also unbedingt mal ausprobieren. Wer kein frisches Lammfleisch bei seinem Fleischer bekommt – oft kann man es bestellen – schaut mal beim Türken oder Griechen vorbei. Die essen gerne Lamm und wissen auch, wo es das beste Fleisch gibt. Sie finden es noch an einer dritten Stelle: in den Tiefkühltruhen größerer Supermärkte. Darin liegt Neuseelandlamm oder auch Lammfleisch aus heimischen Landen. Beides ist zu empfehlen, selbst tiefgefroren.

Wer will denn da 'ne Extrawurst?
Oder: Bratwursttest für jeden Metzger

Wem nicht Wurscht ist, was in der Wurst ist, der tut sich manchmal schwer. Man hat fast den Eindruck, dass da

fast alles verwurstet werden kann, was beim Schlachten übrig bleibt. Innereien und Schweineschwarten, Fett, Blut und Speck. Wer weiß denn schon, dass in der Geflügelfleischwurst zum Beispiel überwiegend Schweinefleisch drin sein darf, in der Hirschsalami vor allem Schwein und Rind steckt und dass sich in Kalbsleberwurst nur 15 Prozent Kalbfleisch finden muss und kein Gramm Kalbsleber? Nur wenn es zum Beispiel »Geflügelwurst pur« heißt, hat kein anderes Fleisch darin etwas zu suchen.
Da ist man ja schon froh um die ehrliche Haut einer gewöhnlichen Currywurst. Die kommt weder fettarm daher wie die Pseudo-Geflügelwurst, nicht extravagant wie Hirschsalami oder mit dem Hauch von Luxus einer angeblichen Kalbsleber in gleichnamiger Wurst ganz ohne Kalbsleber.
Was die Currywurst oder auch ihre Grundlage, die Bratwurst, so ehrlich macht: Wir wissen ganz genau, dass wir nichts wissen von all dem, was in ihr steckt. Das weiß nur ihr Erzeuger. Deshalb machen wir den Metzger-Qualitätstest: Gute Metzger sagen einem ohne Umschweife genau, was sie reintun und was nicht. Um diese Extrawurst an Service und Information sollten wir sie bitten. Sonst können wir gleich die eingeschweißten, anonymen Industriewürste aus dem Kühlregal des Supermarktes kaufen.

Der Bratwursttest beim Metzger geht noch weiter: Tut er Nitritpökelsalz hinein, ist er durchgefallen. Denn alles, was auf den Grill kommt, sollte kein Nitrit enthalten. Dann kann's gefährlich werden, weil sich bei hohen Temperaturen Nitrosamine bilden und das sind gefährliche Krebsauslöser. Auch die Weißwürste – Nationalspeise der Münchner und eingefleischter Bayernfans – die Gelbwürste und Wollwürste kommen ohne aus. Nicht schlecht für uns, denn schließlich bilden sich diese gefährlichen Nitrosamine nicht nur auf dem heißen Grill, sondern auch im hungrigen Magen. Immer mehr Metzger, insbesondere aus der Bio-Innung, wissen, wie sie aufs Pökeln verzichten können, ohne dass die Wurst verdirbt. Einziges sichtbares Zeichen: Die Wurst färbt sich grau, weil kein Nitrit die rote Fleischfarbe vorm Verfärben schützt. Doch besser die Wurst ist grau als der Wurstfreund krank.

Raritäten mit Qualitäten

Schon mal gehört: Angus-Rind oder Galloway, Buntheimer Schwein oder Heidschnucken? Das ist was für Fleischfreunde, die wissen wollen, wie Fleisch eigentlich schmecken kann. Hier die kleine Speisekarte einiger besonders leckerer Rassen.

Angus-Rind: besonders aromareich, feine Muskelfasern, gut verteilte Fetteinlagerungen im Fleisch

Charolais: weiches, saftiges, gut marmoriertes und aromatisches Rindfleisch

Galloways: Rindfleisch von höchster Qualität und ausgeprägtem Geschmack, sehr gute feine Muskelfasern und gute Fettmarmorierung

Pinzgauer Milchmastrinder: zarte Marmorierung, feine Fleischfasern

Schottische Highland-Rinder: mögen Natur pur, stehen immer draußen, sind ungeeignet für die Massentierhaltung. Ihr Fleisch: zart und voller Aroma

Buntes Bentheimer Schwein: intensiver Geschmack mit hohem Fettgehalt

Hällischer Schlag: Schwein mit bester Fleischbeschaffenheit, zweimal Bundessieger für beste Fleischqualität

Heidschnucken: Schafrasse mit magerem und zartem Fleisch, hervorragender, wildartiger Geschmack

Vom richtigen Räuchern und gesunden Grillen

Zum Glück räuchern wir in aller Regel unser Fleisch nicht selbst. Das könnte uns schlecht bekommen. Bei heißer Räucherung oder wenn eine schwarze Rußschicht auf der Wurst entsteht, bilden sich krebsverdächtige Benzpyrene. Deshalb auch Hände weg von schwarzgeräucherten Würsten. Unbedenklich ist dagegen die Räucherung mit kaltem Rauch.

Grillen ist nicht weniger gefährlich als Räuchern! Greenhorns unter den Grillern sollten wissen, dass sie einen ziemlich schwerverdaulichen Mix aus Nitrosaminen, Benzpyrenen und aromatischen Kohlenwasserstoffen servieren können. Müssen sie aber nicht, schließlich gibt's diese Tipps fürs Grillen ohne Gruseln:

Nur reine Holzkohle verwenden, keine Zapfen, kein Holz und natürlich auch keinen Spiritus. Der Spiritus führt zu Verbrennungen, verglühende Zapfen und Holzscheite zu Giftstoffen, die sich auf dem Fleisch niederlassen.

Holzkohle muss erst weiß glimmen, bevor das Fleisch auf den Grill kommt. Dann raucht die Kohle nicht mehr und Rauch kann nicht am Fleisch hängen bleiben.

Fleisch und Wurst auf eine Alufolie legen, damit kein Fett in die Glut tropfen kann. Denn Fett verglüht zu Schadstoffen, die wir lieber nicht mit dem Selbstgegrillten essen sollten.

Nur Ungepökeltes auf den Grill. Auf dem Grill wird es heiß. Da kann sich das Nitrit aus dem Pökelsalz in gefährliche Nitrosamine umbauen. Keinen Fleischkäse und keine Polnische! Es sei denn, sie kommen aus einer Metzgerei, die aufs Pökeln mit Nitrit verzichtet, weil sie ihre Wurst ohne gefährliche Zusätze konservieren kann.

Grätchenfrage: Welcher Fisch darf's denn sein

Viele Seelen in einer Brust: der Ökologe will die Weltmeere retten, der Tierschützer keine Fischfarmen und der Genießer einfach nur einen guten Fisch.

Eigentlich ist Fisch ein einziger Genuss und dabei noch supergesund, seine ungesättigten Fettsäuren wirken als Antistress-Stoffe fürs Herz und gegen Entzündungen, und sogar der Intelligenz tun sie gut. Also her mit dem fetten Lachs! Doch die wachsende Intelligenz fragt an, ob sich nicht gerade im Fischfett all das anreichert, was Ölteppiche und Chemieabfälle zurücklassen? Also lieber eine Forelle aus dem Fischteich?! Aber was sind Fischteiche anderes als enge Käfige, meldet sich der Tierschützer in einem. Gleichzeitig beklagt der Ökologe das Überfischen der Meere. Ende der Diskussion! Dann doch kein Fisch?! Mag das zarte Fleisch noch so ungemein lecker sein, dabei äußerst gnädig zur Linie und eine klasse Alternative zum Fleisch. Außerdem super schnell gemacht und nie zäh oder faserig. Und solch ein Lachssteak oder Schollenfilet ist doch immer was Besonderes auf dem Teller. Da kann man mal beeindrucken. Trotz mancher Gräte. Es gibt keinen Zweifel: Fisch muss sein. Könnte man sich nicht vielleicht auf Matjes einigen? Wäre doch political correct: Junger Hering, nicht überfischt, zudem in dem Alter noch clean von allen Giften! Igitt, sagt der Hygiene-Fan. Matjes ist roher Fisch, ein Tummelplatz der Nematodenlarven!

Schluss mit dieser Fisch-Diskussion. Die Larven gehen beim Einlegen des rohen Herings zugrunde. Und dass Fisch nicht ohne Gräten ist und manche kritische Frage durchaus angebracht, heißt nicht, den Fisch total madig zu machen. Das hat er nicht verdient. Verdient hat er ein anerkanntes Biosiegel, Fischer mit Verantwortung, Verkäufer mit Ahnung und jede Menge Fischfreunde mit Interesse, die bei so mancher Grätchenfrage nicht mehr im Trüben fischen wollen.

Nur freitags Fisch, das war einmal. Wenn Genuss und Gesundheit an einem Strang ziehen, angeln sie sich ein leckeres Menü aus Meeren, Seen, Flüssen und Teichen. Nicht erst seit den Fleischskandalen kommt öfter Fisch auf den Tisch. In den letzten 25 Jahren hat unser Fischappetit um 40 Prozent zugenommen. Weil er uns so gut schmeckt, den Körper fit macht und der Linie gut tut. Kabeljau & Co. boomen und Fangflotten fischen, was die Meere hergeben. Mittlerweile decken auch Fischfarmen den gestiegenen Bedarf. Wurden schon lange in den Fischteichen Süßwasserfische gemästet, so gelingt das jetzt auch mit Salzwasserfischen, die in Küstennähe dank riesiger Netze oder Käfige nicht mehr wegschwimmen können. Seitdem müssen wir unterscheiden zwischen Zucht- oder Wildlachs und zwischen Shrimps aus Mastteichen oder Meerestiefen.

Räucherfisch

Seien sie misstrauisch, wenn beim günstigen Räucherlachs »Wildlachs« auf dem Etikett steht. Wildlachs gibt es nur noch selten, hat seinen Preis und lässt sich schwer vom Zuchtlachs unterscheiden. Wer den echten Wildlachs und seinen Geldbeutel schonen will, nimmt besser den Zuchtlachs aus Biobetrieben. Der Bioverband Naturland bietet Räucherlachs an, der in seinem Futter keine Medikamente, Hormone oder Wachstumsförderer enthält.

Leider gibt es für Fisch noch kein Siegel, das genau festlegt, wie es in Fischfarmen oder in Fischteichen zugehen darf. Lachs sollte seine orange Farbe nicht durch zugesetzte Farbstoffe erhalten, damit er besser aussieht als der Wildlachs, der sein zartes Rosa dem Verzehr von Krebsen und Krabben verdankt. Bislang hat auch noch niemand festgelegt, wie eng Fische gehalten werden dürfen. Manche Arten bilden gern größere Verbände, in denen sie sich sicherer vor Feinden fühlen. Aal, Forelle, Seezunge und Wels werden aggressiv und beißen sich gegenseitig, wenn sie zu wenig Artgenossen finden. Andere wie die älteren Forellen lieben eher die Einsamkeit.

Fisch aus Flüssen und Seen

Weniger Chemieabfälle, geringere Nitratwerte und mehr Kläranlagen wirken sich aus. Im Rhein und in der Elbe leben wieder Lachse. Trotzdem bekommen wir die meisten Süßwasserfische aus den Teichen und Seen. Karpfen, Saiblinge, Schleien, Aale und Forellen stammen in aller Regel aus Fischzuchtbetrieben. Wer mag, kann mal im Telefonbuch nachschlagen, ob er in seiner Nähe eine Fischzucht oder einen Anglerverein findet. Anrufen und fragen, ob man mal vorbei kommen kann. Besser können Sie sich als kritischer Fisch-Fan nicht informieren. Lassen Sie sich erklären, wie die Fische aufgezogen werden, was gegen Fischkrankheiten gemacht wird und ob der Betrieb offiziell als »seuchenfrei« gilt. Allein schon, dass Ihnen alle Fragen geduldig beantwortet werden, lässt auf verantwortungsvolle Fischzüchter schließen.

Nie mehr Sushi?

Roher Fisch ist in. Wenn erfahrene japanische Köche nach mehrjähriger Sushi-Ausbildung damit umgehen, schmeckt das hervorragend, denn die wissen, welchen Fisch sie wie zubereiten müssen. Nicht so der Sushi-Hobbykoch. So manche selbstgerollten Sushi mögen schon Unwohlsein und Bauchgrimmen ausgelöst haben. Deshalb Sushi mit Fischen zubereiten, die nicht so oft von Parasiten heimgesucht werden. Auch traditionelle Sushispezialisten nehmen nur Steinbutt, roten Tunfisch, Katfisch, Brassen, Zackenbarsch, Snapper, Tintenfisch und Garnelen. Abzuraten ist von Süßwasserfischen sowie von Kabeljau, Makrele, weißem Tunfisch, Seeteufel (Anglerfisch) und Hering. Auch roher Lachs kann nicht uneingeschränkt empfohlen werden. Sein Fleisch beherbergt besonders oft ungeliebte Gäste.

Delphinfreundlich

Delphine und Tunfische schwimmen gerne zusammen. Sie werden wissen warum. Leider geht das für beide oft nicht gut aus. Hinter dem Tunfisch sind große Fischflotten her. Zu dumm nur, dass die Delphine gerne mal übermütig aus dem Wasser springen. Da wittert der erfahrene Seemann schon die Tunfischbeute. Je nachdem, mit welchen Netzen gefangen wird, finden dabei auch die Delphine ihren Tod. Dass es auch anders geht, beweisen viele Firmen mit Tunfischprodukten, denen die Delphinschutz-Organisation ein Okay gibt. Nachzulesen auf der Internetseite http://www.delphinschutz.org/thunmarken.htm.
Allen ohne Internet sei gesagt: Die großen Marken sind dabei. Aber einfach nur der Aufschrift »delphinfreundlich gefangen« auf Tunfischprodukten zu trauen, reicht nicht aus. Es fehlen die Kontrollen.

Larven im Lachs?

Gegen Nematodenlarven im Fisch lässt sich nichts machen. Die meisten Fische sind davon betroffen. Doch in der Regel bevölkern diese kaum sichtbaren Parasiten nur die Bauchhöhlen. Deshalb werden Fische noch auf den Schiffen schnell ausgenommen, so dass Nematoden nicht ins Fischfleisch abwandern. Außerdem werden sie durch Erhitzen und Tiefgefrieren, wochenlanges Einlegen in Salz oder Säuren zerstört. Deshalb Fisch immer richtig durchgaren und eingelegte rohe Heringe in Eigenproduktion am besten vorher mindestens eine Woche tiefkühlen. Sonst kann es passieren, dass die Nematoden Durchfälle, Übelkeit und Bauchkrämpfe auslösen. Für die meisten harmlos, doch eine große Gefahr für Kinder, immungeschwächte und ältere Menschen!

Gifte aus dem Meer

Unfälle von Öltankern, Industrieabfälle und die giftige Last vieler Flüsse machen auch den Meeren zu schaffen. Fische untersucht man deshalb auf viele chemische Verbindungen – von DDT bis PCB, Quecksilber und Zinn. Die Grenzwerte werden dabei fast nie überschritten. Um aber auf Nummer sicher zu gehen, kann man die frohe Botschaft der Fischwissenschaftler beachten, dass Hochseefisch sehr viel weniger Schadstoffe enthält als Küstenfische und der Nordseefisch zehnmal weniger belastet ist als der Ostseefisch. Doch selbst Fisch aus der Ostsee liegt im Schnitt weit unter den Grenzwerten. Noch ein Tipp der Fischexperten: Fette und alte Fische enthalten mehr Rückstände. Zu den fetten Fischen zählen Lachs, Makrele, Hering, Tunfisch sowie natürlich der fette Aal. Davon also die Jungen bevorzugen. Und ob ein Fisch jung oder alt ist, erkennt man schnell beim Größenvergleich oder man fragt seinen Fischhändler.

Das Meer wird leer

Der internationale Rat für Meeresforschung warnt vor dem »Niedergang der Bestände«. Besonders gefährdet sind Kabeljau, Schellfisch, Seelachs von Island und der Arktis, Rotbarsch, Heilbutt aus dem Atlantik, Wittling, Anglerfisch und Scholle. Diese Fische also schonen und nur hin und wieder essen. Um so häufiger Hering, Gelbflossentunfisch, Seehecht, Forelle, Seelachs aus Norwegen, Makrele und Heilbutt aus dem Pazifik genießen sowie Süßwasserfische aus Flüssen, Seen und Teichen.

Bio bei Fisch noch ohne Regel

Für Shrimpsfarmen werden riesige Mangrovenwälder abgeholzt, Karpfen viel zu dicht in Teichen gehalten und die Abwässer dieser Fischfarmen verdrecken die Umwelt. Deshalb haben sich unterschiedliche, auch anerkannte Bio-Organisationen aufgemacht, erste Siegel an Fischfarmen zu vergeben. Dass diese Farmen aber zum Teil auch mit Tiermehl und Farbstoffen im Futter arbeiten, irritiert. Es gibt bislang keine Vorschrift, die bei Fisch genau festlegt, was unter Bio zu verstehen ist. Ohne feste Regeln fischen wir bei Bio-Bezeichnungen noch leicht im Trüben. Allgemein verbindliche, strenge Auflagen müssen her.

Lasst die Fische laichen

Auch der Fisch braucht mal eine Schonzeit. In den Monaten des Laichens sind viele Fischarten ohnehin nicht sonderlich schmackhaft. Und sollten auch nicht gefischt werden. Schließlich sichern sie mit ihrer Eiablage den Fortbestand ihrer Rasse.

Deshalb auf den Fisch in der jeweiligen Laichzeit besser verzichten. Übrigens: Die Fische schmecken zumeist in den Monaten vor der Laichzeit am besten. Hier eine kleine Übersichtstabelle für die ungefähren Laichzeiten der wichtigsten Fische.

	Jan.	Febr.	März	April	Mai	Juni	Juli	Aug.	Sept.	Okt.	Nov.	Dez.
Flussfische												
Barsch												
Forelle												
Karpfen												
Hecht												
Schleie												
Wels												
Zander												
Seefische												
Heilbutt												
Hering												
Kabeljau												
Lachs												
Schellfisch												
Scholle												

41

16
Halbwahrheiten
und ihre zweite Hälfte

H-Milch hat den Wert von Leitungswasser

Möglich, dass die kurz auf bis zu 150 Grad erhitzte und daher gut haltbare Milch für manche wie Leitungswasser schmeckt. Doch in puncto Nährwerte steht sie der Vollmilch so gut wie nicht nach. Die wichtigsten Nährstoffe in der Milch fürchten sich nicht vor hohen Temperaturen. Das Kalzium ist ganz und gar hitzeresistent und auch das Milchvitamin B2 erträgt die 150 Grad ohne nennenswerte Verluste. Nur das Eiweiß wird durch die Hitze vollständig denaturiert. Doch das klingt schlimmer, als es ist. Auch die Magensäure macht nichts anderes. Sie zerstört die Eiweißstruktur, damit das Eiweiß besser verdaut und damit vom Körper optimal verwertet werden kann.

Spinat darf nicht aufgewärmt werden

Darf ich nun Spinat aufwärmen oder nicht? Dazu drei Grundinfos: Spinat speichert viel Nitrat. Nitrat ist gefährlich, weil es sich zu Nitrit abbaut, aus dem im Körper krebsauslösende Nitrosamine entstehen können. Bakterien fördern diesen Nitrat-Nitrit-Umbau. Was das alles mit dem Aufwärmen zu tun hat? Nun, beim Aufwärmen – wie beim Abkühlen – entwickeln sich die Umbau-Bakterien und mit ihnen das Nitrit besonders gut. Nur wenn Spinat turbo-schnell kalt und im Topf rasch wieder heiß wird, haben Bakterien kaum Zeit, gefährliches Nitrit zu produzieren. Nur dann ist Aufwärmen okay! Und das auch nur, wenn keine Kleinkinder mitessen.

Zucker ist Nervennahrung

Hat zumindest Omi immer behauptet, und nicht nur sie! Die Biochemie sagt es auch: Nerven ernähren sich normalerweise ausschließlich von Zucker. Und davon brauchen sie jede Menge. Doch der Körper kann diesen Zucker nicht nur aus Gummibärchen, Würfelzucker oder Pralinen bilden. Besser geht es mit Brot, Reis und Kartoffeln. Darin stecken Kohlenhydrate, die im Darm langsam zu Zucker aufgespalten werden und entsprechend langsam und gleichmäßig vom Darm ins Blut gelangen. Der Vorteil: Die Nervenkraft wird kontinuierlich und lange gestärkt. Damit übersteht man besser Stresstage, Prüfungsdruck und Konzentrationsschwächen.

Bei Schimmel alles in den Abfall

Schimmel kann hochgefährliche Gifte enthalten, die Krebs auslösen. Deshalb kein Risiko eingehen. Schimmelpilze breiten sich gut in feuchten und fetten Lebensmitteln aus. Verschimmelter Weich- oder Schnittkäse – außer wenn es der eigene Edelschimmel ist – und ganz besonders verschimmelte Nüssen müssen deshalb sofort weg. Aber nicht übertrieben reagieren. Schimmel im Brot und in der zuckrigen Marmelade kann großzügig herausgeschnitten oder abgehoben werden. Viel Zucker in der Marmelade sorgt dafür, dass Schimmel sich nicht breit machen kann. Nur bei Marmeladen mit weniger als 50 Prozent Zucker muss das ganze Glas dran glauben.

Nie mehr rohe Eier

Es ist wahr: in rohen Eiern lauern Gefahren in Form von winzigen Salmonellen. Eine reicht aus, die sich in Windeseile vermehren kann und dann in Massen zu schweren Verdauungsproblemen führt. Besonders bedrohlich für Ältere, Kleinkinder und Immungeschwächte. Die gefährliche Vermehrung der Salmonellen findet fast immer außerhalb des Eies statt. Am liebsten in Salaten mit Mayonnaise, in fetten, sahnigen Dessert und bei warmen Temperaturen. Deshalb alles aus rohen Eiern nicht für Stunden in die Sonne stellen, sondern frisch zubereitet aus dem Kühlschrank holen. Dann kann nichts passieren und rohe Eier müssen überhaupt kein Problem sein.

Leber ist gefährlich

Dass alle Innereien mit ihren Schadstoffen gefährlich sind, stimmt nicht. Zumindest bei der Leber werden die Richtwerte selten überschritten. Und diese Richtwerte sind streng! Beispielrechung: Herr Mustermann gönnt sich jede Woche eine 150 Gramm Portion Leber, deren Cadmiumwerte gerade noch den gesetzlichen Grenzwert von 45 µg einhält. Damit nimmt Herr Mustermann mit seinen 70 Kilo nur ein Zehntel der Cadmiummenge auf, die die Weltgesundheitsorganisation als tägliches Maximum festgelegt hat. Und warum darf dann die schwangere Frau Mustermann keine Leber essen? Kein Schwermetall, sondern der hohe Vitamin-A-Gehalt der Leber gefährdet das heranwachsende Leben.

Fett macht satt

Der Hunger ist einer der stärksten Triebe. Schließlich sorgt er dafür, dass wir genug essen. Noch heute drängt es uns zu Schweinebraten und Schokolade. Oft melden uns Magen und Darm, dass ihre Füllung nicht stimmt. Im Blut sinkt der Zuckerspiegel und Botenstoffe melden dem Hungerzentrum im Gehirn, wann es uns zum Kühlschrank treibt. Wie stark die Appetitsignale sind, merken alle, die abnehmen möchten. Ein Trick bei allzu großem Appetit: Kalorien aus Kohlenhydraten oder Eiweiß stoppen den Hunger eher und nachhaltiger als die gleiche Kalorienmenge aus stark fetthaltigen Lebensmitteln.

Schlapp ohne Fleisch

Der Werbespruch, dass Fleisch ein Stück Lebenskraft ist, zieht in Zeiten von BSE und MKS nicht mehr. Niemand spricht dem Fleisch ab, dass es hochwertige Eiweißstoffe, viel Eisen und Zink sowie das eine oder andere Vitamin liefert. Doch all das findet sich auch in anderen Lebensmitteln, die gleichzeitig den Körper noch mit Ballaststoffen und bioaktiven Pflanzenstoffen fit machen. Nicht eine fleischarme, sondern die bei uns übliche fleischlastige Ernährung mit zu wenig Gemüse macht schlapp. Denn in Obst und Gemüse, nicht im Fleisch stecken die Substanzen, von denen wir mehr essen sollten.

Bananen machen glücklich

Nur fast falsch: Als man in den krummen Dingern einen Stoff namens Serotonin entdeckte, war man happy. Schließlich wirkt Serotonin als Glücks- und Gute-Laune-Hormon im Kopf. Bananen als neue Fun-Droge? Zu schön um wahr zu sein, denn Serotonin wird von einer Grenzpolizei unseres Kopfes gar nicht erst in die Gehirnflüssigkeit vorgelassen. Aber ein Körnchen Wahrheit steckt doch hinter der Banane als Gute-Laune-Obst. Die gelben Dinger stecken voller Kohlenhydrate. Und die beeinflussen die Grenzpolizei im Gehirn, so dass die Vorstufe des Serotonins besser ins Gehirn gelangt.

Geflügel ist gesünder als Schwein oder Rind

Stimmt nicht, denn Geflügel kann auch fett sein, enthält weniger Vitamin B1 als Schweinefleisch, weniger Eisen als Rindfleisch und auch weit weniger Zink als das Fleisch von Lamm, Kalb, Rind oder Schwein. Auch braucht man sich nur mal eine gewöhnliche Puten- oder Hühnerzucht von innen anzusehen und der Appetit darauf vergeht einem. Enge Käfige, zusammengepferchte Tiermassen auf engstem Raum und Antibiotika als regelmäßige Vorsorge im Futtertrog. Da haben die Vierfüßler im Stall direkt Schwein gehabt. Und kaum ein Federvieh sagt heute noch: »Ich wollt, ich wär' ein Huhn!«

Fische und Meeresfrüchte nur an Monaten mit »R«

Zwei Gründe hatte diese seltsame Regel unserer Großeltern: Von Mai bis August steigen die Temperaturen und damit die Gefahr, dass das empfindliche Eiweiß von Fischen, Muscheln und Garnelen schnell schlapp macht. In Zeiten der Kühlschiffe und Gefriertransporte braucht man die Sommermonate aber nicht mehr zu fürchten. Doch ein zweiter Grund für die »R-Regel« ist bis heute gültig: In Monaten ohne R werden aufgrund der Wärme viele Meeresfrüchte häufiger »schwanger«. Sie schmecken dann nicht so gut. Deshalb lieber warten bis zum September. Sein letzter Buchstabe bürgt für Qualität.

Rohkost bringt die meisten Vitamine

Stimmt nicht immer: Wer Möhren von der Hand in den Mund isst, hat kaum was vom Beta-Carotin in der gelben Rübe. Denn sie speichert das Carotin hinter dicken Zellwänden, die unsere Verdauung nicht aufknacken kann. Nur beim Kochen bersten die Zellwände. Dann liegt das wertvolle Beta-Carotin frei vor und kann vom Darm gut verarbeitet werden. Ähnlich bei der Tomate. Ihre gesunden Carotinoide werden aus Ketschup besser aufgenommen als aus dem Tomatensalat. Kleiner Trost für Rohköstler: Beim Kochen gehen hitzeempfindliche Vitalstoffe verloren. Also am besten heute Rohkostsalat und morgen eine heiße Suppe.

16
Halbwahrheiten
und ihre zweite Hälfte

Giftige Nitrosamine im Hawaiitoat

Der Hawaiitoast aus den 70er Jahren steht als Krebsauslöser im Verdacht. Aus dem gepökelten Fleisch und dem Käse sollen beim Überbacken gefährliche Nitrosamine entstehen. Doch keine Panik. Wer die 70er nochmals aufleben lassen will, braucht auch vorm Hawaiitoast nicht zurück zu schrecken. Schließlich weiß man mittlerweile, dass erst Temperaturen von weit über 100 Grad im Fleisch entstehen müssen, damit das Nitrit aus dem Pökelsalz sich mit Eiweißbestandteilen aus dem Käse zu Nitrosaminen verbindet. Wer den Käse nur zerlaufen lässt, ohne dass sich eine dunkelbraune Masse bildet, riskiert keine schweren Folgen!

Eiweiß macht stark

Muskeln bestehen aus Eiweiß. Was liegt näher, sich mit Eiweiß voll zu pumpen, damit Bizeps und Brust so richtig anschwellen? Doch leider bestimmt nicht unser Essen, ob die Muskeln wachsen, sondern Hormone und Bewegung. Nur der Sport macht pralle Oberarme und Waden, einen knackigen Po und straffe Oberschenkel. Das dazu nötige Eiweiß kriegen wir mit unserer heutigen Ernährung überreichlich. Da brauchen selbst Body-Builder keine Extraportion. Wer sich mit Eiweißpräparaten dopt, beansprucht seine Nieren. Die müssen mit dem Eiweißüberangebot zurecht kommen und es wieder los werden.

Datum abgelaufen, weg damit

Stopp: Nicht alles, was über dem Mindesthaltbarkeitsdatum liegt, muss sofort in den Abfall. Es darf sogar noch verkauft werden! Vieles bleibt nämlich auch nach diesem Stichtag noch gesund und genießbar. Es heißt schließlich »Mindest«haltbarkeitsdatum: Das Datum sagt nur aus, ab jetzt geht's mit der Qualität bergab. Bei Milch, Käse, Jogurt und Quark geht's ziemlich schnell. Doch bei Puddingpulver, Reis oder Hülsenfrüchten braucht niemand die Packung wegzuschmeißen, nur weil das aufgedruckte Mindesthaltbarkeitsdatum schon älter ist.

Honig ist gesünder als Zucker

Was fleißige Bienen auf kilometerlangen Flügen einsammeln, hat leider nicht viel mehr zu bieten als der billige Haushaltszucker. Noch dazu klebt der Honig besser an den Zähnen, also beste Chancen für Karies. Vorteile des süßen Naturproduktes: Bei manchen Rezepten genießt man gerne das spezielle Aroma einzelner Honigsorten. Außerdem sagt man den Enzymen im Honigglas nach, dass sie Erkältungen stoppen können. Darum soll Großmutters heiße Honigmilch so gut tun, wenn uns Grippe, Husten und Schnupfen quälen.

Detektiv-Arbeit im weißen Kittel

Mikrogramm und Mikroben auf der Spur. Grenzkontrolle für Nitrat, Cadmium & Co. Großer Aufwand für kleinste Spuren.

Chemie ist, wenn es kracht und stinkt. Netter Spruch aus alten Schultagen. Stimmt aber heute nicht mehr. Es geht sehr sauber, absolut ruhig und hochkonzentriert zu in den vielen Untersuchungslabors von Firmen und staatlichen Ämtern. Schließlich sucht man hier nach Millionstel eines Gramms. Das gelingt nur, wenn alles exakt, aufmerksam und akkurat abläuft. Gemüseproben, deren Nitratwert man ermitteln will, werden püriert, exakt gewogen und millilitergenau verdünnt. Je nach Untersuchungsmethode kommt die eine oder andere Chemikalie hinzu, die ganz spezifisch mit dem Nitrat reagiert. Die eintretende Reaktion führt zu einer Farbveränderung, die ein spezielles Messgerät, ein Photometer, feststellen kann. Je stärker die Farbe, desto mehr Nitrat im Gemüse. Andere, hochsensible Geräte spucken lange Papierbögen aus, auf denen immer wieder einzelne spitze Kurven nach oben ausschlagen. Jede Kurve zeigt eine bestimmte Substanz an und der Experte weiß, ob sich hinter ihnen möglicherweise Spritzmittel-Rückstände verbergen.

Wenn offizielle Kontrolleure Küchen von Gaststätten und Kantinen unangemeldet inspizieren, um Bretter, Messer und Lebensmittel einem Hygiene-Test zu unterziehen, landen diese Proben im mikrobiologischen Labor. Hier türmen sich kleine runde Plastikschälchen von der Größe eines Blumentopf-

Untersetzers. Darin wachsen auf einer Gelatineschicht Bakterien heran, die das geübte Auge unter dem Mikroskop auszählt. Sind es zu viele, gilt die Probe als verdorben. Viele Lokale müssen wegen Salmonellen, Colibakterien oder anderer Mikroben schließen.

BSE-Test: gefährliche Stecknadel im Heuhaufen gesucht

Viel zu tun haben derzeit die wenigen Labors, die einen BSE-Test anbieten. Proben aus dem Gehirn des Rindes und so genannte Antikörper werden dabei gemischt. Diese Antikörper passen wie ein Puzzleteil an bestimmte Stellen des BSE-Erregers und bleiben dort hängen. Durch weitere Reaktionen binden sich an diesen BSE-Antikörper-Komplex Stoffe, die sich durch eine Farbreaktion zu erkennen geben. Die Farbe kann ähnlich wie beim Nitratnachweis gemessen werden. Der hoch empfindliche Nachweis dauert acht Stunden. Sollte die Farbreaktion eintreffen, wird in Deutschland das Ergebnis vom BSE-Referenzlabor der Bundesforschungsanstalt für Viruskrankheiten in Tübingen nochmals gecheckt. So sind bislang rund 90 BSE-Fälle definitiv festgestellt worden. Dabei kommt etwa 1 BSE-Fall auf durchschnittlich 13.000 Untersuchungen. Ein riesiger Aufwand!

Rückstände gesucht – und gefunden!

Wer Schwermetalle oder Rückstände sucht, hat häufiger mal »Erfolg«, auch wenn es kein schöner Erfolg ist. Beispielsweise stecken noch in jedem sechsten Kopfsalat zu viel Spritzmittel, das zeigen zumindest die Untersuchungen des Kantonalen Labors Basel Stadt. Allerdings kamen die beanstandeten Salate alle nicht aus der Schweiz, Österreich oder Deutschland. Sehr beruhigend war, dass unter den 111 Proben ansonsten nur noch ein Lollo rosso über dem Grenzwert lag und sich in einem Drittel der Proben gar nichts nachweisen ließ. Auch die Biosalate hielten, was sie versprachen: Keinerlei Rückstände, nur Schwefel wurde gefunden und der ist für Bioprodukte zugelassen.

Magen verdorben?

Das feinste Restaurant und der billigste Imbiss müssen hygienisch geführt werden. Leider geschieht das nicht immer, nicht mal in Nobellokalen. Wer den Eindruck hat, hier war ein Essen verdorben, sollte nicht zögern, das den Kontrollbehörden zu melden. Friede den Reinlichen, Kampf den Salmonellen! Lassen Sie sich nicht entmutigen, wenn Sie nicht gleich den richtigen Ansprechpartner finden. Weiterhelfen kann sicher Ihre Kommunal- oder Stadtverwaltung.

Diese Basler Salat-Studie hat natürlich nur kleine Stichproben-Untersuchungszahlen. Insgesamt werden beispielsweise in Deutschland allein 250000 Einzeluntersuchungen pro Jahr durchgeführt, nur um Medikamentenrückstände und Schwermetalle im Fleisch (ohne Geflügel) aufzuspüren. Ergebnis: 3 Prozent der Proben überschreiten die Richtwerte bei Schwermetallen. Das Muskelfleisch selbst ist fast nie betroffen, die hohen Werte misst man fast nur in Innereien. Noch weniger Fleischproben werden wegen zu hoher Arzneimittelrückstände beanstandet. Geflügel überschreitet die Höchstmengen fast doppelt so oft. Und doch hat nur jedes 40. Huhn mehr Medikamentenrückstände im Fleisch als zulässig.

Höchstwerte: Rechnung mit vielen Unbekannten

Wie hoch die Rückstände von Schwermetallen, Nitraten, Spritzmitteln und anderen Giften ausfallen dürfen, lässt sich gar nicht so leicht festlegen. Schließlich hängt das auch davon ab, wer das Lebensmittel isst und ob es täglich oder selten auf den Tisch kommt. Erstmal stellt man in Tierversuchen die höchste Konzentration eines Stoffes fest, bei der am Tier auch nach jahrelanger Aufnahme keine Schäden feststellbar sind. Meist wird dann ein Prozent dieser Menge als akzeptabler Wert angesehen, den der Mensch ohne Probleme jeden Tag essen, trinken oder auch einatmen darf. Man nennt ihn den ADI-Wert für »acceptable daily intake«. Er wird immer bezogen auf das Gewicht, ist also für ein kleines Kind entsprechend geringer als für einen 80-Kilo-Menschen. Um vom ADI-Wert auf den zulässigen Wert für ein Lebensmittel zu kommen, schätzt man ab, wie viel von diesem Lebensmittel gegessen wird. Schließlich dürfen Lebensmittel, die man häufig in großen Mengen isst, weniger Schadstoffe enthalten als Lebensmittel, die selten auf dem Speiseplan stehen. Klingt alles ziemlich trocken, ist es auch und deshalb hier ein Beispiel:

Beispiel Cadmium

Cadmium hat einen zulässigen Tageswert (ADI-Wert) von 1 µg (also ein Millionstel Gramm) je Kilogramm Körpergewicht. Einem Menschen mit 70 Kilo Gewicht schadet es demnach nicht, sein Leben lang täglich 70 µg Cadmium aufzunehmen. Experten haben nun ausgerechnet, dass es unter diesen Voraussetzungen bei der herkömmlichen Ernährung vollkommen okay ist, wenn 100 g Käse 5 µg Cadmium enthalten, in der gleichen Menge Fisch 10 µg Cadmium stecken und in ebenso viel Muscheln sogar 50 µg. Denn Muscheln essen wir nun mal seltener als Fisch oder Käse. Normalerweise! Muschelfreunde allerdings werden sich beschweren, dass in ihren kleinen Delikatessen so viel Cadmium stecken darf. Essen sie jeden Tag mehr als 100 Gramm, kann der Cadmiumgehalt eventuell ihren Nieren schaden. Bei Milch sind die Richtwerte hingegen besonders vorsichtig. Sie schmeckt gerade Kindern besonders gut: Kids trinken schnell mal einen halben Liter Milch pro Tag und das regelmäßig. Also darf sie nur 0,5 µg Cadmium pro 100 Gramm enthalten.

Viele Fragezeichen beim Nitrat

Die Richtwerte sind leider nicht immer logisch! So erlaubt man dem Spinat und dem Kopfsalat EU-welt im Winter einen höheren Nitratwert als im Sommer. Als würde unser Körper in der kalten Jahreszeit mehr Nitrat tolerieren. Hier liegt auf der Hand, dass die Richtwerte so festgelegt wurden, dass möglichst wenige Salatköpfe und Spinatblätter zu beanstanden sind. Denn es fällt schwer, im Winter Salat und Spinat nitratarm anzubauen. Mit dem gültigen Richtwert dürfen 100 Gramm Kopfsalat im Winter 450 mg Nitrat enthalten. Doch bei einem Gewicht von 65 Kilo soll man laut offiziellem ADI Wert (3,65 µg/Kilogramm Körpergewicht) nicht mal 240 mg Nitrat pro Tag aufnehmen. Da reichen schon 55 Gramm Salat! Zum Glück liegt Kopfsalat im Schnitt mit 150 mg Nitrat pro 100 Gramm weit unterm Richtwert. Und kaum jemand isst jeden Tag Kopfsalat. Wenn doch? Dann bitte aus Bioanbau.

Abwechslung im Menüplan hält mögliche Risiken klein

Die Rechnungen zeigen, dass auch gesetzliche Bestimmungen nicht verhindern, dass der eine oder andere von uns mehr Schadstoffe aufnimmt als er sollte. Wie sehr er damit seinem Körper schadet, hängt ganz von der Person selbst ab. Außerdem fällt das nur ins Gewicht, wenn es ständig geschieht, also bei einer wenig abwechslungsreichen Ernährung. Wer jeden Tag Kopfsalat isst oder Spinat, sollte wissen, dass gerade diese Lebensmittel öfter in den Labors unangenehm auffallen. Sich seine Lieblingslebensmittel aus dem Bioladen zu holen ist eine Lösung. Öfters auch mal was anderes auszuprobieren, nicht jeden Tag das Gleiche zu essen, eine andere. Dann kriegt man auch noch jede Menge weiterer Vitamine und Bioaktivstoffe geliefert. Noch ein Tipp: Alle Laborfunde beweisen, dass die Lebensmittel immer dann viele Gifte in sich tragen, wenn sie keine Saison haben. Weil sie eigentlich im Sommer reif sind und nicht im Winter. Beispiel Kopfsalat: Von Mai bis August aus dem Freiland darf er nur 55 Prozent des Nitratwertes haben wie im Winter. Daher knackigen Kopfsalat für den Sommer aufheben.

Der Trinkwasser-Test

Trinkwasser ist unser wichtigstes Lebensmittel. Es sollte deshalb besonders rein sein. Jede Wasserversorgung nennt gerne die Werte zum Beispiel für Nitrat und einzelne Schwermetalle. Soll das Wasser für Säuglinge geeignet sein, darf es nicht mehr als 10 mg Nitrat und 20 mg Natrium pro Liter enthalten. Ob aber die Wasserrohre, insbesondere in alten Häusern, Blei oder Kupfer ans Wasser abgeben, verrät nur ein Test. Den können Sie bei Instituten teuer in Auftrag geben, doch manche Ämter bieten diesen Service recht günstig an oder Sie können es für wenig Geld auch selbst machen. Dazu Teststäbchen in der Apotheke oder übers Internet (zum Beispiel: www.wassertest.de) kaufen und nach Anleitung ins Leitungswasser tauchen. Nitrat darf pro Liter maximal 50 mg drin sein, Blei 0,04 mg und Kupfer 3 mg.

Besser Kaufen

Shoppen macht Spaß! Leckere Lebensmittel zu entdecken – doch leider auch E-Nummern!

Schlange an der Fleischtheke. Warum geht es hier nicht weiter? Eine Kundin fragt, ob ihr Schweinefilet auch nicht in der Pfanne zusammenschmurgelt und ob das Fleisch gut abgehangen sei. Hat die denn keine anderen Sorgen? Die Verkäuferin erklärt, dass die Tiere möglichst stressarm zum Schlachter kommen und daher das Fleisch in der Pfanne seine Form behält – »aber bitte erst nach dem Anbraten salzen!« Sie erklärt auch seelenruhig, dass nur Rindfleisch einige Tage hängt, um nachzureifen. Dabei wickelt die Verkäuferin das Fleisch so sorgfältig ein wie ein kleines Geschenk. Fehlt nur noch die Schleife. Endlich dran: 2 Pfund Gehacktes, halb und halb! Sie muss es frisch machen, den Fleischwolf extra anschmeißen, das Fleisch durchdrücken!? Genervte Frage, warum es denn nicht wie bei anderen Metzgern fertig da läge. Ruhige Antwort: Weil Hack schnell verdirbt, rasch trocken wird. »Einen Moment bitte.« Dann noch der dezente Hinweis, dass man für ein bisschen mehr Zeit viel mehr Qualität bekäme. Die Verkäuferin nutzt die Zeit, um auf die schlechte Haltbarkeit des Hackfleisches hinzuweisen: »Bitte noch heute verbrauchen oder braten!« Sie empfiehlt, auch mal Lammhack als sehr leckere Alternative zu probieren, und gibt den Tipp, besser trockene Brötchen als viel Paniermehl für die Frikadellen zu nehmen. Dann wird auch das Hack mit ein paar geübten Griffen fast liebevoll ins Papier eingeschlagen. An der Kasse zum Glück keine Schlange und so verfliegt der Groll über die langsame Verkäuferin – na ja, eigentlich war sie auch eher aufmerksam, hilfsbereit und superkompetent.

Fast-Food-Einkauf

Wer einkauft, als gelte es einen Geschwindigkeitsrekord aufzustellen, vergisst, dass es hier um seine Lebensmittel geht – LEBENSmittel! Nicht um Klamotten oder Koffer, Handys oder CDs. Denn dafür nimmt man sich jede Zeit der Welt: Carpe diem! Wenn's aber um all das geht, von dem wir jeden Tag leben, mutieren wir plötzlich zum Time-is-Money-Denker. Zugegeben, die Lebensmittelläden von heute laden nicht gerade zum Verweilen ein. Gibt aber auch andere: Große Supermärkte mit breiten Gängen und riesiger Auswahl. Oder kleine schnucklige Gemüse-Tante-Emma-Läden zum Plaudern und sich-das-Beste-empfehlen-lassen. Einen guten Laden gibt es nicht in der Nähe? Bitte mal genau hinschauen, vielleicht ist der Laden ja auch 'ne Gemüsekiste oder ein Marktstand.

Wo Einkaufen Spaß macht

Supermarkt mit großer Auswahl
auch hier arbeiten (manchmal) Fachverkäufer. Also ruhig Fragen stellen! Einige Supermarktketten haben sogar ihr eigenes Ökolabel. Und in einigen Großstädten gibt es schon erste Biosupermärkte, in denen alles aus dem Ökoanbau stammt.

Wochenmarkt
Wenn der Wochenmarkt ein Bauernmarkt ist, dann kann man hier so frisch einkaufen wie sonst kaum. Außerdem hat man den besten Experten vor sich. Lassen Sie sich doch ruhig mal etwas empfehlen!

Ab Hof Verkauf
Wer auf dem Lande oder am Stadtrand lebt, fährt schnell mal zum Bauern. Bei solchen Hofverkäufen kann man sich anschauen, wie die Kühe, Schweine oder Hühner leben, von denen man sich ernährt. Back to the basics!

Gemüsekiste
Bauern, insbesondere aus dem Biobereich, liefern frei Haus, was sie gerade ernten. Saisongerecht, regional und bequem.

Türken, Griechen, Asiaten
Hier gibt es in der Regel (die ja bekanntlich Ausnahmen hat) das beste Gemüse und Obst, eine gute Fleischqualität und korrekte Preise, weil viele Ausländer oft etwas genauer auf die Qualität schauen als wir.

Internet
Ein paar Mausklicks und der Rohmilchkäse kommt. Das Internet bietet zum Beispiel über www.gemuesekiste.de einen deutschlandweiten Service an. In der Schweiz gibt es ähnliches unter www.bio-gourmet.ch/shopping/ und in Österreich ruft man die Seite www.biofleisch.ernte.at/. Das dies nur Seiten von Bioanbietern sind, zeigt nur, dass die Biobetriebe sich zusammen tun und die neue Technik zu nutzen wissen.

Ein paar Sätze zu Zusätzen

Wirklich gute Lebensmittel brauchen selten künstliche Zusätze. Die sind meist nur dann notwendig, wenn irgendetwas nicht ganz stimmt. Wenn wir wollen, dass sich ein Erdbeerjogurt wochenlang hält und immer noch nach Erdbeeren schmeckt, dann braucht es Aromastoffe. Wenn Fertigpuddings, Schaumspeisen oder Tütensuppen aussehen sollen wie selbstgemacht, dann stecken da oft Emulgatoren oder Antioxidantien drin. Und wenn Gelatine in Form kleiner, bunter Bären der Hit ist, dann geht das nicht ohne Farbstoffe. Alle diese Zusatzstoffe müssen auf einer Zutatenliste angegeben werden. Auf solch einer Liste geht es streng nach Rangordnung zu: Je geringer der Anteil einer Zutat, desto weiter hinten steht sie. Bei den Hauptzutaten wird zumeist auch der genaue Anteil in Prozent angegeben. Lebensmittelzusatzstoffe können als E-Nummer oder mit dem vollen Namen angegeben werden. Bei jedem kann man sich fragen, warum ein Lebensmittel diesen Zusatzstoff braucht und ob es nicht ohne besser wäre. Bei einigen Zusatzstoffen sollte man sich auch aus gesundheitlichen Gründen überlegen, ob man darauf verzichten kann.

Einkaufsknigge

Rückwärtsgang im Einkaufswagen
Der Supermarkt lockt gleich am Eingang mit herrlichem Gemüse und Obst. So landen Pilze, Kiwis, Bananen und Avocados ganz unten im Einkaufswagen. Hinterher liegen Milchtüten, Weinflaschen und der Orangensaft drauf. Deshalb: Mit dem Einkaufswagen sofort durch die Gemüseabteilung, alles übrige einpacken, Rückwärtsgang rein und erst zum Schluss Gemüse und Obst ganz oben drauf packen.

Cool einkaufen
Fleisch, Fisch und Tiefgekühltes wird nicht gerade besser, wenn es stundenlang in der Sonne steht. Deshalb Tiefkühlpackungen mit etwas Papier umwickeln (irgendwo liegt altes Zeitungspapier zum Einschlagen oder neue Prospekte – sorry, die sind eigentlich nicht zum Einschlagen gedacht). Papier hält die Kälte. Darauf alles packen, was kühl bleiben soll wie Fleisch und Fisch. Schon hat man sein Kühlkämmerchen in der Einkaufstasche.

Zwei-Tüten-Prinzip
Immer zwei Einkaufstaschen dabei haben. Druckempfindliches kommt in die eine Tasche, alles harte, schwere in die zweite. Nachteil: Die eine Tasche ist immer schwerer. Vorteil: Frische Lebensmittel kommen ohne Druckstellen nach Hause. Außerdem wird nie wieder der Aludeckel vom Sahnebecher eingedrückt.

Immer wieder mittwochs
Freitags und samstags einkaufen, da ist zumindest in Supermärkten Stress vorprogrammiert. Menschenmassen, höhere Preise und leergeräumte Regale. Wer clever ist, kauft alles, was bis zum Wochenende nicht verdirbt, bereits am Mittwoch ein. Die Verkäufer haben mehr Zeit für einen Tipp und Shoppen macht wieder Spaß. Das frische Gemüse und die Beeren für die Sonntagstorte kriegt man dann noch auf dem samstäglichen Wochenmarkt.

Kein Drive in am Gemüsestand
Gemüsestände direkt an den Hauptverkehrsstrassen haben nur einen Vorteil: Vorfahren und mitnehmen. Doch die Abgase landen direkt auf Gemüse und Obst. Abreiben lässt sich der Dreck höchstens bei Apfel oder Birne, aber nicht beim behaarten Pfirsich oder dem zarten Spinatblatt. Besser einen Stand in einer ruhigen Nebenstrasse suchen oder im Gemüsegeschäft einkaufen.

Wo ist der längste Kassenstau?
Kassenstaus in Supermärkten sind ätzend. Irgendwie steht man immer in genau der Schlange, wo die Kassenzettelrolle klemmt, jemand das Wiegen vergessen hat oder das Wechselgeld ausgeht. Einfach das Prinzip umdrehen: Heut will ich nicht in der schnellsten, sondern in der langsamsten Schlange stehen, weil man so gut Leute beobachten, sich schon mal das Menü überlegen, endlich mal das Innenleben seines Portemonnaie aufräumen kann - jedem fällt da ein mehr oder weniger sinnvoller Grund ein! Dann passiert das Wunder: Schneller war man noch nie an der Kasse!

Zusatzstoffe, die zu Beschwerden führen können

Farbstoffe

E 102	Tartrazin
E 104	Chinolingelb
E 110	Gelborange
E 120	Cochenille-Rot
E 122	Azorubin
E 123	Amaranth
E 124	Cochenille-Rot A (Ponceau 4R)
E 127	Erythrosin
E 128	Rot 2 G
E 129	AllurarotAC
E 154	Braun FK
E 155	Braun HT
E 160 b	Bixin, Norbixin
E 180	Rubinpigment

Konservierungsstoffe

E 210 - E 213	Benzoesäure und Benzoate
E 214 - E 219	PHB-Ester
E 220 - E 228	Schwefeldioxid und Sulfite
E 230	Biphenyl (Diphenyl)
E 231	Orthophenylphenol
E 232	Natriumorthophenylphenol
E 233	Thiabendazol
E 249 - E 252	Nitritsalze
E 1105	Lysocym

Antioxidantien

E 310 - E 312	Gallate
E 320	Butylhydrodyanisol (BHA)
E 321	Butylhydroxytoluol

Verdickungsmittel

E 413	Tragant

Zuckeraustauschstoffe

E 420	Sorbit
E 421	Mannit

Geschmacksverstärker

E 510	Ammoniumchlorid
E 620- E 625	Glutaminsäure, Glutamatsalze

die rezepte

Die Vegetari

Immer mehr Lust auf immer weniger Fleisch

schen

Grüne Welle fürs Gemüse, für Obst und Nüsse, Getreide und Hülsenfrüchte. Ernährungsexperten flippen aus, wenn sie über die vielen
Vorteile des »Gemüseverzehrs« sprechen. Wir sagen zu »Gemüse-
verzehr« lieber Schwarzwurzel-Kürbis-Gratin, Mangold-Quiche oder
Grüne Bohnen-Spaghetti mit Parmesancreme und flippen dann auch
aus. Und wer jetzt noch kein Vegetarier ist, könnte fast ins Schwan-
ken kommen.

Doch wem geht es hier schon um Dogmen. Hauptsache, es
schmeckt! Auch eingefleischten Nicht-Vegetariern. Keiner vermisst
hier nur 'ne Spur Fleischliches. Und die Zahl der Menschen nimmt
zu, die immer öfter drauf verzichten können. Bei diesen Rezepten!

5 Fragen an

Henriette Schindler, Bäuerin im Allgäu, Mutter von drei Kindern und Ernährungswissenschaftlerin

Was kommt bei Ihnen auf den Tisch?
Früher gab's fast gar kein Fleisch, doch seit die Kinder größer sind, stehen sie auf Landjäger und Salami. Zum Frühstück gibt es auch Nutella. Allerdings kommt das aufs Vollkornbrot!

Und Gemüse und Obst?
Die Kinder mögen rohes Gemüse zum Reinbeißen: gelbe Rüben, Tomaten, Gurken. Als Salat ist Feldsalat der Hit und gekocht eigentlich nur Maiskolben, am besten mit selbst gemachten superknusprigen Ofenkartoffeln als echte Pommes-Alternative.

Wie oft essen Sie Fleisch?
Fleisch darf's schon mal sein, aber höchstens einmal im Monat, und dann nur von unseren eigenen Tieren.

Kommt das Gemüse auch vom eigenen Hof?
Nein, Gemüse und Obst bauen wir nicht mehr an. Wir kaufen es aus der Region. Fleisch, Milch und Käse erzeugen wir selbst auf unserem Hof.

Ihre Tiere haben weder Antibiotika noch andere Zusätze im Futter; kaufen Sie auch nur Bioprodukte?
Wir kaufen, was gut aussieht und wo wir den Landwirt oder Gärtner kennen. Das muss nicht unbedingt Bio sein. Beim Lebensmitteleinkauf ist uns das persönliche Vertrauen zum Bauern wichtiger als ein Biolabel.

Was wir vom Vegetarier lernen können:

Fleisch ist kein Stück Lebenskraft! Viele brauchen eher weniger Fleisch, um gesund zu werden. Sein Fett ist schlecht für die Linie und das Herz. Seine Purine erhöhen das Gichtrisiko. Und viel Fleisch verdrängt andere wichtige Lebensmittel vom Speiseplan wie Gemüse, Obst und Getreide.

Weniger Fleisch, weniger Hunger!
Eine Kalorie Fleisch verbraucht drei bis zehn Kalorien in Form von Futtermitteln aus Soja und Getreide. Rein rechnerisch bräuchte es also keinen Hunger auf der Erde zu geben, wenn wir unsere Nährstoffe nicht in Form von Schnitzeln und Buletten aufnehmen, sondern einzig mit Kartoffeln, Brot, Gemüse, Milch, Käse, Hülsenfrüchten, Nüssen und Obst abdecken würden. Dann müssten keine Futtermittel für Rinder und Schweine angebaut werden. Besser Lebensmittel gegen den Hunger als Futtermittel für unser Vieh.

Vegetarier sind nicht gleich Vegetarier
Hier gibt es stufenweise Unterschiede: Ovo-lacto-Vegetarier und Lacto-Vegetarier unterscheiden sich darin, dass die erste Gruppe nur Fleisch und Fisch verbannt, während die zweite auch keine Eier isst. Beide trinken Milch, essen Käse und haben daher auch nicht mehr Nährstoffdefizite zu fürchten als der ganz »normale« Fleischesser. Veganer meiden alles Tierische: keine Milch, kein Käse, selbst Honig ist gestrichen. Hier kommt es leichter zu einem Mangel an Vitaminen und Mineralstoffen. Doch viele Veganer leben sehr bewusst und wissen meist, wie sie bedrohliche Mängel umgehen können. Zumindest sind Stoffwechselstörungen die Ausnahme. Kritisch wird es in der Regel allerdings bei vegan ernährten Kindern.

Fleischlos heißt nicht Verzicht
Die einen mögen Tiere viel zu sehr, die anderen haben einen Gott, der ihnen das Fleisch verbietet, und dritte essen weder Fleisch noch Fisch, weil ihnen anderes einfach viel besser schmeckt. Von Verzicht keine Spur. Möglich, dass ein Fleischfan, der aus gesundheitlichen Gründen auf seinen größten Genuss verzichten muss, so frustriert darüber ist, dass er seiner Gesundheit eher schadet als nützt. Kompromissvorschlag für ihn: Fleisch nur noch halb so oft – und dann doppelt so gut. Ansonsten größere Portionen Gemüse, Salate, Suppen ... und all die guten Dinge von den nächsten Seiten.

natur pur

Gartenbesitzern brauchen wir nichts von natur pur zu erzählen. Sie kennen die Natur inklusive Schneckenplage und der Frage: Urlaub platzen lassen, da sonst Erdbeeren überreif und ungepflückt verfaulen oder die Bohnen vertrocknen?

Wenden wir uns Städtern zu, die keinen Quadratmeter Erdreich, aber ein Fensterbrett besitzen. Vollstellen mit Kräutern! Basilikum direkt in die Sonne, Kerbel in den Halbschatten. Kresse gedeiht in einem Bett aus feuchter Watte. Zitronenmelisse mag es geschützt, Thymian verträgt dagegen auch Kälte und Schnittlauch verlangt einen hellen Platz und nährstoffreichen Boden. Pflanzen gibt's beim Gärtner, weitere Tipps kostenlos dazu.

Und für die Besitzer eines Balkons? Hier ist Platz für einen Minigemüsegarten in ein oder zwei Kübeln: Tomaten, Stangenbohnen und Zucchini bringen Schrebergartenflair mitten in die Stadtwohnung.

ein gutes Stück Natur
Linsen

wieso:
... weil es nichts besseres für Reste gibt als eine Linsensuppe.
... weil eine Linsenpastete jede Leberwurst ersetzt.
... weil es so viele Linsensorten gibt, in rot, orange, gelb, braun und schwarz, harte und weichkochende, dass das Ausprobieren (tierischen) Spaß macht.
... weil auch Gourmetköche Linsen entdeckt haben.
... weil man sie anders als getrocknete Bohnen oder Erbsen nicht einzuweichen braucht.
... weil sie viel Eiweiß, Eisen und B-Vitamin haben, also beste Fleischalternativen sind, und mit Ballaststoffen und Magnesium jedes Fleischstück toppen.

wie:
... indem man sie mit anderem klein geschnittenen Gemüse ganz simpel kocht, was noch dazu muss, siehe unten!
... indem man sie möglichst sachte bei schwacher Hitze kocht, wenn daraus ein Salat werden soll.
... indem man sie möglichst schnell bei starker Hitze gart und püriert für einen Aufstrich oder eine Pastete.

wann:
... dicke Linsensuppe, wenn ganz dicke Freunde kommen.
... feiner Linsenaufstrich für feine Anlässe.
... verlockend appetitlicher Linsensalat für verlockend appetitliche Gelegenheiten.

womit:
... Essig ist ein Muss
... kräftige Kräuter mit L (wie Linsen) also Lorbeer oder Liebstöckel, je nach Gericht und übrigen Zutaten
... scharfe Gewürze wie Curry, Chili, Rosenpaprika

6 Millionen Vegetarier in Deutschland (7,6 %)
0,16 Millionen Vegetarier in der Schweiz (2,3 %)
0,2 Millionen Vegetarier in Österreich (ca. 2,5 %)

Rucola-Tomaten-Avocado-Salat mit Feta
Schmeckt nach Urlaub

Für 4 als Vorspeise:

1 großes Bund Rucola

12 Cocktailtomaten

1 EL Zitronensaft

3 EL gutes Olivenöl

1 EL Weißweinessig

1 Knoblauchzehe

Salz, schwarzer Pfeffer aus der Mühle

200 g Feta

1 weiche Avocado

1 Welke Blätter vom Rucola aussortieren und die langen Stiele abschneiden. Die übrigen Blätter waschen und trockenschwenken. Die Cocktailtomaten auch waschen und vierteln, mit dem Rucola auf Tellern verteilen.

2 Zitronensaft mit Olivenöl und Weißweinessig verrühren. Den Knoblauch abziehen, durch die Presse dazudrücken, mit Salz und Pfeffer gut abschmecken. Die Hälfte der Sauce über den Rucola und die Tomatenviertel träufeln.

3 Den Feta abtropfen lassen und in Würfel schneiden. Die Avocado halbieren, den Kern herauspulen. Die Schale abziehen und das Avocadofleisch in Würfel schneiden. Feta- und Avocadowürfel sofort mit dem Rest der Sauce vermengen und über den Salat geben.

So viel Zeit muss sein: 15 Minuten
Das schmeckt dazu: Oliven-Ciabatta
Kalorien pro Portion: 250

Broccoli-Hasel-nuss-Salat
Schmeckt einfach gut

Reicht für 4:

100 g Haselnüsse

500 g Broccoli

200 ml Gemüsebrühe

2 EL Jogurt

1 EL Haselnussöl

1 EL Sherryessig

Salz, Pfeffer aus der Mühle

1 Die Haselnüsse grob hacken, in einer Pfanne bei mittlerer Hitze unter Rühren ohne Fett kurz goldbraun rösten. Den Broccoli waschen, putzen, die dicksten Stängel müssen weg, den Rest schneidet man in kleine Stücke und Röschen.

2 Die Haselnüsse aus der Pfanne nehmen, die Gemüsebrühe hineingeben, aufkochen, die Broccoliröschen und -stücke darin zugedeckt bei schwacher Hitze 3–5 Minuten garen, bis sie bissfest sind. In ein Sieb schütten und darin abtropfen und auskühlen lassen.

3 Den Jogurt mit Öl und Essig verrühren, die Broccolistücke und die gerösteten Haselnüsse damit verrühren. Mit Salz und Pfeffer abschmecken und sofort servieren.

So viel Zeit muss sein: 20 Minuten
Das schmeckt dazu: Weißbrot
Kalorien pro Portion: 225

Frischer Linsensalat
Echt basic!

Die grünen Puy-Linsen sind super für Kurz-entschlossene – in längstens 30 Minuten sind sie gar. Wer die Minilinsen nicht ergattern kann, nimmt alternativ braune Linsen und köchelt sie ohne Einweichen (!) 50–60 Minuten.

Für 4–6 hungrige Linsenfans:

250 g grüne, französische Puy-Linsen (aus der Spezialitätenabteilung im Supermarkt)

$^1/_2$ l leichte Gemüsebrühe

1 Zwiebel

2 Knoblauchzehen

2 Zweige Thymian

1 Bund Petersilie

1 Bund Radieschen

2 aromatische Äpfel (z.B. Elstar, Ontario)

2 EL Zitronensaft

3 Frühlingszwiebeln

4 EL Rotweinessig

2 TL scharfer Senf (Dijon-Senf!)

Salz, Pfeffer aus der Mühle

6–8 EL Olivenöl

1 Die Linsen im Sieb kalt abbrausen, mit der Brühe in einen Topf schütten. Zwiebel und Knoblauch schälen, Thymian und 3 Stängel Petersilie waschen. Alles mit in den Topf, zum Kochen bringen, Deckel drauf und die Linsen bei schwacher Hitze etwa 30 Minuten köcheln lassen.

2 In der Zeit schon mal alle übrigen Zutaten vorbereiten. Radieschen waschen und in feine Scheiben oder dünne Stifte schneiden. Die Äpfel waschen, vierteln und in feine Scheiben schneiden, aber Kerngehäuse und Blütenansatz rausschneiden. Äpfel sofort mit Zitronensaft beträufeln. Frühlingszwiebeln waschen, Wurzelbüschel abschneiden, weiße und hellgrüne Zwiebelstücke in feine Ringe schneiden.

3 Essig mit Senf, Salz, Pfeffer und Olivenöl verquirlen. Linsen abgießen, Zwiebel, Knofi und Kräuter rausfischen. Linsen mit Gemüse und Äpfeln vermischen, Vinaigrette über den Salat gießen, kurz ziehen lassen – so ungefähr 10 Minuten. Petersilie abbrausen, abzupfen und hacken, auf den Salat streuen.

So viel Zeit muss sein: 40 Minuten
Dazu schmeckt dazu: kräftiges Bauernbrot
Kalorien pro Portion (6): 275

Kichererbsen-salat
Macht satt und glücklich

Für 4–6 hungrige Buffet-Gäste:

250 g getrocknete Kichererbsen (gibt's in größeren Supermärkten) oder 500 g Kichererbsen aus der Dose

3–4 EL Weißweinessig

Salz, Pfeffer aus der Mühle

500 g Cocktailtomaten

100 g schwarze Oliven

3 Zweige Thymian, 1 Zweig Rosmarin

3–4 EL Sonnenblumenöl

1 EL Walnussöl

1 Die Kichererbsen mit kaltem Wasser bedeckt über Nacht einweichen.

2 Am nächsten Tag die Kichererbsen im Einweichwasser oder mit frischem Wasser zugedeckt bei mittlerer Hitze in 1 bis 1 $^1/_2$ Stunden gar, aber nicht zu weich kochen. Kichererbsen abtropfen lassen, sofort mit 1–2 EL Essig, Salz und Pfeffer vermischen und abkühlen lassen.

3 Tomaten waschen und halbieren. Oliven eventuell entsteinen. Kräuter waschen, trockenschütteln, zupfen und fein schneiden.

4 Übrigen Essig mit Salz und Pfeffer verquirlen. Sonnenblumenöl und Walnussöl gründlich unterschlagen. Kichererbsen mit allen Zutaten und der Sauce mischen, ca. 1 Stunde durchziehen lassen. Vorm Anrichten noch mal probieren. Fehlt was? Salz, Pfeffer, Essig...?

So viel Zeit muss sein: 1 1/2 Stunden, + 12 Stunden Einweichzeit + Zeit zum Durchziehen
Das schmeckt dazu: frisches Fladenbrot
Kalorien pro Portion (6): 235

Scharfe weiße Bohnen
Slow & easy

Wer's eilig hat oder spontan Hunger kriegt, nimmt weiße Bohnen aus der Dose – die Riesigen vom Türken!

Für 4–6 als Vorspeise:
250 g getrocknete weiße Riesenbohnen
2 Knoblauchzehen
je 1 gelbe und grüne Paprikaschote
2 kleine weiße Zwiebeln

4 EL Zitronensaft
2 EL Weißweinessig
Salz, Pfeffer aus der Mühle
1 TL rosenscharfer Paprika
5 EL Olivenöl
1–2 getrocknete Chilischoten

1 Die Bohnen über Nacht in Wasser einweichen. Am nächsten Tag abschütten. Bohnen im Einweichwasser oder mit frischem Wasser zum Kochen bringen. Knoblauch schälen, dazugeben. Deckel drauf und Bohnen bei schwacher Hitze 45 Minuten köcheln.

2 Paprikaschoten waschen, putzen und in sehr feine Streifen schneiden. Zwiebeln schälen und in hauchfeine Ringe schneiden oder hobeln.

3 Zitronensaft und Essig mit Salz, Pfeffer und Paprikapulver verquirlen. Öl nach und nach unterschlagen. Chilischoten fein hacken und in die Marinade geben.

4 Fertige Bohnen abgießen, in eine Schüssel umfüllen und sofort mit Marinade, Zwiebelringen und Paprikastreifen vermischen. Gleich essen oder abkühlen lassen.

So viel Zeit muss sein:
20 Minuten + 12 Stunden Einweichzeit
+ 45 Minuten Köcheln
Das schmeckt dazu: frisches Weißbrot
Kalorien pro Portion (6): 200

Rotkohlsalat mit Trauben
Ganz schön lecker

Für 4 zum Sattessen:
1 kleiner Rotkohl (600 g)
1 unbehandelte Orange
5 EL Himbeer- oder Rotweinessig
Salz, Pfeffer aus der Mühle
4 EL Traubenkernöl, 2 EL Walnussöl
50 g Walnusskerne
200 g blaue Weintrauben

1 Rotkohl vierteln und den Strunk jeweils rausschneiden. Viertel in feine Streifen schneiden. Orange heiß waschen, abtrocknen, von der Schale 1/2 TL abreiben. Orange schälen, filetieren, Saft dabei auffangen.

2 Orangensaft und -schale, Essig, Salz, Pfeffer und beide Öle gründlich unterschlagen. Rotkohl und Orangenfilets mit Sauce mischen, zudecken und für 30 Minuten kalt stellen.

3 In der Zwischenzeit Walnüsse hacken. Trauben waschen, halbieren, entkernen. Walnüsse und Trauben unter den Rotkohl mischen. Abschmecken. Fertig!

So viel Zeit muss sein: 50 Minuten
Das schmeckt dazu: Baguette
Kalorien pro Portion: 220

Weißkohlröll- chen mit Rohkost
Natural & delicious

Jung und zart sollte der Kohlkopf schon sein, etwa ein Mai- oder Sommerkopf, oder gar ein Spitzkohl, ganz einfach, weil er feiner ist und 'ne Wohltat für Magen und Darm.

Für 6 als Vorspeise:

Salz

1 junger Weißkohlkopf (etwa 1,5 kg)

2 Möhren

1 kleiner Zucchino

4 Frühlingszwiebeln

2 EL Saft und 2 TL abgeriebene Schale von

1 unbehandelten Zitrone

Pfeffer aus der Mühle

1 EL Kürbiskernöl

8 EL Olivenöl

5 EL Weißweinessig

$1/8$ l Gemüsefond (aus dem Glas)

oder Gemüsebrühe

2 EL Pinienkerne

1 In einem Topf 2,5 l Wasser zum Kochen bringen, leicht salzen. Vom Weißkohl die äußeren welken Blätter abzupfen und den Strunk keilförmig einschneiden. Wenn's sprudelt, den Kohlkopf mit dem Strunk nach oben ins Wasser legen und ca. 15 Minuten sanft köcheln lassen.

2 Zwischendrin die Füllung vorbereiten: Möhren schälen, vom Zucchino nach dem Waschen den Blütenansatz abschneiden. Das Gemüse auf der Rohkostreibe nicht zu fein raspeln. Die Frühlingszwiebeln waschen, Wurzelbüschel und welke Stellen wegschneiden, Zwiebeln fein schneiden. Alles Gemüse mit Zitronensaft, Zitronenschale, Salz, Pfeffer und Kürbiskernöl vermischen.

3 Den fertigen Kohl mit einer Fleischgabel im Topf festhalten, mit einer Gabel vorsichtig die äußeren Blätter einzeln ablösen – das können je nach Größe 20 bis 24 Stück sein. Im Sieb abtropfen und ein bisschen abkühlen lassen.

4 Kohlblätter nebeneinander legen, die dicken Mittelrippen flach schneiden – wichtig, sonst wird's mit dem Rollen nix! Mit Salz und Pfeffer bestreuen. Rohkostfüllung drauf, Seiten der Blätter etwas einschlagen und schlanke Röllchen drehen. Dicht an dicht in eine flache Form legen, Nahtstelle nach unten.

5 In einem Topf Olivenöl, Essig, Salz, Pfeffer und Gemüsefond einmal kräftig aufkochen. Direkt über die Röllchen gießen. 2–3 Stunden marinieren. Die Pinienkerne ohne Fett rösten und drüberstreuen.

So viel Zeit muss sein: 50 Minuten
(+ 2–3 Stunden Marinierzeit)
Das schmeckt dazu: leichter trockener Weißwein, Oliven-Ciabatta – oder auch mal ein Lammkotelett!
Kalorien pro Portion: 220

Varianten:

Italienische Antipasti-Röllchen
Rohkostmischung mit 2 zerdrückten frischen Knoblauchzehen, viel frischem Basilikum, Pfeffer, 1–2 TL Aceto balsamico würzen. Lange Kohlröllchen drehen. In 8 EL Olivenöl 10 Minuten sanft brutzeln, rausholen und wie Ölsardinen in eine flache Schüssel legen. 5 EL Weißweinessig und $1/8$ l trockenen Weißwein in die Pfanne schütten, einmal aufkochen und drübergießen. Nach dem Marinieren viel frisch geriebenen Parmesan und Basilikumblätter obendrauf.

Asiatische Frühlingsröllchen
Gemüse fein schneiden und mischen: Möhren, Frühlingszwiebeln, 2 Stangen Sellerie, 100 g Mungobohnensprossen. Frische Ingwerknolle (etwa 2 cm) und Knoblauch dazu – beides winzig klein gewürfelt. Würzen mit 3 EL Sojasauce, 1 EL Sherry, 2 TL Sesamöl und einigen Spritzern Zitronensaft, Salz und Pfeffer. Kohlblätter längs halbieren, Füllung drauf, kleinere Röllchen drehen. In Erdnussöl 5 Minuten braten. Mit geröstetem Sesam bestreuen. Dazu gibt's scharfe Chilisauce als Dip.

Kartoffelsalat mit Radicchio
Kartoffeln brauchen keine Mayo!

Für 4 als Vorspeise oder Imbiss:

500 g Kartoffeln (fest kochende Sorte)

Salz

1 Zwiebel

200 g Champignons

3 EL Rapsöl, am besten kaltgepresst

1 Radicchio

100 ml Gemüsebrühe

50 ml Weißweinessig

1 EL milder Senf

Pfeffer aus der Mühle

50 g Walnusskerne

$1/2$ Bund Petersilie

1 Die Kartoffeln in der Schale in reichlich Salzwasser rund 30 Minuten kochen.

2 Die Zwiebel schälen und klein schneiden. Die Champignons mit etwas Küchenpapier sauber abreiben und vierteln. In einer Pfanne 1 EL Öl erhitzen, die Zwiebelwürfel darin glasig dünsten und die Champignons kurz bei ganz starker Hitze in der Pfanne herumwirbeln. Danach abkühlen lassen.

3 Vom Salat die äußeren, schadhaften Blätter entfernen. Die einzelnen Blätter auseinander zupfen. Die übrigen beiden Esslöffel Öl mit der Brühe, dem Essig, Senf, Salz und Pfeffer verrühren. Die Walnüsse klein hacken. Die Petersilie waschen, trockenschwenken und die Blätter klein hacken. Petersilienblätter und Walnüsse unter die Sauce geben.

4 Die gegarten Kartoffeln schälen, in Scheiben schneiden, abkühlen lassen und mit dem Radicchio und den Champignons vermengen. Die Rapsöl-Walnuss-Sauce über den Salat geben. Den Salat gute 15 Minuten in Ruhe ziehen lassen, eventuell nachwürzen.

So viel Zeit muss sein: 1 Stunde, aktiv aber nur 20 Minuten
Kalorien pro Portion: 200

Kartoffel-Limetten-Suppe
Multi-kulti

Für 4 Hungrige als Einstieg:

400 g Kartoffeln (mehlig kochende Sorte)

1 Zwiebel, 1 EL Butter

400 ml Gemüsefond oder Brühe

Salz, Pfeffer aus der Mühle

1 Limette, 125 g Sahne

$1/2$ Bund Basilikum

1 Die Kartoffeln schälen, waschen und in kleine Würfel schneiden. Die Zwiebel pellen und fein hacken. In einem hohen Topf die Butter schmelzen lassen (mittlere Hitze), Zwiebel und Kartoffeln drin andünsten.

2 Dann den Fond angießen, mit 100 ml Wasser auffüllen, mit Salz und Pfeffer würzen. Deckel drauf, zum Kochen bringen. 15–20 Minuten zugedeckt köcheln lassen.

3 Zwischendurch schon mal die Limette heiß waschen und trockenreiben. Ein etwa 5 cm langes Stück Schale abschneiden und in ganz feine Streifen schneiden. (Oder die Schale mit einem speziellen Gerät, dem Zestenschneider, in feinen Streifen abziehen). Die übrige Limettenschale fein abreiben, von der Frucht 4 dünne Scheiben abschneiden und für die Garnierung auf die Seite legen, 2 EL Saft auspressen.

4 Den Topf vom Herd nehmen und alles mit dem Pürierstab im Topf pürieren. Die Sahne und Limettenschale reinrühren, nochmal 3 Minuten kochen. Mit Limettensaft, Salz und Pfeffer abschmecken. Die Basilikumblätter von den Stielen zupfen, abreiben und hacken. Die Suppe anrichten, je 1 Limettenscheibe und Basilikum drauflegen.

So viel Zeit muss sein: 30 Minuten
Das schmeckt dazu: frisches Weißbrot, für Nicht-Vegetarier 1 Hand voll Garnelen oder 1–2 EL Forellenkaviar obendrauf
Kalorien pro Portion: 190

Scharfe Rote-Bete-Suppe
Farbiges Feuerwerk

Für 4 als Vorspeise:

1 Kartoffel (mehlig kochende Sorte), Salz

500 g rote Beten

50 g frischer Meerrettich

ein paar Tropfen Tabasco

je 1 Prise Nelkenpulver und Paprikapulver

Pfeffer aus der Mühle

200 g Sahne

1 Kästchen Kresse

1 Die Kartoffel schälen, in Würfel schneiden und in moglichst wenig Salzwasser etwa 25 Minuten bei schwacher Hitze garen. Rote Beten gleichzeitig in Salzwasser etwa 15 Minuten bei schwacher Hitze garen.

2 Küchenhandschuhe anziehen, Rote Beten schälen und klein schneiden. Meerrettich schälen und raspeln. Die Roten Beten mit den Kartoffeln, Meerrettichraspeln und 1 l Wasser pürieren, mit Tabasco, Nelken- und Paprikapulver, Salz und Pfeffer scharf würzen. Nochmal richtig gut heiß werden lassen.

3 Die Sahne steif schlagen, die Hälfte unter die Suppe rühren. Die Kresse waschen, die Blättchen abschneiden, mit der restlichen Sahne verrühren. Die Rote-Bete-Suppe in Schälchen füllen, Kressesahne drauflöffeln.

So viel Zeit muss sein: 40 Minuten
Kalorien pro Portion: 205

Buntes Rösti
Pfannen-Freude

Für 4 dazu oder dazwischen:

1 Zucchino

1 rote Paprikaschote

200 g Kartoffeln (fest kochende Sorte)

1 Möhre

1 kleiner Kohlrabi

4 Eier

Salz, schwarzer Pfeffer aus der Mühle

1 Prise mildes Paprikapulver

frisch geriebene Muskatnuss

4 EL Rapsöl

1 Bund Petersilie

200 g Schmand

1 Zucchino und Paprika waschen, die Paprika halbieren und die Kerne und weißen Innenwände heraustrennen. Die Kartoffeln, die Möhre und den Kohlrabi schälen.

2 Die Paprika in kleine Streifen schneiden. Restliches Gemüse und die Kartoffeln auf einer groben Reibe in breite Streifen raspeln und zu den Paprikastreifen geben. Die Eier unter das Gemüse rühren und mit Salz, Pfeffer, etwas Paprikapulver und Muskat würzen.

3 In einer Pfanne 1 EL Rapsöl erhitzen, ein Viertel der Masse hineingeben (Achtung, kann etwas spritzen), glatt drücken, zudecken und etwa 10 Minuten bei schwacher Hitze braten. Die Gemüserösti wenden und auf der anderen Seite nochmal ungefähr 10 Minuten garen. Gemüserösti warm stellen, bis die anderen auch gebacken sind.

4 Die Petersilie waschen, trockenschwenken und die Blätter klein schneiden. Petersilie mit Schmand verrühren. Die Gemüserösti mit dem Petersilien-Schmand servieren.

So viel Zeit muss sein: 50 Minuten
Kalorien pro Portion: 340

Couscous-Eintopf mit Erdnüssen
Fixe Suppennummer dank Couscous

Und das ist feiner Weizengrieß, den's vorgegart beim Türken gibt, aber auch in größeren Supermärkten und Naturkostläden.

Für 4 Hungrige:

3 Möhren

1 zarter Kohlrabi

1 mitteldicke Stange Lauch

1 Zwiebel

1 Knoblauchzehe

1 EL Olivenöl

Salz

2 TL rosenscharfes Paprikapulver

100 g Couscous

1 l Gemüsebrühe

Pfeffer aus der Mühle

200 g Erdnüsse (ungesalzen mit Schale)

1 Bund Petersilie

1–2 EL Zitronensaft

1 Möhren und Kohlrabi schälen, klein würfeln. Lauch längs aufschlitzen, gut waschen, in sehr feine Scheibchen schneiden. Zwiebel schälen, fein hacken. Knoblauch pellen.

2 Im Suppentopf bei mittlerer Hitze das Olivenöl erhitzen. Zwiebel und zerdrückten Knoblauch mit Salz und Paprika drin glasig dünsten. Gemüse in Portionen und Couscous einrühren, kurz dünsten. Brühe dazuschütten, Salz und Pfeffer dazu. Einmal aufkochen, zugedeckt etwa 10 Minuten köcheln lassen.

3 Zwischendrin Erdnüsse aus der Schale knacken, braune Häutchen abrubbeln. Nüsse in einer Pfanne ohne Fett und nicht zu heiß goldbraun rösten. Petersilie abbrausen, trockenschütteln, Blätter abzupfen und hacken.

4 Erdnüsse in den Eintopf rühren, mit Salz, Pfeffer und Zitronensaft abschmecken, die Petersilie kommt ganz zum Schluss dazu.

So viel Zeit muss sein: 30 Minuten
Das schmeckt dazu: frisches Sesam-Fladenbrot oder Brötchen
Kalorien pro Portion: 350

Rote Linsensuppe
Schmeckt nach Indien und heißt Dhal

Für 4 mit Hunger:

200 g rote Linsen (die kleinen, orangefarbenen aus dem Supermarkt)

2 mittelgroße Tomaten

1 walnussgroßes Stück frischer Ingwer

1 Zwiebel, 1 Knoblauchzehe

1 EL Butter, 1 1/2 TL Garam masala (indische Gewürzmischung aus dem Asienladen) oder mildes Currypulver

800 ml Gemüsebrühe, Salz

2 EL Crème fraîche, 1 EL Zitronensaft

1 EL Schnittlauchröllchen

1 Die Linsen in einem Sieb mit kaltem Wasser gut durchspülen und abtropfen lassen. Tomaten waschen und grob würfeln. Ingwer, Zwiebel und Knoblauch schälen und würfeln.

2 Ingwer, Zwiebel und Knoblauch in der Butter 3–4 Minuten dünsten. Tomaten, Linsen und Garam dazu und alles 2–3 Minuten anschwitzen. Brühe dazuschütten, salzen. Zugedeckt etwa 10 Minuten köcheln lassen.

3 Fertige Suppe im Topf fein pürieren. Crème fraîche einrühren, nochmal aufkochen, mit Salz und Zitronensaft abschmecken. Schnittlauch draufstreuen.

So viel Zeit muss sein: 30 Minuten
Das schmeckt dazu: Weißbrot oder Brötchen
Kalorien pro Portion: 245

Apfel-Sellerie-Cremesuppe
Arabisch gewürzt

Für 4 Suppenkasper:

1 Zitrone

2 säuerliche Äpfel

1 mittelgroße Kartoffel (mehlig kochende Sorte)

500 g Knollensellerie

3 EL Rapsöl

600 ml Gemüsebrühe

100 g Crème fraîche

Salz, schwarzer Pfeffer aus der Mühle

1 TL gemahlener Kreuzkümmel

1 Die Zitrone auspressen. Die Äpfel schälen, halbieren, mit dem Zitronensaft beträufeln, damit sie nicht braun werden.

2 Die Kartoffel und den Sellerie schälen, mit den Apfelhälften grob raspeln und im heißen Öl andünsten. Mit 400 ml Wasser und Gemüsebrühe ablöschen, etwa 15 Minuten köcheln lassen, bis Kartoffeln und Sellerie weich sind. Alles pürieren.

3 Die Crème fraîche unter die Suppe rühren. Wenn die Suppe zu dick ist, noch etwas Brühe dazugeben. Zum Schluss mit Salz, Pfeffer und Kreuzkümmel würzen.

So viel Zeit muss sein: 40 Minuten
Kalorien pro Portion: 210

Mangoldgratin
Evergreen von morgen

Für 4 als Vorspeise:

Salz , 1 kg Mangold

2 rote Peperoni (mittelscharfe Sorte)

2 EL Olivenöl

Pfeffer aus der Mühle, 2 TL Zitronensaft

2 Beutel Mozzarella (250 g, am besten den echten Mozzarella di bufala)

2 EL Pinienkerne

1 In einen Topf reichlich Wasser schütten, salzen. Deckel drauf und aufkochen lassen. Mangold in Blätter zerlegen, waschen und das Grüne von den Stielen abschneiden. Große Mangoldblätter grob zerschneiden, die Hälfte der Stiele quer in feine Streifen schneiden (übrige Stiele z.B. für eine Suppe verwenden). Die Peperoni waschen und in feine Streifen schneiden.

2 Die Mangoldstiele im kochenden Wasser 3–4 Minuten blanchieren. Mangoldblätter rein, einmal aufkochen lassen. Abgießen, abschrecken und abtropfen lassen.

3 Den Backofen auf 250 Grad vorheizen (erst später einstellen: Umluft 220 Grad). Eine Gratinform mit 1 EL Olivenöl einpinseln, Mangoldblätter und -stiele drin verteilen, salzen und pfeffern und mit Zitronensaft beträufeln. Peperoniringe draufstreuen. Mozzarella in Scheiben schneiden und auf das Gemüse legen. Pinienkerne obendrauf streuen. Übriges Olivenöl darüber träufeln.

4 Gratin auf die mittlere Schiene in den heißen Ofen schieben, ca. 10 Minuten backen, bis der Käse gerade zerläuft.

So viel Zeit muss sein: 30 Minuten
Das schmeckt dazu: Tomatensalat
Kalorien pro Portion: 250

Spargel mit Basilikum-Gemüsesauce
Wonnegemüse im Mai

Wenn aber jetzt noch mehr mitessen wollen? Zutaten einfach vervielfachen, dann reicht's auch für eine größere Gästerunde.

Für 4 hungrige Genießer:

2 kg weißer Spargel

Salz

1 TL Zucker

1 EL Butter + 75 g Butter

2 EL Zitronensaft

4 Frühlingszwiebeln

2 Möhren

1 Stück Knollensellerie (etwa so groß wie die Möhren zusammen)

200 g kleine Champignons

$^1/_8$ l trockener Weißwein

$^1/_8$ l Gemüsefond (aus dem Glas) oder Gemüsebrühe

200 g Crème fraîche

Pfeffer aus der Mühle

1 Bund Basilikum

1 Erst mal den Spargel schälen: Dazu einen Spar- oder Spargelschäler knapp unterhalb der Spargelspitze ansetzen und die Schale nach unten abziehen. Die Stange Stück für Stück weiterdrehen und rundum schälen. Nicht fest drücken – frischer Spargel bricht leicht. Beim Schälen aber trotzdem großzügig sein, sonst wird der Spargelgenuss später wegen fasriger Stücke zwischen den Zähnen getrübt. Aus dem Grund auch die Enden der Stangen nicht zu knapp abschneiden.

2 In einem breiten Topf 3 l Wasser mit 2 TL Salz, Zucker, 1 EL Butter und dem Zitronensaft aufkochen. Spargel reinlegen, nochmal aufkochen, dann zugedeckt 15–18 Minuten bei schwacher Hitze garen.

3 Die Sauce vorbereiten: Frühlingszwiebeln waschen, welke Blätter und Wurzelbüschel abschneiden. Stangen zweiteilen – das Weiße in kleine Würfel schneiden, das Grüne in feine Ringe. Getrennt bereitstellen. Möhren schälen, Sellerie schälen, beides in streichholzfeine Stäbchen schneiden (ruck, zuck geht's auf dem Gemüsehobel). Champignons mit Küchenpapier abreiben, in feine Scheibchen schnippeln.

4 Die 75 g Butter in einen Topf legen, bei mittlerer Hitze schmelzen und einmal richtig aufkochen lassen. Gemüse bis auf das Grüne von den Frühlingszwiebeln rein in den Topf und kurz andünsten. Wein und Gemüsefond angießen, ohne Deckel 5 Minuten einkochen lassen. Die Crème fraîche dazu, untermischen und noch 5 Minuten leise köcheln lassen. Mit Salz und Pfeffer würzen. Zwiebelgrün darin erwärmen.

5 Basilikumblätter abzupfen, die Hälfte fein hacken und in die Sauce rühren. Den Spargel abtropfen lassen und mit dem Gemüse auf vorgewärmten Tellern anrichten. Mit den übrigen Basilikumblättern garnieren.

So viel Zeit muss sein: 1 Stunde
Das schmeckt dazu: junge Pellkartoffeln oder Pfannkuchen, trockener Weißwein, z.B. Riesling
Kalorien pro Portion: 400

Schwarzwurzel-Kürbis-Gratin
Das schmeckte schon der Urgroßmutter

Für 4 Gemüsefans:

1 Zitrone

600 g Schwarzwurzeln

Salz

600 g Kürbis

1 Zwiebel

150 g Greyerzer

1 Knoblauchzehe

150 g saure Sahne

3 Eigelbe

schwarzer Pfeffer aus der Mühle

frisch geriebene Muskatnuss

1 Die Zitrone auspressen und mit 200 ml Wasser verrühren. Küchenhandschuhe anziehen, denn der Schleim der Schwarzwurzeln ist klebrig und verfärbt die Haut. Die Schwarzwurzeln unter fließendem Wasser mit einem Sparschäler schälen, in kleine Stücke schneiden, sofort ins Zitronenwasser geben. Wenn alle geschält und geschnitten sind, im Zitronenwasser mit etwas Salz etwa 20 Minuten kochen.

2 Den Kürbis von den Kernen befreien, schälen, klein schneiden und in wenig Salzwasser 10 Minuten dünsten. Die Zwiebel schälen, klein schneiden und die letzten 5 Minuten mitdünsten.

3 Jetzt schon mal an den Backofen denken und auf 200 Grad vorheizen, Umluftherde brauchen nur 180 Grad und das ganz ohne Vorheizen. Den Greyerzer möglichst fein reiben, wer keine Reibe hat, kann ihn auch in winzig kleine Würfel schneiden. Den Knoblauch schälen und durch eine Presse drücken. Knoblauch und Käse mit saurer Sahne und Eigelben verrühren, mit Salz, Pfeffer und Muskat kräftig würzen.

4 Das gedünstete Gemüse abtropfen lassen und in eine feuerfeste Form schichten. Die Eier-Käse-Sauce gleichmäßig darüber schöpfen und im Backofen in etwa 20 Minuten goldbraun werden lassen.

So viel Zeit muss sein: 40 Minuten
+ 20 Minuten Backzeit zum Erholen
Kalorien pro Portion: 310

Mangold-Quiche
Gemüse-Comeback - hit-verdächtig!

Für 4 zum Sattessen:

200 g Mehl + Mehl zum Ausrollen

$^1/_2$ TL Salz

80 g weiche Butter + Butter zum Einfetten

100 g Quark

1 Staude Mangold (600 g)

1 Zwiebel

2 Knoblauchzehen

2 EL Olivenöl

Pfeffer aus der Mühle

frisch geriebene Muskatnuss

abgeriebene Schale von 1 Zitrone

75 g Hartkäse (z.B. Bergkäse, Greyerzer oder mittelalter Gouda)

200 g Sahne

100 ml Milch

4 Eier

1 Das Mehl in eine Schüssel schütten, salzen, die Butter in kleinen Stückchen dazu geben. Mit den Knethaken des Handrührgeräts verrühren, bis alles krümelig ist. Quark und 2 EL Wasser mit der krümeligen Masse vermischen. Den Teig mit den Händen locker zusammendrücken, nicht kneten. Zur Kugel formen, in Klarsichtfolie packen und für etwa 30 Minuten in den Kühlschrank legen.

2 Genügend Zeit, um den Belag vorzubereiten. Die Mangoldstaude in einzelne Blätter zerlegen, die Stiele am Blattansatz abschneiden. Beides waschen, Stiele in kleine Würfel schneiden, Blätter längs halbieren und in Streifen von etwa 1 cm schneiden. Zwiebel und Knoblauch schälen, beides fein hacken.

3 In einer großen Pfanne das Öl ordentlich heiß werden lassen. Zwiebel, Knoblauch und Mangoldstiele dazu und 4–5 Minuten dünsten, zwischendrin rühren. Mangoldgrüne Streifen druntermischen und zugedeckt bei mittlerer Hitze in 5–7 Minuten zusammenfallen lassen. Gemüse mit Salz, Pfeffer, Muskat und Zitronenschale würzen. Pfanne vom Herd ziehen.

4 Käse fein reiben. Für den Guss Sahne, Milch und Eier verquirlen, zwei Drittel vom Käse reinrühren, mit Salz, Pfeffer und Muskat würzen. Nicht vergessen: Den Backofen auf 200 Grad vorheizen (später einstellen: Umluft 180 Grad).

5 Tisch leicht mit Mehl bestäuben, den Teig rund ausrollen. Eine runde Form (28–30 cm) einfetten, Boden und Rand der Form mit dem Teig auskleiden. Den Teig mehrmals mit der Gabel einstechen, Mangoldmischung drauf verteilen, den Guss darüber gießen und mit Käse bestreuen. Quiche auf der mittleren Schiene in den Ofen schieben und etwa 40 Minuten backen, bis sie schön goldbraun ist. Falls die Quiche zu schnell braun wird, mit Backpapier abdecken und fertig backen.

So viel Zeit muss sein: 45 Minuten
(+ 40 Minuten Backzeit)
Das schmeckt dazu: Tomatensalat oder Blattsalate
Kalorien pro Portion: 725

Kartoffel-pfanne mit Artischocken
Top-Bratkartoffel-verhältnis

Für 3–4 Hungrige:

800 g kleine Kartoffeln (fest kochende Sorte)

Salz

Saft von 2 Zitronen

6 Artischocken (je 275 g)

5 kleine Schalotten

3 junge Knoblauchzehen

200 g Cocktailtomaten

3 Zweige Salbei

6 EL Olivenöl

Pfeffer aus der Mühle

1 Die Kartoffeln waschen, in Salzwasser etwa 15 Minuten kochen. In einem großen Topf 1 l Wasser zum Kochen aufsetzen, salzen. Den Zitronensaft dazugießen.

2 Die Artischocken vorbereiten: Die Stiele abbrechen, die Spitzen (oberes Drittel) mit einem scharfen Messer abschneiden und die äußeren Blätter großzügig abmachen. Die Artischocken rund um den Stielansatz dünn schälen. Sofort in den Zitronensud legen, damit sie nicht braun werden. Nochmal aufkochen, dann bei schwacher Hitze 10 Minuten offen köcheln lassen. Vom Herd nehmen und im Sud beiseite stellen.

3 Kartoffeln abgießen, pellen und längs vierteln. Schalotten pellen, längs vierteln. Knoblauch schälen und längs in Scheibchen schneiden. Artischocken aus dem Sud heben, der Länge nach vierteln. Tomaten waschen, halbieren. Salbeiblätter abzupfen und abreiben.

4 In einer großen beschichteten Pfanne das Öl erhitzen, Kartoffeln und Artischocken reinlegen und bei mittlerer Hitze in 6–8 Minuten goldgelb braten. Schalotten, Knoblauch und Salbei dazu und noch 5 Minuten braten, ab und zu wenden. Tomaten vorsichtig drunter mischen, noch 2 Minuten braten. Kräftig mit Salz und Pfeffer würzen.

So viel Zeit muss sein: 45 Minuten
Das schmeckt dazu: Parmesan, Weißbrot
Kalorien pro Portion (4): 285

Gratinierte Wirsingspalten
Mal Dinner for two, mal Party-Hit

Für 4 als Beilage oder für 2 zum Sattessen:
Salz
1 Wirsing (etwa 800 g)
200 g frische Steinpilze (oder preiswertere Egerlinge)
2 Schalotten
2 EL Butter
6 Zweige Thymian
Pfeffer aus der Mühle
1 EL Öl für die Form
100 g Hartkäse (z.B. Greyerzer oder Emmentaler)
3 EL Semmelbrösel
$1/_2$ Bund Schnittlauch

1 In einem großen Topf 2–3 l Salzwasser aufkochen. Vom Wirsing die äußeren Blätter abschneiden, den Kopf waschen und achteln. Den Mittelstrunk nur so weit abschneiden, dass die Spalten nicht auseinander blättern. Die Wirsingspalten in den Topf werfen und 7 Minuten kochen lassen. Das Gemüse ins Sieb abgießen, dabei 6 EL Sud auffangen, kalt abbrausen und gut abtropfen lassen.

2 Die Steinpilze oder Egerlinge putzen und mit Küchenpapier abreiben. Die Pilze in dünne Scheibchen schneiden. Die Schalotten pellen und fein würfeln.

3 Den Backofen auf 200 Grad vorheizen (auch schon jetzt: Umluft 180 Grad). Eine Pfanne auf den Herd, 1 EL Butter darin schmelzen lassen, Schalotten drin glasig dünsten. Pilze dazu, 2–3 Minuten dünsten. Thymian abbrausen, Blättchen abstreifen und unterrühren. Mit Salz und Pfeffer würzen.

4 Eine große ofenfeste Form mit 1 EL Öl einpinseln. Die Wirsingspalten nebeneinander reinlegen, den Sud angießen. Die Pilzmischung darüber streuen. Den Käse grob raffeln, mit Semmelbröseln mischen, über dem Wirsing verteilen. Restliche Butter als Flöckchen obendrauf legen. In den Backofen (Mitte) schieben und 15–20 Minuten backen. Schnittlauch abbrausen, in Röllchen schneiden und vorm Servieren drüberstreuen.

So viel Zeit muss sein: Aktiv sein 30 Minuten, Backen 15–20 Minuten
Das schmeckt dazu: knuspriges Baguette
Kalorien pro Portion (bei 4): 185

Polenta mit Gemüse-Vinaigrette
Stimmt jeden Polenta-muffel um

Wer's ganz richtig machen will, lässt dem Maisbrei etwa 1 Stunde Zeit und rührt und rührt... Hier eine arbeitsarme Quellvariante mit ähnlich gutem Ergebnis.

Für 4 zum Sattessen:

1 l Gemüsebrühe

300 g Polenta

1 rote Paprikaschote

3 Stangen Sellerie

1 weiße Zwiebel

1 EL Kapern

2 EL Zitronensaft

Salz, Pfeffer aus der Mühle

4 EL Olivenöl

2 EL Butter

1 Einen hohen Topf mit schwerem Boden aus dem Schrank holen. Brühe darin aufkochen. Topf vom Herd, Polenta langsam in die Brühe einrieseln lassen, dabei mit einem Holzlöffel ständig rühren, damit's keine Klumpen gibt. Vorsichtig: Es kann spritzen und man verbrennt sich. Deswegen Hitze gleich auf schwächste Stufe herunter schalten. Deckel drauf, Polenta wieder auf den Herd stellen und 40–45 Minuten quellen lassen, dabei ab und zum umrühren. Die Polenta ist fertig, wenn sie sich vom Topfboden löst.

2 Zwischendurch die Paprika waschen, halbieren, Kerne und Trennwände rauszupfen, die Hälften in kleine Würfel schneiden. Vom Sellerie welke Stellen und das Grün abschneiden. Die Stangen waschen und in feine Scheiben schneiden. Die Zwiebel pellen und klein würfeln. Alles Gemüse mit Kapern, Zitronensaft, Salz, Pfeffer und Olivenöl mischen.

3 Die Butter in Flöckchen unter die fertige Polenta rühren, salzen und pfeffern. Gemüsemischung obendrauf ausrichten.

So viel Zeit muss sein: 50 Minuten, davon 30 Minuten zu tun
Das schmeckt dazu: Weißbrot und ein leichter Weißwein oder Rotwein
Kalorien pro Portion: 410

Varianten:

Polentaschnitten
50 g frisch geriebenen Parmesan unter die heiße Polenta rühren. Auf ein großes Brett oder Blech stürzen und mit nassem Teigschaber 2 cm dick glatt streichen. Abkühlen und fest werden lassen. In Rauten oder Tortenstücke schneiden und in einer Pfanne mit 3–4 EL Butter goldbraun braten. Mit Parmesan bestreut servieren. Sehr lecker zu Ratatouille oder Pilzgemüse.

Polentataler
1 Bund Suppengrün sehr klein schneiden, 100 g tiefgekühlte Erbsen antauen lassen. Zusammen in 2 EL Butter dünsten, unter den Polentabrei mischen, salzen und pfeffern. Auf ein Brett streichen, abkühlen lassen. Mit rundem Ausstecher (5 cm Durchmesser) – zwischendurch unter dem Wasserstrahl anfeuchten – Taler ausstechen. Auf ein geöltes Blech legen. Polentareste zu einem Kloß verkneten, nochmal ausrollen und ausstechen. Mit 2 EL zerlassener Butter bestreichen. Im Ofen bei 150 Grad (Umluft 130 Grad) 15–20 Minuten backen. Komplett wird's mit frischem Blattsalat.

Polentapizza
2 TL getrockneten Oregano mit 2 EL Olivenöl unter den heißen Polentabrei rühren. Auf einem gefetteten Backblech zu einem ovalen Fladen verstreichen. 400 g Spinat gründlich waschen und putzen. 1 Zwiebel und 2 Knoblauchzehen klein würfeln, mit 250 g blättrig geschnittenen Champignons in 1 EL Olivenöl dünsten. Spinat dazu, salzen und pfeffern, zugedeckt zusammen fallen lassen. 500 g Eiertomaten quer in Scheiben schneiden und auf die Polenta legen. Darauf die Spinatmischung verteilen, mit Salz, Pfeffer und Oregano bestreuen. 250 g Mozzarella würfeln und drüberstreuen. 1 EL Olivenöl darauf träufeln. Pizza auf der mittleren Schiene in den Ofen schieben und bei 200 Grad (Umluft 180 Grad) 20–25 Minuten backen, bis der Käse zerläuft.

Frühlings-Hirsotto
Es muss nicht immer Reis sein

Für 4 zum Sattessen:

300 g Broccoli, 3 Stangen Sellerie

250 g grüner Spargel

1 Bund Frühlingszwiebeln

250 g Zuckerschoten

1 Zwiebel, 1 Knoblauchzehe

3 EL Olivenöl

300 g Hirse, ¹/₂ l Gemüsebrühe

250 g Jogurt, 2 EL Zitronensaft

Salz, Pfeffer aus der Mühle

1 Kästchen Kresse

2 EL frisch geriebener Parmesan

1 Alles Gemüse waschen und putzen. Vom Broccoli kleine Röschen abschneiden, die zarten Stiele schälen und in Scheiben schneiden. Sellerie in dünne Scheibchen schneiden. Spargel schräg in 1 cm kleine Stücke, Frühlingszwiebeln in feine Ringe schneiden. Die Enden der Zuckerschoten abschneiden.

2 Zwiebel und Knoblauch schälen, fein würfeln und im heißen Öl 2–3 Minuten dünsten. Dann das Gemüse 5 Minuten mitdünsten, Hirse im Sieb kalt abspülen und unterrühren,

kurz mitbraten. Die Brühe angießen, aufkochen und zugedeckt 20–25 Minuten bei schwacher Hitze garen.

3 Jogurt mit 1 EL Zitronensaft, Salz und Pfeffer verrühren. Die Kresse abschneiden. Hirsotto mit Salz, Pfeffer und übrigem Zitronensaft würzen. Jogurt, Kresse und Parmesan aufstreuen.

So viel Zeit muss sein: 45 Minuten
Das schmeckt dazu: geröstete Pinienkerne
Kalorien pro Portion: 555

Gemüse-Pilaw mit Mandeln
Grenzenlose Reis(e)lust

Für 4 Hungrige:

400 g Basmatireis

2 Möhren, 1 Zucchino

2 kleine Zwiebeln, 2 Knoblauchzehen

3 EL Butter, 75 g Mandelsplitter

Salz, Pfeffer aus der Mühle

800 ml Gemüsebrühe

2 EL Korinthen, 150 g tiefgekühlte Erbsen

1 Stück Zimtstange, 2 Gewürznelken

3 getrocknete Chilischoten

¹/₄ TL gemahlener Kardamom

1 Den Reis abspülen, abtropfen lassen. Möhren und Zucchino putzen oder waschen, längs halbieren und in dünne Scheiben schneiden. Zwiebeln und Knoblauch schälen und fein würfeln.

2 In einer Pfanne die Hälfte der Butter erhitzen. Mandeln drin unter Rühren 1–2 Minuten braten, bis sie goldbraun werden. Möhren und Zucchini dazu und kurz anbraten. Vom Herd, mit Salz und Pfeffer würzen.

3 In einem Schmortopf die restliche Butter erhitzen, Zwiebeln und Knoblauch glasig andünsten. Reis dazuschütten und 4 Minuten mit dem Pfannenwender rühren und braten. Brühe dazugießen, zum Kochen bringen.

4 Die Mandeln samt Möhren und Zucchini hineingeben. Korinthen, gefrorene Erbsen, Zimt, Nelken, Chilis, Kardamom dazu. Mit Salz und Pfeffer würzen. Deckel drauf und den Reis bei schwacher Hitze etwa 20 Minuten sanft köcheln – nicht umrühren!

5 Wenn die Flüssigkeit aufgesogen und die Oberfläche löchrig ist, die Hitze abstellen. Zwischen Topf und Deckel ein Küchentuch spannen und den Pilaw noch etwa 10 Minuten ausdämpfen lassen. Reis mit einer Gabel locker umrühren, abschmecken. Köstlich!

So viel Zeit muss sein: 1 Stunde, davon 30 Minuten aktiv
Das schmeckt dazu: kühler Jogurt, Brot
Kalorien pro Portion: 610

Grüne Bohnen-Spaghetti
Überzeugend einfach

Für 4–6 zum Sattessen:

750 g grüne Bohnen (möglichst zarte)

1 Bund Bohnenkraut

Salz, 400 g Spaghetti

1 Zwiebel

1 Knoblauchzehe

1 EL Olivenöl

250 g Sahne

150 ml Gemüsebrühe

125 g frisch geriebener Parmesan

Pfeffer aus der Mühle

1 Bohnen waschen, putzen, in ungefähr 4 cm lange Stücke schneiden. Bohnenkraut abbrausen und trockenschütteln. 3 Zweige für die Nudeln beiseite legen, vom Rest die Blättchen abzupfen und grob hacken.

2 4 l Wasser mit 1 ½ EL Salz und den 3 Bohnenkrautzweigen zum Kochen bringen. Wenn's sprudelt, Spaghetti und Bohnen reinwerfen. Nach 7–8 Minuten eine Nudel herausfischen und probieren.

3 Zwischendurch Zwiebel und Knoblauch schälen und ganz klein würfeln, im Öl andünsten. Sahne und Brühe angießen, etwa 5 Minuten sämig einköcheln lassen.

4 Jetzt den Parmesan nach und nach unterrühren und kurz erhitzen. Abschmecken. Bohnen-Spaghetti ins Sieb abgießen, in die Sauce rühren. Übriges Bohnenkraut drauf und alles innig vermischen.

So viel Zeit muss sein: 30 Minuten
Kalorien pro Portion (6): 505

Pellkartoffeln mit Lauchsauce
Kommt gut und frühlingsfrisch

Für 4 zum Sattessen:

1 kg kleine Kartoffeln, Salz, 2 Stangen Lauch

2 Schalotten, 2 EL Butter

3 EL Mehl, ¼ l Milch

400 ml Gemüsefond (aus dem Glas) oder Gemüsebrühe

1 Bund Petersilie, 2 Hände voll Kerbel

Pfeffer aus der Mühle

frisch geriebene Muskatnuss

1–2 EL Zitronensaft

1 Die Kartoffeln unter fließend kaltem Wasser kräftig abbürsten. In einen Topf geben, knapp mit Wasser bedecken, 1 TL Salz dazu. Zudecken, aufkochen und etwa 30 Minuten garen, bis sie weich sind.

2 Während die Kartoffeln kochen, Lauch waschen und in dünne Scheiben schneiden. Die Schalotten schälen und fein würfeln.

3 Die Butter in einem breiten Topf schmelzen lassen und die Schalotten darin leicht bräunen. Den Lauch kurz mitdünsten. Mit Mehl bestäuben, hellbraun anschwitzen. Milch und Fond dazuschütten und mit dem Schneebesen glatt rühren. Bei mittlerer Hitze 5–7 Minuten köcheln lassen, dabei öfter umrühren.

4 Kräuter waschen, abzupfen und bis auf ein paar Zweiglein zum Garnieren hacken. Unter die Lauchsauce rühren. Mit Salz, Pfeffer, Muskat und Zitronensaft würzen. Kartoffeln abgießen. Zur Lauchsauce servieren.

So viel Zeit muss sein: 40 Minuten
Das schmeckt dazu: wachsweich gekochte Eier
Kalorien pro Portion: 350

73

Die
Traditio

Tradition muss man pflegen

nellen

Wer hätte das gedacht. Wir können auch altbacken kochen. Manche nennen das spießig. Wir sagen dazu: Was schon immer gut war, wird gut bleiben. Und finden Vorurteile viel spießiger und weitaus gestriger als einen Schweinebraten. Der kann nämlich göttlich sein. Vor allem, wenn das Fleisch stimmt. Bei vielen dieser traditionellen Rezepte kommt es ganz auf die Rohprodukte an. Da wird am Herd nicht viel gekünstelt und geschönt. Ehrliche Küche mit lauter guten Produkten, das ist das Geheimnis und liefert den Genuss.

Wer jeden Modetrend in der Küche mitmacht, hat sein Lieblingsgericht vielleicht nur noch nicht gefunden. Na, hier könnte er fündig werden. Deshalb keine Scheu vor Schnitzel, Semmelknödel und Schollenfilet. Nicht nur Großmütter werden begeistert sein.

5 Fragen an

Georg Schweisfurth, Mitinhaber einer Bio-Supermarktkette und gelernter Metzger

Wie wird gutes Fleisch erzeugt?

Ich bin davon überzeugt: Glückliche Tiere geben bessere Milch und besseres Fleisch. Man sollte sie nach ihren Bedürfnissen halten: frische Luft, Bewegung, Sonne, Regen, Wind, und ein vielseitiges, ballaststoffreiches Futter.

Woran erkenne ich gutes Fleisch?

Rindfleisch sollte im mageren Teil tiefrot und ein wenig von feinen Fettäderchen durchwachsen sein. Es sollte mindestens drei Woche reifen. Schweinefleisch sollte möglichst dunkel und fest im Schnitt sein. Beim Lammfleisch darf am Rücken nicht das Fleisch durch die Fettabdeckung durchscheinen.

Hat sich durch BSE beim Fleisch etwas verändert?

Insgesamt hat sich die Nachfrage nach Fleisch von natürlich aufgezogenen Tieren aus Biohöfen erhöht.

Wieviel Fleisch essen Sie?

Ich esse zuhause einmal pro Woche Fleisch. Wenn ich Zeit zum Kochen und zum Geniessen habe. In Restaurants findet man nur selten gutes Fleisch.

Welche Fleischsorte essen Sie am liebsten?

Es gibt im Moment für mich nichts besseres als einen guten Schweinebraten aus der Schulter und aus dem Bauch (!!!) - langsam im Holzbackofen gebraten mit knuspriger Schwarte, Knoblauch, Salz, Karotten, Zwiebeln, Bier.

Was wir von Großmutter lernen können:

Iss langsam! Heute nennt man das Slow food und es gibt Vereine, die so heißen. Die Adresse steht im Anhang. Auch ohne Verein kann jeder selbst erkennen, dass der schnelle Lunch neben dem noch schnelleren Laptop nicht schmeckt. Und dass romantische Rendezvous nicht mit Fastfood funktionieren. Was richtig gut ist, braucht richtig Zeit.

Punkt 12 Uhr Mittagessen!
Okay, auch bei Oma wurde es mal etwas später. Doch mittags was im Magen ist nicht schlecht, sagen auch die Ernährungsexperten. Den ganzen Tag schuften, nur 'nen Happen essen und dann abends den Bärenhunger kriegen. Völlig verkehrt. Ein Hoch auf das Mittagessen.

Kirschen rot, Spargel tot!
Alte Bauernregel. Sagt einem, dass man die Lebensmittel dann genießen soll, wenn sie reif sind. So kann man sich auf diese Monate freuen. Spargelzeit ist nun mal nicht der Spätsommer und die Pilzsaison nicht im Frühjahr. Klar, heute kriegen wir alles jederzeit. Doch wir haben dadurch eher weniger als mehr Genuss! Und außerdem ist es ökologischer Unsinn, Erdbeeren aus Marokko einzufliegen oder Spargel aus Chile, nur damit wir das auch Weihnachten essen können. Wie wär's mal wieder mit gefüllter Gans und Bratapfel!?

»Was der Bauer nicht kennt, das ...«
Bekannter Spruch, der sicher nicht nur für Bauern gilt. Wer damit sagen will, dass beispielsweise Kiwis und Rucola, Kokosnuss und Koriander in unserer Küche nichts zu suchen haben, ist sicher etwas weltfremd. Gegen ein Kennenlernen neuer, leckerer Dinge ist doch gar nichts zu sagen. Nur alles, was sich hinter E-Nummern und Begriffen wie Emulgatoren oder Verdickungsmitteln versteckt, kann man schwer kennenlernen. Wir schmecken und spüren es nicht. Hier fehlt das Vertrauen. Und was ich nicht wirklich kenne, hat in meinem Körper auch nichts zu suchen.

natur pur

Grillen wie bei den alten Steinzeitjägern und das noch mitten im Garten oder zumindest auf dem Balkon (Gruß an den Nachbarn!). Besser kann Natur und Tradition nicht zusammen kommen: Den Grill anschmeißen, warten bis die Holzkohle nur noch weißlich glimmt und dann auf den Grill eine Lage Alufolie, damit keine Fettspritzer auf der heißen Glut zu ultragiftigen Benzpyrenen verbrennen.

Alufolie kommt auch um die mit einer Knoblauchzehe gespickten Kartoffeln. Die legt man als erstes auf den Grill, weil sie eine Stunde brauchen. Dann Fleischstücke, nicht zu mager, dazu. Wurst nur wenn sie nicht mit Pökelsalz behandelt wurde. Gut sind Maiskolben, Paprika-Gemüsespieße, gefüllte Forellen, Heringe oder Tunfischsteaks. Zum Fleisch gibt es Senf, zu den Kartoffeln einen Kräuterdip. Na, und wer es mal weniger traditionell und weniger natural mag greift auch zum Ketschup. Ganz wichtig, darf auf keinen Fall fehlen: der immer wieder gute, alte Kartoffelsalat!

ein gutes Stück Natur
Hackfleisch

wieso:
... weil jeder »seine« Buletten oder Frikadellen, Klopse oder Fleischpflanzerl noch von daheim kennt und alle irgendwie doch davon schwärmen.
... weil roh mit Zwiebelringen, Kräutern, Salz und nicht zu wenig Pfeffer vermengen und aufs Brötchen streichen tierisch gut schmeckt
... weil angebraten im ausgelassenen Speck, mit Tomatenpüree, Knoblauch und Zwiebelwürfeln, kleingeschnittener Möhre und einem langen Selleriestängel, vielleicht noch verschärft mit 'ner kleinen Peperoni, abgelöscht mit Rotwein und lange geköchelt, es jede einfache Nudel zum Erlebnis macht.

wie:
... indem es frisch durchgedreht wird.
... indem es noch am gleichen Tag verbraucht wird.
... indem es immer wieder anders ist, mal vom Schwein, vom Rind, von beiden oder vom Lamm.
... indem man immer wieder andere Zutaten zugibt: Kapern, Paprikastückchen, Kreuzkümmel oder ganz viel gehackte Kräuter.

wann:
... Mettbrötchen eigentlich immer
... Frikadelle wenn's schnell gehen muss
... Hackbraten für die Resteverwertung
... kreative Kombinationen (Hack mit Ananas??), wenn die Phantasie mit der Bratpfanne durchgeht

womit:
... alles, was sich Salat nennt und nicht Fleisch oder Fisch enthält
... weiße Dips mit oder ohne Kräuter
... etwas Zwiebel, Knoblauch, Salz und Pfeffer schaden nie
... was Scharfes: Senf, Paprikapulver, frische Peperoni oder auch Tabasco
... Tomaten sind immer eine gute Kombi zu Hack

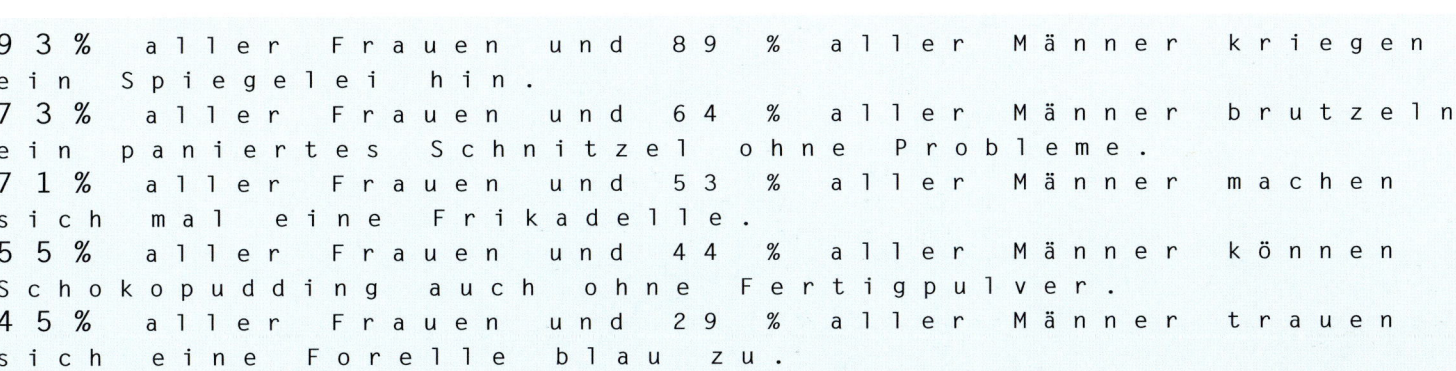

93% aller Frauen und 89 % aller Männer kriegen ein Spiegelei hin.
73% aller Frauen und 64 % aller Männer brutzeln ein paniertes Schnitzel ohne Probleme.
71% aller Frauen und 53 % aller Männer machen sich mal eine Frikadelle.
55% aller Frauen und 44 % aller Männer können Schokopudding auch ohne Fertigpulver.
45% aller Frauen und 29 % aller Männer trauen sich eine Forelle blau zu.

Pikantes Kräuterschnitzel
Ohne viel drum und dran

Schnitzel – das klingt nicht besonders aufregend. Eher nach Verlegenheitsessen, mit dem man schnell mächtigen Hunger stillt. Dabei kann man mit ein paar ganz normalen Zutaten was richtig Gutes draus machen. Vorausgesetzt, das Fleisch ist erstklassig, sehr gut abgehangen und mürbe. Und die Pfanne passt – sie muss groß und schwer sein, etwa aus Silitstahl, Edelstahl oder Gusseisen.

Für 4 zum Sattessen:

4 Kalbsschnitzel (je etwa 180 g)

1 Bund Petersilie

3 EL Öl

Pfeffer aus der Mühle

1–2 EL Mehl

2 Tomaten

4 eingelegte Sardellenfilets

2 EL Butter

Salz

2 EL Kapern

1 Die Kalbsschnitzel mit Folie abdecken und mit dem Handballen etwas flacher streichen.

2 Die Petersilie waschen und trockenschütteln, die Blätter abzupfen, grob hacken. Zusammen mit 1 EL Öl und Pfeffer im elektrischen Zerhacker zu einer pastigen Creme pürieren, oder mit dem Pürierstab zerkleinern. Die Schnitzel auf beiden Seiten großzügig mit der Petersilienpaste bestreichen und 20 Minuten liegen lassen.

3 Zwischendrin das Mehl in einen tiefen Teller füllen. Die Tomaten waschen und quer zum Blütenansatz in Scheiben schneiden. Die Sardellenfilets aus dem Glas fischen – am besten geht's mit einer kleinen Gabel – und das Salz unter kaltem Wasser abspülen, Sardellen in feine Streifen schneiden.

4 In einer großen Pfanne das übrige Öl erhitzen, die Butter drin aufschäumen lassen. Die Schnitzel im Mehl wenden, rein in die Pfanne und bei guter Hitze auf einer Seite goldbraun braten, dann wenden und fertig braten. Insgesamt dauert das ca. 4 Minuten.

5 Fertig gebratene Schnitzel leicht salzen, Tomatenscheiben drauf verteilen, pfeffern. Mit Sardellenstreifen und Kapern bestreuen.

So viel Zeit muss sein: 40 Minuten, davon die Hälfte aktiv
Das schmeckt dazu: Röstkartoffeln, Kartoffelsalat oder Blattsalat
Kalorien pro Portion: 310

Varianten:

Meerrettich-Schnitzel
Schnitzel von beiden Seiten leicht salzen und pfeffern, mit 2 EL geriebenem Meerrettich aus dem Glas bestreichen. Dann durch 2 verquirlte Eier ziehen und locker in 100 g Semmelbröseln wenden. Leicht schütteln, damit überflüssige Brösel abfallen. Schnitzel in 4 EL Butterschmalz braten wie beschrieben. Schmeckt klasse mit frischen Apfelspalten und Salat.

Curryschnitzel mit Jogurtsauce
Schnitzel mit Pfeffer und 1 TL Curry bestreuen. In 4 EL Butterschmalz braten, leicht salzen. Raus aus der Pfanne, abgedeckt heiß stellen. 2 gewürfelte Schalotten im Bratfett bräunen. 2 TL Currypulver drüberstäuben oder 2 TL Tandooripaste aus dem Glas reinrühren. $1/4$ l Kalbsfond dazu, sämig einkochen. Neben dem Herd 150 g Jogurt drunterrühren. Mit Salz, Pfeffer und 1–2 TL Zitronensaft abschmecken. Jogurtsauce über die Schnitzel gießen. Dazu Reis servieren.

Schnitzel mit Konfetti-Gemüse
Schnitzel pfeffern und braten wie beschrieben. Zwischendrin 1 rote Paprikaschote waschen und putzen, 1 kleinen Zucchino putzen, 1 Zwiebel schälen. Alle drei klein würfeln, 150 g Maiskörner aus der Dose abgießen. Schnitzel aus der Pfanne rausholen, salzen, heiß stellen. Die Gemüsewürfel im Bratfett 2–3 Minuten rösten, $1/2$ EL Tomatenmark und $1/8$ l Gemüsebrühe dazu. Die Gemüsesauce 3 Minuten köcheln lassen, nach Belieben 2 EL Schmand reinrühren, mit Salz und Pfeffer abschmecken. Gemüse auf den Schnitzeln verteilen.

Entenbrust mit Pfeffersahne
Schnell was Feines

Für 4 zum Verwöhnen:

2 Entenbrustfilets (jedes ca. 300 g schwer)

Salz, Pfeffer aus der Mühle

1 EL Butterschmalz

1 Schalotte

400 ml Geflügelfond (aus dem Glas)
oder Hühnerbrühe

100 ml lieblicher Weißherbst oder Rosé

1 Rosmarinzweig

250 g Crème double oder Sahne

8 TL eingelegte grüne Pfefferkörner

1–2 TL Aceto balsamico

1 Die Entenfilets waschen und mit Küchenpapier trockentupfen. Die Hautseite mit einem scharfen Messer im Abstand von 1 cm diagonal einschneiden, dann entgegengesetzt nochmal einschneiden – so entsteht ein Rautenmuster. Mit Salz und Pfeffer rundherum einreiben.

2 Eine schwere Pfanne auf den Herd, Schmalz rein und gut heiß werden lassen. Zuerst die Entenbrüste mit der Hautseite nach unten in 5–7 Minuten kräftig anbraten. Dann wenden und noch 5 Minuten weiterbra-

ten. Wieder umdrehen, Hitze runterschalten und in 7–8 Minuten fertig braten. Entenfilets rausholen, fest in Alufolie wickeln und ruhen lassen.

3 Jetzt die Sauce machen: Die Schalotte schälen und fein würfeln. Das Bratfett bis auf einen kleinen Rest aus der Pfanne weggießen. Schalotte rein und glasig dünsten. Fond und Wein dazugießen, aufkochen und den Bratsatz vom Pfannenboden wegkratzen. Bei mittlerer Hitze 5–6 Minuten offen um etwa zwei Drittel einkochen lassen – und dabei immer wieder rühren. Den Rosmarinzweig dazu, die Crème double oder Sahne einrühren. Die Pfefferkörner abtropfen lassen und untermischen. Alles bei schwacher Hitze 5 Minuten leise köcheln lassen, bis die Sauce schön cremig ist. Rosmarinzweig rausfischen, Sauce mit Salz, Pfeffer und Essig abschmecken.

4 Gezogenen Fleischsaft (in der Alufolie hat der sich gesammelt) in die Sauce rühren. Die Entenbrustfilets schräg in dünne Scheiben schneiden und auf der Pfeffersahne anrichten. Wenn sie nicht mehr ganz heiß sind, am besten nochmal kurz drin erwärmen.

So viel Zeit muss sein: 35 Minuten
Das schmeckt dazu: Bandnudeln oder Reis-Wildreis-Mischung, Weißherbst oder Rosé
Kalorien pro Portion: 615

Zigeunerspieß mit scharfer Paprikasauce
Garantiert was für Dynamiker

Für 4 Hungrige:

500 g Schweinelende (ausgelöster Rücken)

4 Knoblauchzehen

4 EL Öl

Salz, Pfeffer aus der Mühle

2 TL Paprika, edelsüß

2 rote Paprikaschoten

3 Zwiebeln

200 ml Gemüsebrühe (oder 100 ml Brühe und 100 ml kräftiger Rotwein)

1 Zucchino

1 gelbe Paprikaschote

1 rote Chilischote

8 große Metall- oder Holzspieße

1 Die Schweinelende in Würfel von 2–3 cm schneiden. 2 Knoblauchzehen pellen und durch die Presse drücken, dann in einer Schüssel mit 1 EL Öl, Salz, Pfeffer und Paprikapulver kräftig verrühren. Die Fleischstücke in der Marinade wenden. Zudecken, bis zum Aufspießen kühl stellen.

2 Die Sauce jetzt schon vorbereiten: Die roten Paprikaschoten waschen und halbieren, putzen und klein würfeln. 1 Zwiebel und übrigen Knoblauch schälen und fein hacken.

3 Einen flachen, breiten Topf auf den Herd, 2 EL Öl drin heiß werden lassen. Zwiebel und Knoblauch hellbraun anbraten, danach rote Paprika dazu und kurz mitbraten. Brühe oder Wein und Brühe dazugießen, mit Salz und Pfeffer kräftig würzen. Einmal aufkochen lassen, dann Deckel drauf und das Gemüse bei mittlerer Hitze etwa 15 Minuten dünsten.

4 Zwischendurch den Zucchino waschen, putzen und in fingerdicke Scheiben schneiden. Die gelbe Paprikaschote waschen, putzen, in grobe Stücke schneiden. Übrige Zwiebeln schälen und in Spalten schneiden.

5 Nun die Spieße stecken: Abwechselnd Fleischwürfel, Zwiebelspalten, Paprikastücke und Zucchinischeiben auf die Spieße reihen. Eine große, schwere Pfanne auf den Herd, übriges Öl rein und gut heiß werden lassen. Die Spieße darin von jeder Seite 5 Minuten anbraten, dann bei mittlerer Hitze noch 10 Minuten weiterbraten, mehrmals wenden.

6 In der Zwischenzeit die Chilischote waschen, aufschlitzen, Kerne rausspülen, Schote in Streifen schneiden. Zum Paprikagemüse in den Topf geben, 5 Minuten mitköcheln. Sauce pürieren, salzen, pfeffern.

So viel Zeit muss sein: 1 Stunde
Das schmeckt dazu: Reis, frischer Blattsalat
Kalorien pro Portion: 225

Kalbsröllchen mit Spinat
Ein Gruß aus Italien

Reicht für 4:

4 Kalbsschnitzel (je etwa 125 g schwer)

Salz, Pfeffer aus der Mühle

250 g Blattspinat

4 getrocknete Tomaten (gibt's in der Feinkostabteilung)

100 g Frischkäse

2 EL geriebener Parmesan

1 EL Olivenöl

1 EL Butter

$^1/_4$ l Kalbsfond (aus dem Glas) oder Hühnerbrühe

125 g Sahne

1 Die Kalbsschnitzel nebeneinander auf den Tisch legen, mit dem Handballen sehr dünn ausstreichen und jeweils in 2 gleich große Stücke schneiden. Auf beiden Seiten leicht salzen und pfeffern.

---

2 Einen Topf mit 1 l gesalzenem Wasser füllen und zum Kochen bringen. Vom Spinat welke Blätter aussortieren, harte Stiele abknipsen. Spinatblätter waschen, für etwa 30 Sekunden ins kochende Salzwasser tauchen. Ins Sieb abgießen, sofort kalt abschrecken, abtropfen lassen und leicht ausdrücken.

3 Getrocknete Tomaten in feine Streifen schneiden. Kalbfleischstücke mit Frischkäse bestreichen, dann mit dem Spinat belegen. Tomatenstreifen darauf verteilen und mit jeweils $^1/_2$ EL Parmesan bestreuen. Das Ganze zu kleinen Rouladen aufrollen und mit einem Holzstäbchen feststecken.

4 Eine schwere Pfanne auf den Herd, Olivenöl und Butter darin zischend heiß erhitzen. Die Kalbfleischröllchen reinlegen und bei starker Hitze rundherum etwa 2 Minuten goldbraun anbraten. Den Fond dazuschütten, aufkochen, Deckel drauf und die Röllchen bei schwacher bis mittlerer Hitze 10–12 Minuten schmoren.

5 Kalbsröllchen aus der Pfanne holen, auf einen Teller legen und mit Alufolie abdecken. Sahne in die Pfanne gießen, aufkochen und noch ca. 8 Minuten einköcheln lassen. Pfeffern, nur eventuell salzen. Sauce zu den Röllchen servieren.

So viel Zeit muss sein: 1 Stunde
Das schmeckt dazu: Tagliatelle, Röstkartoffeln oder Reis, Salate
Kalorien pro Portion: 310

Wildgulasch mit Kartoffelknödeln
Gut Ding will Weile

Für 4 zum Sattessen:

750 g Reh- oder Hirschfleisch ohne Knochen (am besten aus der Schulter)

100 g durchwachsener Bauchspeck

1 Zwiebel

300 g gemischte Pilze (z.B. Egerlinge, Champignons, Pfifferlinge)

$^1/_8$ l kräftiger Rotwein

Salz, Pfeffer aus der Mühle

3–5 Wacholderbeeren

1–2 Lorbeerblätter

1 TL getrockneter Thymian

$^1/_8$ l Wildfond (aus dem Glas) oder Fleischbrühe

1 kg gekochte Kartoffeln vom Vortag (mehlig kochende Sorte)

125 g Mehl, 5 EL Speisestärke (75 g)

frisch geriebene Muskatnuss

2 Eier

$^1/_2$ Brötchen

1 TL Butter, 100 g Sahne

1 Fleisch in 2 cm große Würfel schneiden, dabei Haut und Sehnen abtrennen. Den Speck in kleine Würfel schneiden. Die Zwiebel schälen und fein würfeln. Die Pilze putzen, abreiben, größere halbieren.

2 Einen schweren, breiten Topf ohne Fett bei mittlerer Stufe erhitzen. Darin den Speck ausbraten, bis er schön knusprig ist. Das Fleisch portionsweise im heißen Speckfett rundherum bei guter Hitze bräunen. Alles Fleisch zurück in den Topf geben. Zwiebel dazu und dünsten, bis sie leicht gebräunt ist. Die Pilze rein geben und gut anbraten. Mit dem Wein aufgießen, Salz, Pfeffer, Wacholderbeeren, Lorbeer und Thymian dazu. Hitze runterschalten, Deckel drauf und das Ragout etwa 1 Stunde schmurgeln lassen, nach und nach den Fond angießen.

3 Jetzt kommen die Kartoffeln an die Reihe: Pellen und fein reiben. Mehl und Speisestärke dazugeben, mit Salz, Pfeffer und 1 kräftigen Prise Muskat vermischen. Mit $^1/_2$ Tasse heißem Wasser überbrühen, die Eier dazuschlagen. Alles zu einem geschmeidigen, »seidigen« Teig verarbeiten.

4 Das Brötchen in kleine Würfel schneiden und in der Butter rösten. Hände einmehlen und aus dem Teig tischtennisballgroße Knödel formen. Dabei immer in die Mitte jeweils 2–3 Brötchenwürfel drücken.

5 Nicht vergessen: In einem großen Topf etwa 2 l Salzwasser zum Kochen aufsetzen. Die Klöße ins kochende Wasser legen, 15–20 Minuten bei schwacher Hitze ziehen lassen.

6 Die Sahne unter das Gulasch rühren, abschmecken. Mit den Klößen anrichten.

So viel Zeit muss sein: Aktiv sein
1 $^1/_4$ Stunden, Relaxen 45 Minuten
Das schmeckt dazu: Feldsalat, Maronen und Rotwein
Kalorien pro Portion: 830

Lammgeschnetzeltes
Ein echter Quickie

Für 4 Eilige zum Sattessen:

600 g Lammlende (ausgelöster Lammrücken)

2 große Zwiebeln, 2 Knoblauchzehen

5 feste Tomaten (400 g)

2 EL Butter, 1 EL Öl

Salz, Pfeffer aus der Mühle

2 TL Edelsüß-Paprikapulver

1 EL Tomatenmark, $^1/_8$ l Brühe

200 g Crème fraîche

1–2 TL Zitronensaft, 1–2 Gewürzgurken

1 Die Lammlende zuerst in Scheiben, dann in 1 cm breite Streifen schneiden. Die Zwiebeln schälen, halbieren und in Streifen schneiden (besonders schnell geht's auf dem Gurkenhobel. Aber nur mit Fingerschutz!). Die Knoblauchzehen abziehen und fein hacken. Die Tomaten waschen und in Spalten schneiden.

2 In einer großen Pfanne die Butter und das Öl heiß werden lassen. Die Lammstreifen portionsweise einrühren, rundum scharf anbraten und wieder rausholen. Mit Salz und Pfeffer würzen.

3 Zwiebelstreifen und Knoblauch ins heiße Bratfett geben, glasig dünsten. Mit Paprika bestäuben, kurz anschwitzen. Tomatenmark reinrühren. Brühe angießen und zum Kochen bringen. Crème fraîche dazu, nochmals aufkochen lassen, mit Salz, Pfeffer und Zitronensaft abschmecken.

4 Die Tomatenspalten jetzt auch in die Pfanne rühren. Bei schwacher Hitze 1–2 Minuten köcheln lassen. Die Gurken in Streifen schneiden, ganz zum Schluss dazu. Das Lammfleisch nochmal in die Pfanne geben, salzen und pfeffern, und richtig heiß werden lassen.

So viel Zeit muss sein: 30 Minuten
Das schmeckt dazu: frisches Weißbrot, Bratkartoffeln oder Reis
Kalorien pro Portion: 415

Majoran-Schweinebraten mit Äpfeln
Kerniges Fleisch zum Knuspern

Für 6–8 zum Schwelgen:

1,5 kg Schweinerücken mit Schwarte (ohne Knochen)

2 Knoblauchzehen

Salz, Pfeffer aus der Mühle

2 EL Rapsöl, $1/4$ l Gemüsebrühe

6 Zwiebeln

5 säuerliche Äpfel (z.B. Boskoop)

1 Bund Majoran, 1 Prise brauner Zucker

$1/4$ l Apfelwein (oder trockener Cidre)

1 Das Fleisch waschen und trockentupfen, die Schwarte mit einem scharfen Messer über Kreuz im Abstand von 1 cm einschneiden. (Tipp: Vielleicht macht's ja auch der Metzger?!) Die Knoblauchzehen schälen, fein würfeln, in einem Schälchen mit Salz, Pfeffer und Öl mischen. Fleisch von allen Seiten kräftig mit der Würzmischung einreiben. Einen großen, möglichst gusseisernen Bräter aus dem Schrank holen, Fleisch mit der Schwarte nach unten reinlegen und ziehen lassen, bis der Backofen auf 200 Grad vorgeheizt ist (ohne Vorheizen: Umluft 180 Grad).

2 Brühe erhitzen, in den Bräter gießen, Deckel drauf und auf der unteren Schiene in den heißen Ofen schieben, Braten etwa 15 Minuten dämpfen. Das Fett trieft raus, die Schwarte wird weich.

3 Zwischendrin die Zwiebeln schälen, vierteln, größere achteln. Deckel abnehmen, Hälfte der Zwiebeln in den Bräter und im Ofen ungefähr 1 Stunde offen weiterbraten lassen, öfter mit ausgebratenem Fett und heißem Bratensaft begießen.

4 Die Äpfel gut waschen, Schale dranlassen, vierteln, Kerngehäuse rausschneiden. Majoran kurz abbrausen, Blätter abzupfen. Backofen auf 180 Grad (Umluft: 160 Grad) runterschalten. Apfelviertel und die Hälfte vom Majoran um das Fleisch verteilen, mit Salz und Zucker würzen. Noch 1 Stunde braten. Zwischendrin öfters mit Apfelwein begießen, damit der Braten schön braun und knusprig wird und einmal umdrehen. Vorm Anschneiden mindestens 5–10 Minuten im ausgeschalteten Ofen ruhen lassen, damit der Saft nicht ausfließt. Äpfel und Zwiebel mit dem übrigen Majoran bestreuen.

So viel Zeit muss sein: 2 $1/2$ Stunden, davon nur 30 Minuten wirklich was zu tun
Das schmeckt dazu: Salzkartoffeln
Kalorien pro Portion (8): 580

83

Lammkeule mit Knoblauch-Mandelkruste
Dufte Sache vom Blech

Für 4–6 zum Sattessen:

1 kg Lammkeule ohne Knochen

1 Zitrone

2 Bund gemischte Kräuter (z.B. Estragon,

Basilikum, Kerbel und Thymian)

10 EL Olivenöl

Pfeffer aus der Mühle

100 g geriebene Mandeln

2 Knoblauchzehen

2 Eier

Salz

800 g kleine Kartoffeln

$^1/_2$ Bund Rosmarin

1 Wenn an der Lammkeule grobe Fettadern oder eine Fettschicht obendrauf zu sehen sind, wegschneiden. Zitrone auspressen. Kräuter kalt abspülen, trockenschwenken und ganz fein hacken. Mit dem Zitronensaft, 5 EL Öl und etwas Pfeffer ergibt das eine Marinade, mit der die Lammkeule bestrichen wird und für 5 Stunden Ruhe bekommt.

2 Lammkeule vor dem Braten mit einem Küchentuch abtrocknen, damit es nicht zu sehr spritzt, wenn man sie in einem Bräter im übrigen Öl anbrät. Etwa 10 Minuten sollte man sich dafür Zeit nehmen. Den Backofen auf 180 Grad vorheizen (Umluft ist nicht ideal, weil Braten und Kartoffeln trocken werden).

3 Aus der restlichen Marinade, den Mandeln, dem zerdrückten Knoblauch und den Eiern eine Masse (die heißt auch Farce) rühren. Lammkeule etwas abkühlen lassen, salzen, auf ein tiefes Blech legen und mit der Masse bedecken.

4 Kartoffeln mit einer Bürste unter fließendem Wasser gründlich bürsten, halbieren oder vierteln und zum Lamm legen. Rosmarin waschen, abzupfen und mit Salz über die Kartoffeln streuen.

5 Lamm und Kartoffeln in den Ofen schieben und ca. 50 Minuten braten. Wer das Fleisch innen nicht rosa mag, gibt noch 10–15 Minuten dazu.

6 Lamm vor dem Anschneiden 10 Minuten ruhen lassen. Dann in Scheiben schneiden und mit den Kartoffeln auf den Tisch stellen.

So viel Zeit muss sein: 35 Minuten aktiv (+ 5 Stunden Ruhe + 50 Minuten Braten) Kalorien pro Portion (6): 680

Basic Tipp:

Zum kräftigen Lamm passt am besten auch ein Wein mit viel Aroma. Rot sollte er sein, etwa ein Rioja, ein Chianti riserva oder auch ein Burgunder, wenn es mal etwas zu feiern gibt.

Bratente mit Thymian
Gar nicht schwer

Für 4–6 hungrige Nager:

2 küchenfertige Enten (je etwa 1,8 kg schwer)

Salz, Pfeffer aus der Mühle

2 Bund Thymian

$^1/_4$ l Weißwein

$^1/_4$ l Geflügelfond oder -brühe

eventuell 6 EL Sahne

2 TL Speisestärke

1 Erst mal den Backofen auf 225 Grad vorheizen (Umluft etwas später ebenfalls auf 225 Grad einstellen). Jetzt die Enten vorbereiten: Fettstücke aus dem Inneren rauszupfen. Grobe Federkiele mit einer Pinzette zupfen. Die Enten unter fließend kaltem Wasser gut ausspülen, mit Küchenpapier trockentupfen, innen und außen mit Salz und Pfeffer einreiben. Thymian abbrausen und je 1 Bund in die Bauchhöhle stecken. Entenbeine über der Öffnung mit einem Küchenfaden zusammenbinden.

2 Die Enten mit der Brustseite nach unten auf das tiefe Backblech legen und in den Backofen (untere Mitte) schieben, Wein angießen und die Enten 15 Minuten braten.

3 Dann die Temperatur auf 200 Grad (Umluft 180 Grad) runterschalten und die Enten noch 1 $^1/_4$ Stunden braten. Schenkel ab und zu einpieksen – das Fett brät dann besser raus. Nach 30 Minuten Bratzeit Enten aus dem Blech heben, ausgebratenes Fett in eine Schüssel umgießen. Enten zurück in den Ofen schieben und fertig braten. Dabei mehrmals mit dem ausgetretenen Bratensaft und dem Fett durch ein Sieb begießen, damit die Haut schön knusprig wird.

4 Fertige Enten auf dem Rost und im ausgeschalteten Ofen nachziehen lassen. Blech auf den Herd setzen, Geflügelfond angießen und Röststoffe mit einem Spatel vom Blech kratzen. Bratenfond durch ein feines Sieb in einen Topf umgießen und entfetten – mit einem Löffel das oben schwimmende Fett vorsichtig abschöpfen. Die Sauce mit Salz und Pfeffer abschmecken und naturell zur Ente servieren. Oder nach Belieben sahnig abrunden. Dazu Sahne und Speisestärke verquirlen, einrühren und einige Minuten köcheln lassen, bis die Sauce gebunden ist. Salzen und pfeffern, Enten mit der heißen Sauce servieren.

So viel Zeit muss sein: 2 Stunden, davon 30 Minuten aktiv
Das schmeckt dazu: kleine Kartoffeln oder Kartoffelknödel, Möhren-Wirsinggemüse, Maronen und Äpfel – auch gemischt als Fülle
Kalorien pro Portion (6): 750 (mit Sahne)

Federvieh-Pfanne
Verleiht Flügel

Für 4 zum Sattessen:

1 große Gemüsezwiebel

100 g Petersilienwurzeln oder Pastinaken

1 Stange Lauch, 4 EL Rapsöl

800 g Hühnerbrustfilets

Salz, Pfeffer aus der Mühle

1 EL Mehl, 1 Bund Petersilie

200 ml Geflügelfond (aus dem Glas) oder Hühnerbrühe

150 g Crème fraîche

1–2 TL Edelsüß-Paprikapulver

1 EL Zitronensaft

1 Zwiebel und Petersilienwurzeln schälen und klein schneiden. Lauch putzen, waschen und möglichst fein schneiden.

2 Gemüse im Öl dünsten, Hühnerbrustfilets waschen, trockentupfen und auf das Gemüse legen. Mit Mehl bestäuben und bei schwacher Hitze einige Minuten schmoren lassen. Petersilie waschen, trockenschwenken, die Blätter von den Stielen abzwicken und hacken. Fond zum Hähnchen geben und die Petersilie drauf streuen. Zugedeckt bei schwacher Hitze 20 Minuten dünsten.

3 Hühnerbrust warm stellen. Das Gemüse wandert in ein Sieb und wird mit einer Suppenkelle ausgedrückt. Die Sauce, die dabei entsteht, mit Crème fraîche aufkochen, mit Paprikapulver, Zitronensaft, Salz und Pfeffer würzen. Hühnerbrust in Scheiben schneiden, mit der Sauce servieren.

So viel Zeit muss sein: 50 Minuten, davon 20 Minuten relaxed
Das schmeckt dazu: Reis
Kalorien pro Portion: 530

Hähnchenbrust mit Apfel-Lauch-Gemüse
Super-schnell

Für 4 zum Sattessen:
4 Hähnchenbrustfilets (jeweils etwa 150 g)
Pfeffer aus der Mühle
$^1/_2$ TL gemahlener Ingwer
1 EL Sonnenblumenöl
2–3 EL Butter
2 Stangen Lauch (500 g)
2 säuerliche Äpfel (z.B. Boskoop, Cox Orange)
Salz, frisch geriebene Muskatnuss
100 ml Gemüsebrühe

1 Die Hähnchenfilets kalt waschen und mit Küchenpapier gut abtrocknen. Rundherum mit Pfeffer und Ingwer einreiben. In einer großen Pfanne in 1 EL Öl und 1 EL Butter bei mittlerer Hitze auf beiden Seiten in insgesamt 12–15 Minuten goldbraun braten.

2 Zwischendrin die Lauchstangen putzen, gründlich auswaschen. Schräg in dünne Streifen schneiden. Äpfel vierteln, schälen, Kerngehäuse herausschneiden. Die Viertel quer in dünne Scheibchen aufschneiden.

3 Fleisch auf einen Teller legen und mit Alufolie abdecken. Nachziehen lassen. Das Bratfett weggießen. Übrige Butter in der Pfanne schmelzen. Lauch und Äpfel dazu, leicht salzen und pfeffern, kräftig mit Muskatnuss bestäuben. Brühe dazugießen und das Gemüse ohne Deckel bei schwacher Hitze 2–3 Minuten köcheln lassen – dabei hin und wieder rühren. Etwas Fleischsaft von den Hähnchenfilets dazugießen, einmal aufkochen. Hähnchenfilets nochmal in die Pfanne legen, salzen und richtig heiß werden lassen.

So viel Zeit muss sein: 25 Minuten
Das schmeckt dazu: Kartoffelpüree
Kalorien pro Portion: 285

Hirschsteaks mit Rosenkohl
Wild und fein

Für 4 Genießer:
600 g Rosenkohl, 100 g Sahne
Salz, Pfeffer aus der Mühle
frisch geriebene Muskatnuss
600 g Hirschkalb-Nuss
6 EL Rapsöl, 4 EL Rotwein
100 ml Wildfond (aus dem Glas)

1 Hat der Rosenkohl gelbe und welke Blätter, gibt es ein bisschen Arbeit beim Putzen. Die müssen nämlich weg. Danach den Rosenkohl in feine Streifen schneiden. In der Butter bei schwacher Hitze andünsten. Sahne zugeben, ungefähr 10 Minuten langsam einkochen lassen. Mit Salz, Pfeffer und Muskat würzen, warm stellen, bis das Fleisch fertig ist.

2 Hirsch in 3 cm dicke Scheiben schneiden und mit dem Handballen flacher drücken. Im Öl bei starker Hitze pro Seite 3 Minuten braten, salzen, pfeffern, warm stellen. Bratsatz mit dem Rotwein ablöschen, Wildfond dazuschütten. Bei stärkster Hitze unter Rühren einkochen lassen, mit Salz, Pfeffer und Muskat abschmecken.

So viel Zeit muss sein: 40 Minuten
Kalorien pro Portion: 435

Schollenfilet mit Estragon
Schön sahnig

Für 4 zum Sattessen:

Saft von 1 Zitrone

8 Schollenfilets

Salz, Pfeffer aus der Mühle

1 Zwiebel

30 g Butter + 30 g kalte Butter

150 ml Fischfond, 150 ml Weißwein

$^1/_2$ Bund Estragon, 150 g Sahne

1 Zitronensaft über die Schollenfilets träufeln. Mit Salz und Pfeffer bestreuen. Die Zwiebel schälen und klein würfeln. 30 g Butter in einer Pfanne bei schwacher Hitze glasig dünsten. Fischfond und Weißwein dazuschütten. Schollenfilets in die Pfanne legen, 8 Minuten ziehen lassen. Nicht kochen!

2 Estragon waschen, hacken. Fisch kurz warm stellen, Sud mit der Sahne pürieren und durchsieben. Kurz aufkochen, die kalte Butter in Flöckchen mit dem Schneebesen unterrühren. Estragon dazu, salzen, pfeffern und mit den Schollenfilets servieren.

So viel Zeit muss sein: 25 Minuten
Das schmeckt dazu: Reis
Kalorien pro Portion: 370

Schellfisch im Bier-Backteig
Immer wieder fein

Für 4 zum Sattessen:

Für die Remouladensauce:

1 frisches Ei, Salz

1 TL mittelscharfer Senf

1 EL Zitronensaft, 150 ml Olivenöl

1 kleine Essiggurke

1 Sardellenfilet, 4 Stängel Petersilie

1 TL Kapern, Pfeffer aus der Mühle

Für den Fisch:

2 Eier, 150 g Mehl

200 ml Bier, Salz, Pfeffer aus der Mühle

1 Zitrone, 4 Schellfischfilets (etwa 800 g)

500 g Frittierfett

1 Zum Schellfisch schmeckt eine Remouladensauce. Am besten selbst gemacht! Vom frischen Ei nur das Eigelb nehmen und mit etwas Salz, Senf und $^1/_2$ EL Zitronensaft verrühren. Den Quirl zu Hilfe nehmen. Die Eigelbmasse verrühren, einige Tropfen Öl dazugeben und unterrühren, dann noch einige mehr, dann allmählich einen feinen Strahl einrühren. Immer muss sich das Öl sofort mit der Eigelbmasse verbinden. Zum Schluss restlichen Zitronensaft unterrühren.

2 Essiggurke und Sardellenfilet klein schneiden. Petersilie waschen, trockenschwenken und fein hacken. Mit Gurke, Sardelle, Kapern und Pfeffer unter die Mayonnaise rühren, fertig ist die Remoulade.

3 Zum Fisch: Für den Teig die Eier trennen. Eigelbe mit Mehl und Bier zu einem dicken Teig verrühren, mit Salz und Pfeffer würzen und ungefähr 30 Minuten ruhen lassen.

4 Zitrone auspressen und über die Fischfilets träufeln. Mit Salz und Pfeffer würzen. Frittierfett erhitzen. Taucht man den Stiel eines Holzlöffels ins Öl, müssen Bläschen aufsteigen. Eiweiße steif schlagen und unter den gequollenen Teig heben. Ein oder zwei Fischfilets eintauchen, rausheben und ins heiße Fett legen (Achtung, das Fett kann spritzen!) und in einigen Minuten goldgelb ausbacken. Auf eine dicke Schicht Küchenpapier heben und das Fett abtropfen lassen. Die übrigen Filets auch so frittieren. Mit der Sauce essen.

So viel Zeit muss sein: 45 Minuten
Das schmeckt dazu: Kartoffelsalat
Kalorien pro Portion: 795

Forelle mit Zitronenbutter
Mach mal blau!

Reicht für 4:

1 Zwiebel, 50 g frischer Ingwer

1 Bund Suppengrün, $^1/_4$ l Weißweinessig

200 ml Weißwein, Salz, 1 Bund Petersilie

4 ganz frische ausgenommene Forellen

4 EL Zitronensaft

150 g Butter, 1 unbehandelte Zitrone

1 Zwiebel, Ingwer und Suppengrün schälen und in Scheiben schneiden. Mit Essig, Wein, 1 $^1/_2$ l Wasser, 2 EL Salz und der Petersilie aufkochen und bei schwacher Hitze mindestens 30 Minuten ziehen lassen.

2 Die Forellen kalt abspülen, aber auf keinen Fall schuppen, sonst wird der Fisch nicht blau. Fisch mit dem Zitronensaft übergießen und in den heißen Sud legen. Die Flüssigkeit darf kurz fast aufkochen, dann aber die Hitze drosseln und die Fische im geschlossenen Topf etwa 15 Minuten ziehen lassen.

3 Schnell noch die Zitronenbutter gemacht: Butter ganz sanft flüssig werden lassen. Zitrone heiß waschen, Schale sehr fein abreiben. Zitrone auspressen, Schale und Saft in die flüssige Butter rühren. Fisch herausheben, mit Zitronenbutter begießen.

So viel Zeit muss sein: 55 Minuten, mit vielen kleinen Pausen
Das schmeckt dazu: Salzkartoffeln
Kalorien pro Portion: 530

Fischstäbchen mit grüner Sauce
Handgemacht!

Reicht für 4:

Für die grüne Sauce:

3 Eier, 1 Zitrone

2 Bund gemischte Kräuter, 1 Schalotte

1 l mittelscharfer Senf

3 EL Rapsöl

1 EL Kapern, 2 EL saure Sahne

Salz, Pfeffer aus der Mühle

Für die Fischstäbchen:

600 g Viktoriabarschfilet

4 Eier, 250 g Semmelbrösel

1 Prise gemahlener Koriander

frisch geriebene Muskatnuss

Salz, Pfeffer aus der Mühle

2 EL Mehl, 3–4 EL Rapsöl zum Braten

1 Für die grüne Sauce die Eier 10 Minuten hart kochen. Die Zitrone auspressen. Die Kräuter waschen, trockenschwenken, möglichst fein hacken. Schalotte schälen und ebenfalls ganz fein schneiden.

2 Eier pellen, Eiweiß abtrennen und fein würfeln, Eigelb mit der Gabel zerdrücken und mit Schalotte, Kräutern, Senf, Zitronensaft und Öl verrühren. Eiweiß, Kapern und saure Sahne untermischen, salzen, pfeffern.

3 Fischfilets mit dem Pürierstab grob zerkleinern. 2 Eier und 100 g der Semmelbrösel dazugeben, damit die Masse zusammenhält. Damit die Stäbchen nicht nach Brötchen schmecken, kommt noch Koriander, Muskat, Salz und Pfeffer dran.

4 Die Fischmasse auf ein Blech streichen, ungefähr 1 $^1/_2$ cm dick und 16 Stäbchen ausschneiden. Für die Panade Mehl, die 2 übrigen Eier (verquirlt) und die restlichen Semmelbrösel jeweils in Teller füllen. Fischstäbchen im Mehl wenden, leicht abklopfen. Durch die Eier ziehen, abtropfen lassen und mehrmals in den Semmelbröseln wenden.

5 Öl in einer Pfanne erhitzen. Darin verwandeln sich die etwas klebrigen Fischstäbchen nach wenigen Minuten in knusprige Leckerbissen (von allen Seiten braten).

So viel Zeit muss sein: 1 $^1/_4$ Stunden
Das schmeckt dazu: Kartoffelsalat
Kalorien pro Portion: 660

Gefüllte Kohlrabi
Viel drin, viel dran

Gemüse aushöhlen und mit Hack-Füllungen stopfen, das klingt nach Mamas Küche: gut und ein wenig altmodisch. Die »Behälter« sind gleich geblieben, aber innen hat sich was getan ...

Für 4 hungrige Gemüseschnitzer:

8 junge Kohlrabi (jeder 250–300 g schwer)

Salz

1 Kalbsschnitzel (etwa 200 g)

¹/₂ Bund Petersilie

2 Schalotten

2 EL Butter

1 Brötchen vom Vortag

250 g mageres Rinderhackfleisch

1 Ei

Pfeffer aus der Mühle

etwas abgeriebene Schale von

1 unbehandelten Zitrone

¹/₄ l Gemüsebrühe

150 g Sahne

2 TL Speisestärke

1 Die Kohlrabi schälen, das zarte Grün abschneiden und beiseite legen. In einem Topf 1 ¹/₂ l Salzwasser aufkochen, ganze Kohlrabi darin 20 Minuten leicht köcheln lassen, dann abgießen und gut abtropfen lassen.

2 In der Zwischenzeit das Schnitzel trockentupfen und in ganz kleine Würfel schneiden, ja fast hacken. Petersilie waschen, trockenschütteln und hacken, Kohlrabigrün in feine Streifen schneiden. Die Schalotten pellen und fein würfeln, in 1 EL Butter glasig dünsten. Das Brötchen in lauwarmem Wasser einweichen.

3 Das Kalbfleisch mit dem Hackfleisch, den Schalotten, Petersilie, Kohlrabigrün und Ei verkneten. Das Brötchen ausdrücken und auch untermischen. Kräftig mit Salz, Pfeffer und Zitronenschale würzen.

4 Von jedem Kohlrabi einen flachen Deckel abschneiden. Das Innere mit einem kleinen Messer oder Kugelausstecher rausschnitzen und in kleine Würfel schneiden. Kohlrabi mit der Fleischmischung füllen, den Kohlrabideckel wieder draufsetzen.

5 In einem großen, breiten Schmortopf die übrige Butter erhitzen, Kohlrabiwürfel darin andünsten. Brühe angießen, Kohlrabi in den Topf setzen, Deckel auflegen. Kohlrabi bei mittlerer Hitze etwa 30 Minuten schmoren.

6 Die Sahne mit der Speisestärke verquirlen. Kohlrabi rausholen, Sahnemischung einrühren und in etwa 5 Minuten sämig einkochen lassen.

So viel Zeit muss sein: aktiv sein 50 Minuten, relaxen 30 Minuten
Das schmeckt dazu: Kartoffelpüree, Pellkartoffeln, Reis oder Weißbrot, ein leichter trockener Weißwein
Kalorien pro Portion: 500

Varianten:

Gefüllte Gurken mit Feta-Hack

4 mittelgroße Schmorgurken (je etwa 300 g schwer) schälen, längs halbieren, Kerne mit dem Teelöffel rausschaben. Gurken salzen und pfeffern, mit 2 EL Zitronensaft beträufeln. 100 g Reis in Salzwasser 10 Minuten kochen, abgießen. 100 g Schafkäse würfeln, 1 Zwiebel und 1 Knoblauchzehe schälen und fein hacken. 1 Bund Dill waschen und hacken. 350 g gemischtes Hackfleisch mit Reis, Schafkäse, Dill, Zwiebel, Knoblauch und 1 Ei verkneten. Mit Salz, Pfeffer und rosenscharfem Paprikapulver würzen. Gurken bergartig füllen. 500 g Tomatenpüree (aus Dose oder Packung) mit ¹/₈ l Gemüsebrühe in einer Gratinform verrühren, salzen und pfeffern. Gurken reinsetzen und im Ofen bei 200 Grad (Umluft: 180 Grad) 30 Minuten backen. Dazu schmeckt frisches Fladenbrot.

Gefüllte Kürbisse mit Bulgur

6–8 Rondini (kleine, grüne Kürbisart, die wie runde Zucchini aussieht) quer halbieren, die Kerne mit einem Löffel rauskratzen. 150 g Bulgur mit ¹/₄ l kochender Gemüsebrühe übergießen, 10 Minuten quellen lassen. 2 Möhren schälen und raspeln, 1 Zwiebel und 1 Knoblauchzehe schälen und fein würfeln. 1 Bund Petersilie waschen und hacken. Bulgur mit der Gabel auflockern, Möhren, Zwiebel, Knoblauch und Petersilie druntermischen. Mit je 1 TL getrocknetem Thymian und Majoran würzen. Mischung in die Rondinihälften füllen, in die Fettpfanne setzen und ¹/₂ l Gemüsebrühe angießen. Im Ofen bei 180 Grad (Umluft 160 Grad) etwa 1 Stunde backen. Dazu schmeckt Tomatensauce.

Frühlings-
zwiebelkuchen
Vom Blech weg
servieren

Für 4 zum Sattessen:

350 g Mehl + Mehl zum Ausrollen

$^1/_2$ Würfel Hefe (oder 1 Tütchen Trockenhefe)

Salz, 1 EL Öl

4–5 Bund Frühlingszwiebeln (je nach Größe)

3–4 Zwiebeln (300 g)

150 g Bacon (Frühstücksspeck)

1 EL Butter + Butter zum Einfetten

Pfeffer aus der Mühle

250 g Schmand (oder 150 g Crème fraîche

mit 100 g saurer Sahne verrührt)

2 Eier, frisch geriebene Muskatnuss

1 Den Hefeteig vorbereiten: Das Mehl in eine Schüssel schütten, in die Mitte eine Mulde drücken. Die frische Hefe mit 2 EL lauwarmem Wasser glattrühren, in die Mulde zum Mehl gießen. (Trockenhefe gleich mit dem Mehl mischen.) $^1/_2$ TL Salz, Öl und 200 ml fast lauwarmes Wasser dazu gießen und alles mit den Händen oder Knethaken zu einem geschmeidigen Teig verarbeiten. Teig zugedeckt ca. 45 Minuten ruhen lassen, bis er sein Volumen verdoppelt hat.

2 In der Zwischenzeit den Zwiebelbelag zubereiten. Die Frühlingszwiebeln putzen, welke Blätter abziehen, die Wurzelbüschel abschneiden, Frühlingszwiebeln waschen und in feine Ringe schneiden. Zwiebeln pellen, halbieren und in dünne Streifen schneiden. Speck auch in Streifen schneiden.

3 Butter in einer großen Pfanne schmelzen, darin die Zwiebelstreifen und den Speck etwa 10 Minuten dünsten, bis die Zwiebeln glasig sind. Frühlingszwiebeln dazu, mitdünsten, aber möglichst wenig umrühren, damit die Ringe ganz bleiben. Masse salzen und pfeffern, etwas abkühlen lassen.

4 In einer Rührschüssel Schmand, Eier, Salz, Pfeffer und Muskat verrühren, Zwiebel-Speckmasse untermischen.

5 Den Backofen auf 200 Grad vorheizen (etwas später: Umluft 180 Grad). Ein Backblech einfetten. Den Teig aus der Schüssel nehmen und nochmals mit den Händen durchkneten. Falls nötig, noch etwas Mehl einarbeiten. Teig direkt auf dem Backblech ausrollen. Den Zwiebelbelag drauf verteilen. Auf der mittleren Stufe 35–40 Minuten backen.

So viel Zeit muss sein: 1 Stunde
(+ 35–40 Minuten Backzeit)
Das schmeckt dazu: trockener Weißwein,
Neuer Wein
Kalorien pro Portion: 650

Semmelknödel
mit Pilzsahne
Geniale Brotverwertung

Für 4 zum Sattessen:

6 Brötchen vom Vortag oder 200 g trockenes Weißbrot

200 ml Milch

2 Zwiebeln

3 EL Butter

1 Bund Petersilie

600 g frische Pilze (z.B. Champignons, Egerlinge) oder besonders edel: frische Waldpilze (z.B. Steinpilze, Pfifferlinge)

2–3 EL Zitronensaft

2 Möhren

3 Eier

Salz, Pfeffer aus der Mühle

frisch geriebene Muskatnuss

2 TL Mehl

$^1/_4$ l Gemüsebrühe

200 g Sahne

1 Brötchen oder Brot in dünne Scheibchen schneiden, in eine große Schüssel legen. Milch fast kochen lassen, drübergießen und zugedeckt 30 Minuten quellen lassen.

2 In der Zwischenzeit Zwiebeln schälen, fein würfeln und die Hälfte davon in 1 EL Butter glasig dünsten. Vom Herd nehmen. Petersilie waschen, trockenschütteln und erst mal nur die Hälfte fein hacken. Die Pilze abreiben und in dünne Scheiben schneiden, sofort mit 2 EL Zitronensaft beträufeln. Möhren schälen und schräg in dünne Scheiben schneiden.

3 Gedünstete Zwiebeln, gehackte Petersilie und Eier zu den Semmeln geben. Mit Salz, Pfeffer und Muskat kräftig würzen und alles mit den Händen ordentlich verkneten.

4 Jetzt schon mal 2 l Salzwasser aufkochen. Hände nass machen und aus der Semmelmasse 8 große oder 16 kleine Knödel formen. Ins kochende Wasser legen und bei schwacher Hitze 20 Minuten ziehen, aber nicht kochen lassen.

5 Restliche Butter in einer großen Pfanne zergehen lassen. Übrige Zwiebelwürfel darin glasig dünsten. Möhrenscheiben kurz mitbraten. Pilze einrühren, 5 Minuten braten, salzen und pfeffern. Mit Mehl bestäuben, Brühe und Sahne angießen und alles 10 Minuten leise köcheln lassen. Mit Salz, Pfeffer und etwas Zitronensaft abschmecken.

6 Knödel abtropfen lassen und auf der Pilzsahne anrichten. Übrige Petersilie hacken und obendrauf streuen.

So viel Zeit muss sein: 1 Stunde
Das schmeckt dazu: grüner Salat
Kalorien pro Portion: 500

Chicorée im Schinkenmantel
Einfach de luxe

Für 4 Gourmets:

Salz, 8 Chicorée (1,5 kg)

3 EL Butter + Butter für die Form

2 EL Mehl, 1/4 l Milch

Salz, Pfeffer aus der Mühle

1 Prise Cayennepfeffer

70 g Hartkäse (z.B. Gouda, Greyerzer)

1 Orange (mit unbehandelter Schale)

8 Scheiben gekochter Schinken (300 g)

3 EL geschälte geriebene Mandeln

1 In einem Topf reichlich Salzwasser aufkochen. Chicorée waschen, verwelkte Außenblätter abbrechen und den bitteren Strunk keilförmig rausschneiden. Chicoréekolben ins Kochwasser tauchen, 1 Minute sprudelnd kochen lassen (blanchieren!). Mit der Schaumkelle rausheben, im Sieb kalt abschrecken und gut abtropfen lassen. Vom Chicorée-Kochsud 1/4 l abschöpfen.

2 In einem Topf 2 EL Butter schmelzen, das Mehl unterrühren und bei mittlerer Hitze nur hellgelb anrösten, nicht zu dunkel werden lassen. Chicoréesud und Milch angießen, alles mit dem Schneebesen kräftig verrühren. Mit Salz, Pfeffer und Cayennepfeffer würzen. Aufkochen und offen 10 Minuten leise köcheln lassen.

3 Den Backofen auf 225 Grad vorheizen (etwas später einstellen: Umluft 200 Grad). 50 g Käse fein reiben und in der Sauce schmelzen lassen – sie muss richtig schön dickflüssig sein. Orange heiß waschen, abtrocknen, die Schale abreiben und unterrühren. Sauce mit Salz, Pfeffer und einigen Spritzern Orangensaft abschmecken.

4 Eine große Gratinform mit Butter einfetten. Chicoréekolben in je 1 Scheibe Schinken rollen und in die Form legen. Orangen-Béchamelsauce drüber gießen. Übrigen Käse grob raspeln, mit den Mandeln obendrauf streuen. Übrige Butter als Flöckchen darauf setzen. Form auf der mittleren Schiene in den Ofen schieben, Chicorée in 30–40 Minuten schön knusprig überbacken.

So viel Zeit muss sein: 45 Minuten (+ 30–40 Minuten Backzeit)
Dazu schmeckt dazu: Reis oder Kartoffeln
Kalorien pro Portion: 415

Die
Kosmopol

Genuss goes global

iten

Alles mal ausprobieren! Zumindest auf dem Herd, oder besser gesagt beim Kochen mit Fleisch, Fisch, Kräutern, Gemüse ... aus aller Herren und Frauen Länder. Niemanden und nichts ausgrenzen. Alles muss nicht allen schmecken, aber jeder hat die Freiheit, die Deckel von vielen Töpfen zu lüpfen und frei Schnauze für seine eigenen Rezepte zu adoptieren, was die internationale Küche hergibt. Was herauskommt, ist eine individuelle Spezialitätenküche statt eines langweiligen Allerweltsessens. Nur Mut!

Nur ja nicht aufhören, neugierig zu sein. Neues entdecken wollen, fremde Geschmäcker erspüren und genussvoll experimentieren: Saté-Spieße stecken, Kaninchen schmoren, Pfefferminz-Kartoffel-püree probieren, Renke mit Kokos dämpfen, Hummus pürieren. Alles ganz einfach, alles spannend und alles lecker. Versprochen!

Ruedi Frei, Gastronom, Restaurant
Waldmannsburg, Dübendorf-Zürich

**Was hat sich seit dem
BSE-Skandal geändert?**
Unsere Gäste essen weniger und besseres
Rindfleisch. Sie interessieren sich mehr
dafür und sind auch bereit, mehr zu zah-
len. Wir suchen deshalb Bauern, die uns
langfristig bestes Fleisch (zum Beispiel
Angus-Rinder) in Bioqualität liefern.

**Sind neue Trends in der
Gourmet-Küche erkennbar?**
Bekannte Köche verändern ihren Stil über
die Jahre meist nur wenig. Doch junge
Köche müssen sich erst etablieren. Das
geht oft über einen neuen Stil wie Fusion-
Cuisine, East meets west, junge Wilde. Bei
uns gibt's den Trend zur hohen Küchen-
und Weinqualität in casual-Ambiente.

Wie kochen Sie am liebsten?
Ich mag eine solide klassische Grundlage,
in die Trends mit einfließen wie California,
Mittelmeer, Alpenküche. Dazu die passen-
den Weine und – auch ganz wichtig – die
Deko. Küche ist nicht alles!

**Gibt es Produkte, die
selbst ein guter Koch
lieber selbst einkauft
als selbst macht?**
Klar, man kann nicht alles in der eigenen
Küche herstellen. Wir kennen zum
Beispiel zwei tolle Familienbetriebe
mit Super-Pasta. Da können wir schwer
mithalten und holen uns die Teigwaren
frisch von dort.

**Wie sieht ein Lokal aus,
in dem Sie gern essen?**
Total tagesabhängig. Nach welcher Küche,
welchen Menschen, welchem Ambiente
mir gerade ist. Vielleicht die Kalbshaxe in
der Landbeize, der Spaghetti-Plausch
beim Edelitaliener oder eine Kleinigkeit in
der Tapasbar.

Was wir vom Weltenbummler lernen können:

Selbst wenn bei Touristenmenüs mit Übersetzungshilfe auf
der Speisekarte die Auswahl leichter fällt, unbedingt
Touri-Lokale meiden. Klöße und Kotelett kann man besser
nach dem Urlaub essen. Machen Sie es zu einem täglichen
Urlaubserlebnis, in Restaurants in fremden Ländern ein Menü
zu bestellen auch ohne zu wissen, was Suppe, Ei, Brot,
Schweinefleisch oder Rinderbraten heißt. Wozu gibt es Hände
und Füße, Phantasie und einen netten Kellner, der ihnen
gerne die Spezialitäten des Hauses gestenreich erklärt.
Sharade im Restaurant.

**Augen weit auf – aber
nicht den Mund!**
Je weiter wir weg fahren, desto exotischer
die Märkte und interessanter die Küche.
Basare, Kräuter- und Gewürzstände,
Gemüsehändler und Obstverkäufer. Ein
Paradies. Doch besser nur zum Anschau-
en und Riechen. Wer mal hier oder mal
dort probiert, holt sich schnell unbekannte Bakterien, die dann für Tage den
Urlaub verderben können. Deshalb alles
anschauen, aber nicht alles essen!

**Inspiration statt
Imitation**
Fremde Küchen originalgetreu nachko-
chen zu wollen, wem kann das gelingen.
Man ist weder Profikoch noch hat man die
frischen Spezialzutaten im Haus. Deshalb
keinen falschen Ehrgeiz entwickeln und
am Ende Frust erleben. Besser die Idee
der Urlaubsküche in die eigenen Lieb-
lingsrezepte einbauen. Neu entdeckte mit
alten Zutaten mixen. Den bekannten
Schweinebraten mit der südländischen
Sauce servieren. Nicht einfach nachma-
chen, sondern einfach neu machen.

Rezepte besser schon vor der Reise ausprobieren
Bereits beim Planen der Ferien sich ein bisschen Urlaub schmecken lassen. Deshalb vorher
ein Kochbuch mit Rezepten des Ferienzieles kaufen und die besten Rezepte schon mal aus-
probieren. Vorfreude zum Aufessen. Positiver Nebeneffekt: Man erspart sich die üblichen
Sprachprobleme mit den Speisekarten des Urlaubslandes. Außerdem kennt man schon seine
Lieblingsgerichte und kann die Restaurantauswahl danach treffen.

natur pur

Wer liebt nicht Fondue, Raclette, den Wok und den heißen Stein? Die »Feuerstelle« in der Mitte. So kennt man es aus den Küchen vieler Kulturen. Schon die Steinzeitmenchen saßen in der Runde zusammen. Alles wird klein geschnitten und dann gemeinsam schnell gegart. Die natürlichste Art, zu genießen. Jede steife Atmosphäre ist verflogen, sobald in der Wokpfanne gewirbelt wird oder jeder seine Gabel im Fonduetopf hat. Ungezwungener, natürlicher kann man Lebensmittel nicht kochen. Alle Kombinationen von Gemüse, Fisch oder Fleisch sind erlaubt. Keiner bleibt außen vor und nirgendwo ist es gemütlicher.

ein gutes Stück Natur

Reis

wieso:
... weil es nichts Unkomplizierteres gibt, als Reis zu kochen.
... weil er zu fast allem passt.
... weil er süß, pikant und auch sehr scharf gut schmeckt.
... weil es unendlich viele Reissorten gibt, und man Reis immer wieder neu entdecken kann.
... weil man ihn schon als Kind gerne mochte.
... weil es ihn überall auf der Welt gibt.

wie:
... einfach ein Teil Reis, zwei Teile kochende Flüssigkeit, geringe Hitze, quellen lassen.
... Garflüssigkeit immer mal ändern: Wasser, Milch, Brühe, Schwarztee, Pfefferminztee.
... im Dampf garen, wenn man Zeit hat.
... als Risotto in heißem Öl dünsten, dann nach und nach in Brühe quellen lassen.
... in sprudelndes Wasser geben und fertig gegart durch ein Sieb gießen.

wann:
... immer: Milchreis am liebsten schon zum Frühstück.
... in jedem Land anders: Risotto, Sushi, Paella, Pilaw, Nasi Goreng.
... allein einfach etwas Reis mit Gemüse, zu zweit mit rohem Fisch beim Japaner und in der Paellapfanne bei großen Runden.

womit:
... alles ist denkbar: Zucker + Zimt, Fleisch, Fisch, Gemüse, Trockenobst, Kompott, Saucen, Suppen, ... ohne Tabus
... immer mit großem Appetit
... aber nie solo

20 % des Geldes, das wir in Kneipen, Kantinen und Restaurants lassen, geben wir für ausländische Spezialitäten aus.

Kürbis-Risotto mit Shiitake-pilzen
East meets Italy

Wer auch bei 30 Grad im Schatten Lust auf Risotto verspürt, probiert's einfach mit Sommerkürbis: Zucchino? Pardon, Zucchini!

Für 4 Hungrige:

800 g Kürbis (z.B. der leuchtend orangefarbige Muskatkürbis)

1 Zwiebel

1 walnussgroßes Stück Ingwer

etwa $^3/_4$ l Gemüsebrühe

2 EL Butterschmalz

300 g Risottoreis (am besten schmeckt der Arborio- oder Vialone-Reis)

Salz, Pfeffer aus der Mühle

1 Schuss trockener Weißwein

150 g frische Shiitakepilze (Egerlinge sind auch o.k.)

1 Bund Koriandergrün (es darf auch Petersilie sein)

1 EL Olivenöl

75 g frisch geriebener Parmesan

Cayennepfeffer

1–2 EL Limetten- oder Zitronensaft

1 Kürbis schälen, Kerne und faserige Teile rausschneiden. Das Fruchtfleisch in gleich große Würfel, so um die 1–2 cm schneiden. Zwiebel und Ingwer schälen und fein würfeln.

2 Die Brühe erhitzen und auf dem Herd heiß halten. In einem großen Topf das Butterschmalz zerlaufen lassen. Zwiebel und Ingwer reinrühren und kurz andünsten. Kürbis dazu, bei schwacher Hitze anbraten. Reis gründlich unter den Kürbis mischen und bei schwacher Hitze glasig werden lassen. Mit Salz und Pfeffer würzen. Mit Weißwein ablöschen. Köcheln lassen, bis er verdampft ist, dann mit einer Suppenkelle nach und nach die heiße Brühe zum Reis gießen und im offenen Topf bei mittlerer Hitze 25–30 Minuten köcheln lassen, bis der Reis weich ist.

3 Zwischendurch schon mal die Pilze vorbereiten: Stiele rausschneiden und wegwerfen, Pilzkappen in dünne Scheibchen schneiden. Koriander kurz abbrausen, vorsichtig trockenschütteln. Die zarten Blättchen abzupfen.

4 Kurz bevor der Risotto fertig ist, Olivenöl in einer Pfanne erhitzen. Die Pilze drin 2–3 Minuten braten. Hälfte vom Parmesan und halbe Menge Koriander vorsichtig unter den Reis mischen, mit Salz, Cayennepfeffer und Limettensaft abschmecken. Shiitakepilze obendrauf verteilen, mit übrigen Korianderblättchen garnieren. Restlichen Parmesan getrennt dazu reichen.

So viel Zeit muss sein: 45 Minuten
Das schmeckt dazu: Sambal oelek, Sojasauce
Kalorien pro Portion: 600

Lauch-Hähnchen-Salat mit Curry
Beflügelnd

Für 4 zum Sattessen:

2 Möhren

2 säuerliche Äpfel

1 Orange

3 EL Rosinen

400 g Hähnchenbrustfilets

150 ml + 1 EL Apfelsaft

50 ml Sojasauce

2 EL Rapsöl

1 EL Zitronensaft

150 g Jogurt

Salz, Pfeffer aus der Mühle

mildes Currypulver

800 g Lauch

Salz

1 Die Möhren und Äpfel schälen, aus den Äpfeln auch die Kerngehäuse herausschneiden. Möhren und Äpfel fein raspeln. Die Orange auspressen und den Saft mit den Rosinen unter die Äpfel-Möhren-Raspeln mengen. Das Hähnchenfleisch gründlich waschen, kurz in 150 ml Apfelsaft und Sojasauce einlegen. Abtropfen lassen und im heißen Rapsöl bei mittlerer Hitze von jeder Seite so ungefähr 5 Minuten braten.

2 In der Zeit schon mal eine Salatsauce aus 1 EL Apfelsaft, Zitronensaft und Jogurt verrühren, mit Salz, Pfeffer und nicht zu wenig Currypulver würzen.

3 Das kurze Wurzelende und das lange dunkelgrüne Ende der Lauchstange gehört dem Kompost. Den Rest am besten längs einschneiden, so lässt sich der Sand zwischen den Blätter am gründlichsten unter dem fließenden Wasser rauswaschen. Den Lauch als Ganzes in Salzwasser 3–4 Minuten blanchieren, abtropfen lassen und klein schneiden.

4 Das lauwarme Hähnchenfleisch in schmale Streifen schneiden, schnell mit dem noch lauwarmen Lauch, der Möhrenraspelmischung vermengen und die Jogurtsauce darübergeben. Etwa 5 Minuten ziehen lassen.

So viel Zeit muss sein: 35 Minuten
Das schmeckt dazu: knuspriges Baguette
Kalorien pro Portion: 265

Spaghetti mit Spinat-Pesto
Ganz schön flott!

Vom Pesto am besten die doppelte Menge als Vorrat anlegen – mit dem Pürierstab oder im Mixer geht's ganz schnell – und ins Schraubglas füllen. Mit Olivenöl bedeckt hält's sich im Kühlschrank bis zu 3 Wochen.

Reicht für 4:

150 g junger Spinat

1 Handvoll frische Rucolablätter

1 Knoblauchzehe

50 g Pinienkerne (oder Sonnenblumenkerne)

Salz

50 ml bestes Olivenöl

50 g frisch geriebener Parmesan

schwarzer Pfeffer aus der Mühle

1–2 TL Aceto balsamico

500 g Spaghetti

3 Tomaten

1 Spinat und Rucola in einem Sieb kurz abbrausen, alle welken Blätter aussortieren und grobe Stiele abknipsen. Die Blätter gut abtropfen lassen oder besser noch in der Salatschleuder trockenschleudern. Knoblauch schälen und grob hacken.

2 Jetzt braucht man einen elektrischen Diener, z.B. Mixer, Blitzhacker oder Pürierstab. Da kommt alles rein: Spinat, Rucola, Knoblauch und Pinienkerne oder Sonnenblumenkerne. Bei mittlerer Stufe alles fein pürieren und schon etwas salzen. Nach und nach das Öl reinfließen lassen. Parmesan drunter mischen. Pesto mit Salz, Pfeffer und Balsamico würzen. Fertig!

3 In der Zwischenzeit in einem großen Topf 5 l Wasser aufkochen, 2 EL Salz rein. Die Nudeln dazu und in 7–8 Minuten bissfest kochen.

4 Tomaten waschen, vierteln, entkernen und in kleine Würfel schneiden. Pesto mit 2–3 EL Nudelkochwasser schön geschmeidig rühren. Die Nudeln abgießen, Tomaten unterheben. Anrichten und je 1 Klecks Pesto obendrauf verteilen. Bei Tisch untermischen und schnell essen, damit die Nudeln nicht kalt werden.

So viel Zeit muss sein: 30 Minuten
Das schmeckt dazu: Parmesan frisch darüber reiben, statt Nudeln passen auch Pellkartoffeln oder Reis
Kalorien pro Portion: 665

Petersilien-wurzelsuppe
Mit Chili-Croûtons

Für 4 davor:

1 Zwiebel, 500 g Petersilienwurzeln

100 g Mandeln, 1 EL Rapsöl

4 Scheiben Toastbrot

Chilipulver, 100 g Crème fraîche

Salz, Pfeffer aus der Mühle

1 Die Zwiebel schälen und klein schneiden. Die Petersilienwurzeln schälen und in Scheiben schneiden.

2 Die Mandeln grob hacken und in einem großen Topf ohne Fett anrösten. Die klein geschnittene Zwiebel und Petersilienwurzeln kommen mit etwas Öl dazu und werden bei schwacher Hitze gedünstet, Rühren bewahrt vorm Anbrennen. Mit 1 l Wasser ablöschen.

3 Die Suppe darf jetzt 30 Minuten bei schwacher Hitze im geschlossenen Topf vor sich hinköcheln. Genug Zeit für die Croûtons: Von den Toastscheiben ringsum die Rinden abschneiden, die Scheiben in nicht zu große Würfel schneiden. In einer Pfanne ohne Fett goldbraun rösten. Mit Chilipulver bestäuben, raus aus der Pfanne!

4 Zurück zur Suppe. Pürieren, mit Crème fraîche verrühren, salzen, pfeffern, mit Croûtons bestreuen.

So viel Zeit muss sein: 45 Minuten
Kalorien pro Portion: 360

Artischocken mit Mango
Ziemlich fein

Für 4 als Vorspeise:

1 große Mango, 2 Estragonzweige

2 TL Erdnussmus, 4 TL Himbeeressig

2 TL Nussöl (Walnuss- oder Erdnussöl)

Salz, Pfeffer aus der Mühle

Currypulver, 1 Zitrone

4 mittelgroße Artischocken

1 Die Mango schälen, Fruchtfleisch vom Stein trennen. Estragon waschen, klein schneiden und mit dem Mangofruchtfleisch und dem Erdnussmus pürieren, Essig und das Nussöl zugeben. Mit Salz, Pfeffer und etwas Currypulver abschmecken.

2 Die Zitrone auspressen. Artischocken waschen, den Stiel abbrechen und die äußeren Blattspitzen mit einer Schere kappen. Die Artischocken sofort in reichlich Wasser

plus Zitronensaft geben und 30–45 Minuten kochen. Zur Probe ein Blatt rausziehen: wenn's leicht geht, sind sie fertig.

3 Die Artischocken kurz abtropfen lassen und dann darf mit den Fingern gegessen werden: Blätter abzupfen, den dicken Teil in die Vinaigrette tauchen und die Blätter genüsslich durch die Zähne ziehen. Heu entfernen und den fleischigen Boden genießen.

So viel Zeit muss sein: 55 Minuten
Kalorien pro Portion: 165

Asia-Nudeln aus dem Wok
Im Handumdrehen fertig

Für 4 wirbelige Hungrige:

250 g Tofu, 3 4 EL Sojasauce

2 TL Sesamöl, 2–3 EL Zitronensaft

250 g asiatische feine Eiernudeln

Salz, 1 Bund Frühlingszwiebeln

200 g Mungobohnensprossen

2 rote Paprikaschoten

1 kleines Stück frischer Ingwer

2 Knoblauchzehen, 4 EL Öl

schwarzer Pfeffer aus der Mühle

3–4 EL Gemüsebrühe

1 Den Tofu in 1–2 cm kleine Würfel schneiden. 3 EL Sojasauce, Sesamöl und 2 EL Zitronensaft verrühren, Tofuwürfel reinlegen und 30 Minuten ziehen lassen.

2 Die Nudeln in kochendes Salzwasser werfen. Sie sind rucki, zucki, schon nach 2–3 Minuten gar! In ein Sieb abgießen und gut abtropfen lassen. Die Frühlingszwiebeln waschen, putzen und in feine Ringe schneiden. Sprossen kalt abbrausen. Paprika waschen, in feine Streifen schneiden. Ingwer und Knoblauch schälen und fein würfeln.

3 Wok auf dem Herd sehr heiß werden lassen, 2 EL Öl mit einem Pinsel darin verstreichen. Tofu kurz abtropfen lassen, im heißen Öl 1–2 Minuten knusprig braun braten, dann Knoblauch, Ingwer, Salz und Pfeffer in den Wok. Tofu rausholen. Mit frischem Öl nach und nach Frühlingszwiebeln, Sprossen und Paprikastreifen 2–3 Minuten rühren und braten.

4 Nudeln in den Wok, alles noch 2–3 Minuten bei starker Hitze vermischen. Marinade vom Tofu mit der Brühe verquirlen, dazuschütten. Mit Sojasauce, Zitronensaft und Pfeffer abschmecken. Tofu obendrauf.

So viel Zeit muss sein: 35 Minuten
Das schmeckt dazu: Sambal oelek, Cashewkerne und ein kühles Bier
Kalorien pro Portion: 415

Linseneintopf mit Ingwer-Jogurt
Hülsenfrucht mal anders

Für 4 zum Sattessen:

2 Zwiebeln

2 Knoblauchzehen

2 walnussgroße Stücke Ingwer

3 TL mildes Currypulver + Curry zum Abschmecken

1 TL gemahlener Koriander + Koriander zum Abschmecken

400 g Jogurt

400 g Lammfleisch von der Keule (ohne Knochen)

250 g Puy-Linsen (das sind die kleinen dunklen)

200 g Möhren

1 große rote Paprikaschote

2 EL Olivenöl

Salz

3 EL Aceto balsamico

1 Zwiebeln, Knoblauch und Ingwer schälen und sehr fein schneiden. Mit dem Currypulver und dem Koriander unter den Jogurt rühren. Vom Lammfleisch obere Fettschicht und Fettadern abschneiden und das Fleisch in nicht zu große Würfel schneiden. Für 2 Stunden in die Jogurtsauce legen.

2 Die Linsen waschen und abtropfen lassen. Die Möhren schälen und in kleine Würfel schneiden. Die Paprika waschen, halbieren, die Kerne und weißen Innenhäute heraustrennen und die Paprika in Stifte schneiden.

3 Die Fleischstücke aus der Jogurtmarinade nehmen und kurz in heißem Öl anbraten. Das Fleisch mit $^3/_4$ l Wasser ablöschen. Wer einen Schnellkochtopf hat, kocht darin das Fleisch mit dem Wasser, den Linsen, den Möhren und den Paprikawürfeln etwa 15 Minuten. Ohne den Blitzgarer dauert es im normalen Topf gute 45 Minuten.

4 Der Eintopf wird mit Salz, Balsamico, Curry und Koriander gut abgeschmeckt und beim Servieren gibt man noch etwas von der Ingwer-Jogurt-Marinade über den Eintopf.

So viel Zeit muss sein: 30 Minuten mit und 1 Stunde ohne Schnellkochtopf (+ 2 Stunden Marinierzeit)
Das schmeckt dazu: frisches Fladenbrot
Kalorien pro Portion: 555

Hummus mit Tunfischsteaks
Vom östlichen Mittelmeer

Reicht für 4:

Für den Hummus:

250 g getrocknete Kichererbsen

1 unbehandelte Zitrone

4 Knoblauchzehen

1 Bund Petersilie

5 TL Olivenöl

Salz

Für den Tunfisch:

1 unbehandelte Orange

1 Knoblauchzehe

200 ml trockener Sherry

4 Scheiben frischer Tunfisch

2 EL Olivenöl

Salz, schwarzer Pfeffer aus der Mühle

1 Kichererbsen über Nacht in reichlich Wasser einweichen. Am nächsten Tag im Einweichwasser oder in frischem Wasser weich kochen. Dauert mindestens 1 Stunde.

2 Wenn sie weich sind, in einem Sieb abtropfen lassen, und die Garflüssigkeit vorsichtshalber noch aufheben. Die Zitrone heiß waschen und abtrocknen. Die Schale fein abreiben, den Saft auspressen. Die 4 Knoblauchzehen schälen, die Petersilie waschen und die Blättchen sehr fein hacken.

3 Kichererbsen mit Zitronensaft, Knoblauch, Petersilie und Öl fein zermusen (Püriersstab), bis eine glatte Paste entsteht, salzen. Wenn sie zu fest ist, mit 1–2 EL Kochflüssigkeit weicher rühren.

4 Orange heiß waschen und abtrocknen. Schale fein abreiben. Saft auspressen. Knoblauch schälen und sehr fein hacken. Mit Orangensaft und Sherry mischen und über die Fischsteaks gießen. 30 Minuten in den Kühlschrank stellen.

5 Tunfisch abtrocknen und im Öl von beiden Seiten jeweils 2–3 Minuten braten. Mit der Marinade ablöschen, aus der Pfanne nehmen und mit Salz und Pfeffer würzen. Mit dem Hummus schmecken lassen.

So viel Zeit muss sein: 30 Minuten
(+ Quellzeit über Nacht + 30 Minuten Marinierzeit)
Kalorien pro Portion: 695

Pfefferminz-Kartoffelpüree mit Lachs
Sternekoch-verdächtig

Für 4 zum Sattessen:
1 kg Kartoffeln (am besten vorwiegend fest kochende Sorte)
Salz
2 frische rote Chilischoten
1 Zitrone (mit unbehandelter Schale)
$^1/_2$ Bund Pfefferminze
1 Bund Petersilie
3 EL Öl
2 Knoblauchzehen
300 ml Milch
200 g Räucherlachs (in dünne Scheiben geschnitten)

1 Die Kartoffeln waschen, schälen und grob zerteilen. In einem Topf mit $^1/_2$ l leicht gesalzenem Wasser zum Kochen bringen. Deckel drauf. Kartoffeln bei mittlerer Hitze in 15–20 Minuten gar kochen.

2 Inzwischen die Chilischoten waschen, längs aufschlitzen, entkernen und winzig klein würfeln. Von der Zitrone die Schale abreiben. Pfefferminze und Petersilie kurz abbrausen, trockenschwenken, Blätter von den Stielen zupfen und fein hacken.

3 Das Öl in einer kleinen Pfanne erhitzen, die Knoblauchzehen schälen und dazu quetschen, kurz andünsten. Von der Kochstelle nehmen, Chilischoten, Kräuter und Zitronenschale untermischen, salzen. Die Milch aufkochen. Eine Schüssel vorwärmen.

4 Kartoffeln abgießen und im offenen Topf kurz ausdämpfen lassen. Dann die Stücke mit einem Kartoffelstampfer zerkleinern oder durch die Kartoffelpresse in die Schüssel drucken. Bitte nicht mit dem Pürierstab, sonst werden sie matschig!

5 Die heiße Milch und die Minze-Zitronen-Mischung dazugeben, nach und nach mit dem Kochlöffel alles gut verrühren – so wird das Püree wunderbar locker! Mit Salz abschmecken. Ganz heiß servieren und den geräucherten Lachs dazu schmecken lassen.

So viel Zeit muss sein: 30 Minuten
Das schmeckt dazu: statt Lachs auch mal gebratene Hähnchenbrust, trockener Weißwein
Kalorien pro Portion: 430

Kaninchen-Saté-Spießchen mit Erdnuss-Sauce

Asia-Fingerfood – oder die kleinen Verlockungen des Lebens!

Die indonesische Idee ist so einfach wie genial: Kleine Stückchen von zartem Fleisch baden stundenlang in würziger Marinade. Der Reihe nach wandern sie auf Spießchen und im Nu, kross und braun gegrillt, direkt in den Mund. Saté!

Basic Tipp

Wer sich dem verführerischen Duft der Saté-Spießchen nicht entziehen kann, sollte gleich eine Grillparty veranstalten. Zum Beispiel mit Spießchen von Schweinefilet oder Rinderlende. Mit Entenbrust oder Lammrückenfilet. Mit rohen Garnelen oder Straußenfilet. Die Marinade lässt sich beliebig variieren mit Curry und Zitronengras, Fischsauce und Tamarindensaft, und auch für die Erdnusssauce gibt's viele Versionen. Sie kann dünn sein wie eine Suppe, oder eher dicklich eingekocht, höllenscharf mit roten Chilischoten, dunkel und süß durch Ketjap manis – süße Sojasauce. In jedem Fall aber sorgt Kokosmilch, alias Creamed Coconut für eine herrlich cremige Beschaffenheit, und Gurken und Salat für ausreichend Frische und Kühlung!

Für 4 als Vorspeise oder Zwischengang:

Für die Spießchen:

6 Kaninchenrückenfilets (500 g oder Kaninchen- und Hähnchenbrustfilet gemischt oder nur Hähnchenbrustfilet)

1 Zwiebel

1 walnussgroßes Stück frischer Ingwer

$1/2$ TL Sambal oelek

1 EL Zitronensaft

$1/2$ TL Salz

1 TL gemahlener Koriander

1 EL Sojasauce

2 TL Zucker

12 Bambusholzspießchen (aus dem Asienladen oder der Asienabteilung des Supermarkts)

Öl zum Bestreichen

Für die Erdnusssauce:

150 g feine Erdnusscreme (aus dem Glas oder ungesalzene, gemahlene Erdnüsse)

150 ml ungesüßte Kokosmilch (aus der Dose)

100 ml Gemüsebrühe

1–2 EL Sojasauce

Salz, Sambal oelek

---

1 Die Kaninchenfilets waschen, mit Küchenpapier trockentupfen und in kleine Würfel von etwa $1 1/2$ cm Größe schneiden.

2 Die Marinade vorbereiten: Zwiebel schälen und grob würfeln. Ingwer auch schälen, aber fein würfeln. Beides mit Sambal oelek, Zitronensaft, Salz, Koriander, Sojasauce und Zucker gründlich zerkleinern. Das geht ganz fix mit dem Pürierstab, im elektrischen Zerhacker oder Mixer.

3 Marinade in eine Schüssel gießen, Fleisch rein und darin wenden, bis es von der Sauce überzogen ist. Zudecken und mindestens 1 Stunde, am besten über Nacht, im Kühlschrank durchziehen lassen.

4 Jetzt schon mal die Bambusspießchen in eine Schüssel mit kaltem Wasser legen, damit sie später nicht anbrennen. Für noch mehr Aroma: in Zitronenwasser einweichen!

5 Jeweils einige Fleischstücke auf die Spieße stecken, dabei die Hälfte der Spieße zum Anfassen frei lassen. Im Freien über Holzkohlenglut oder unter dem vorgeheizten Grill im Backofen – im Abstand von etwa 10 cm zu den Grillstäben – oder mit Tischgrill grillen. Es dauert 8–10 Minuten, bis das Fleisch knusprig und braun ist. Zwischendrin wenden und auf jeder Seite mit etwas Öl einpinseln.

6 In der Zwischenzeit schon mal die Erdnusssauce vorbereiten: Übrige Marinade in einen Topf geben, Erdnusscreme dazu und sanft erhitzen. Kokosmilch und Brühe einrühren, 5 Minuten leise köcheln lassen. Mit Sojasauce, Salz und Sambal oelek abschmecken. Als Dip zu den Spießchen servieren.

So viel Zeit muss sein: 30 Minuten (+ mindestens 1 Stunde Marinierzeit)
Das schmeckt dazu: Gurken- und Tomatenscheiben, Reis oder Weißbrot
Kalorien pro Portion: 415

Geschmortes Sherry-Kaninchen
Viva Espana

Für 4 zum Sattessen:

1 Kaninchen (sollte etwa 1,5 kg schwer und
küchenfertig vorbereitet sein)

Salz, Pfeffer aus der Mühle

500 g Schalotten oder kleine Zwiebeln

4 Knoblauchzehen

2 Zweige Rosmarin

6–8 Zweige Thymian

2 EL Olivenöl

$^1/_4$ l Sherry (am besten oloroso)

$^1/_8$ l Geflügelfond oder Hühnerbrühe

500 g Eiertomaten oder kleine, feste
Tomaten, 3 Zweige Petersilie

1 Das Kaninchen mit einem schweren Messer oder einer Geflügelschere in Keulen, Vor-
derläufe und Rückenstücke zerlegen – insgesamt in 8 Stücke (oder gleich vom Händler
zerlegen lassen). Die Teile waschen, vor
allem die Knochensplitter gut abspülen.
Kaninchenteile mit Küchenpapier trockenreiben, rundherum mit Salz und Pfeffer
kräftig einreiben.

2 Schalotten oder Zwiebeln pellen, größere
halbieren. Knoblauchzehen abziehen und in
Scheibchen schneiden. Rosmarinnadeln
abstreifen und hacken. Vom Thymian 2–3
Zweige beiseite legen, die übrigen Blättchen
abzupfen und ebenfalls hacken.

3 Einen großen Schmortopf auf den Herd
stellen, das Öl darin heiß werden lassen.
Kaninchenteile rein – eventuell portionsweise
– und bei schwacher Hitze von allen Seiten
goldbraun anbraten. Das dauert gute 10 Minuten. Kaninchenteile an den Rand schieben.

4 Jetzt kommen die Schalotten, Knoblauch
und Kräuter dazu und werden 4–5 Minuten
angebraten. $^1/_8$ l Sherry drübergießen, gut
durchrühren und etwas verdampfen lassen.
Nach Geschmack salzen und pfeffern.

5 Übrigen Sherry dazu gießen, Deckel
drauf und alles bei schwacher Hitze 1 Stunde
schmurgeln lassen, nach und nach den Fond
angießen. Fleisch zwischendurch wenden.

6 Inzwischen die Tomaten waschen und
quer halbieren. Zum Kaninchen geben,
würzen und nochmal ein Viertelstündchen
schmurgeln lassen. Petersilien- und Thymian-
blättchen abzupfen, hacken und aufstreuen.

So viel Zeit muss sein: 45 Minuten
(+ 1 $^1/_4$ Stunden Schmorzeit)
Das schmeckt dazu: lauwarmes knuspriges
Stangenweißbrot (kurz im Ofen aufbacken)
Kalorien pro Portion: 615

Lammfrikadellen mit Bohnensalat
Fleischpflanzerl, Klops oder Bulette

Für 4 zum Sattessen:

350 g grüne Bohnen, Salz

250 g Tomaten

2 Knoblauchzehen

2 Zwiebeln

250 g schnittfester Ziegenkäse (kann auch
Feta sein)

1 großes Bund Petersilie

2 EL Weißweinessig

3 EL Olivenöl

Pfeffer aus der Mühle

1 kleine grüne Chilischote

1 Ei, 2 TL Semmelbrösel

500 g Lammhack

3 EL Rapsöl

1 Zuerst geht's ans Messer: Die Bohnen
waschen, Enden abschneiden und wenn sich
dabei an den Seiten der Bohnen feine Fäden
lösen, kommen die auch gleich weg. Die
Bohnen etwa 8 Minuten in kochendem Salzwasser garen.

2 Inzwischen schon mal die Tomaten waschen und in Scheiben schneiden. Knoblauch und Zwiebeln schälen und klein schneiden. Den Ziegenkäse in kleine Würfel schneiden, die Petersilie waschen, Blättchen abzupfen und hacken.

3 Die gekochten Bohnen sofort in eiskaltem Wasser abschrecken, abtropfen lassen und in kleine Stücke schneiden. Die Tomaten, zwei Drittel vom Käse und jeweils die Hälfte von Knoblauch, Zwiebeln und Petersilie mit Weißweinessig, Olivenöl, Pfeffer und Salz zu den Bohnen rühren. Der Salat wird mit Salz und Pfeffer abgeschmeckt und darf ein bisschen durchziehen.

4 Jetzt zu den Frikadellen. Dafür noch die Chilischote waschen und klein schneiden. Sie vermengt man mit den restlichen Zwiebel- und Knoblauchwürfeln und der übrigen Petersilie, Ei, Semmelbröseln und Hack, pfeffert gut und salzt wenig. Aus der Hackmischung Frikadellen formen und dabei mit dem restlichen Ziegenkäse füllen. Die Frikadellen im heißen Öl bei mittlerer Hitze pro Seite ungefähr 4 Minuten braten.

So viel Zeit muss sein: 45 Minuten
Das schmeckt dazu: Fladenbrot
Kalorien pro Portion: 800

Entenbrust mit Spitzkohl aus dem Wok
Kleines Highlight für den Alltag

Reicht für 4:

600 g Entenbrustfilets

1 Ananas

1 Apfel

2 EL Zitronensaft

$^1/_2$ Spitzkohl (400 g)

3 EL Sojaöl

Cayennepfeffer

Pfeffer aus der Mühle

4 EL Sojasauce

100 ml Hühnerbrühe

1 Haben die Entenbrüste noch eine Haut, muss sie abgeschnitten werden. Die Ananas der Länge nach teilen und die Hälften wiederum längs halbieren. Dann den inneren harten Strunk abschneiden. Nun lässt sich das Fruchtfleisch gut von der Schale trennen und klein schneiden.

2 Den Apfel waschen, vom Kerngehäuse befreien und klein schneiden, sofort mit Zitronensaft beträufeln. Vom Spitzkohl die äußeren Blätter abtrennen, restlichen Spitzkohl in sehr schmale Streifen schneiden.

3 Sojaöl im Wok erhitzen, Entenbrust darin pro Seite etwa 5 Minuten braten, dann warm stellen. Spitzkohl im restlichen Fett etwa 5 Minuten braten, Ananas und Äpfel dazugeben, Cayennepfeffer, Pfeffer, Sojasauce und Brühe untermischen und schnell verkochen lassen. Die Entenbrust in Scheiben schneiden, unterrühren und noch kurz mitgaren.

So viel Zeit muss sein: 35 Minuten
Das schmeckt dazu: Reis oder Glasnudeln
Kalorien pro Portion: 570

Süßsaures Straußenge-schnetzeltes
Rasant & ein bisschen scharf

Für 4 eilige Hungrige:

600 g Straußensteak

1 Eiweiß, 4–5 EL Sojasauce

2 TL Speisestärke, Salz

500 g Zwetschgen (oder andere Steinfrüchte wie Aprikosen, Nektarinen, auch Mango)

1 grüne Paprikaschote

1 große Stange Lauch, 2 Knoblauchzehen

1 walnussgroßes Stück frische Ingwerwurzel

4 EL Reisessig oder Obstessig

4 EL Reiswein oder trockener Sherry

2–3 TL brauner Zucker

1–2 EL Chilisauce

6 EL Öl

Pfeffer aus der Mühle

1 Straußenfilet in dünne Scheiben schneiden. Eiweiß, 1 EL Sojasauce, 1 TL Speisestärke und etwas Salz in einer Schüssel verrühren. Fleisch drin wenden und marinieren, bis alle Zutaten vorbereitet sind.

2 Zwetschgen waschen, halbieren oder vierteln und entsteinen. Paprikaschote waschen, halbieren, Samen und Trennwände rausschneiden. Paprikahälften in kleine Stücke oder – sehr hübsch – in Rauten schneiden. Von der Lauchstange welke Teile und Wurzelbüschel abschneiden, die Stange längs aufschneiden und unter fließendem Wasser gründlich auswaschen. In dünne Streifen schneiden. Knoblauch und Ingwer schälen und in kleine Würfel schneiden.

3 Jetzt schon die Zutaten für die Sauce in einem kleinen Schälchen gründlich verquirlen: Essig, Reiswein, restliche Sojasauce, Zucker, Chilisauce und übrige Speisestärke.

4 Den Wok oder eine große, schwere Pfanne auf den Herd, 5 EL Öl reingießen und stark erhitzen. Fleischstreifen portionsweise dazu und unter Rühren 1–2 Minuten anbraten, herausnehmen und warm stellen. Restliches Öl in die Pfanne schütten und heiß werden lassen. Knoblauch und Ingwer darin kurz anschwitzen. Paprika und Lauch 2–3 Minuten mitbraten und immer gut rühren. Die Sauce angießen und aufkochen, Zwetschgen und Fleisch zusammen zum Gemüse geben, 1–2 Minuten leicht köcheln lassen. Mit Salz und Pfeffer abschmecken. Sofort servieren.

So viel Zeit muss sein: 30 Minuten
Das schmeckt dazu: Schnittlauch, Sambal oelek, Reis oder Baguette
Kalorien pro Portion: 510

Straußensteak mit Gratin
Für gemütliche Stunden

Für 4 zum Sattessen:

Für das Straußensteak:

4 Scheiben Straußenfilet (jedes etwa 160 g schwer), 1 Orange

Salz, Pfeffer aus der Mühle

2 EL Orangenlikör, 4 EL würziges Öl (am besten Haselnussöl)

2 EL grob geschroteter Pfeffer

2 EL Rapsöl

Für das Gemüsegratin:

1 Bund Frühlingszwiebeln

1 große Zwiebel, 2 kleine Zucchini

1 rote Paprikaschote, 2 Möhren

200 g Champignons, 1 Bund Petersilie

150 g Quark, 2 Eier, 200 g Sahne

Salz, Pfeffer aus der Mühle

etwas Edelsüß-Paprikapulver

frisch geriebene Muskatnuss

1 Die Straußensteaks mit dem Handballen etwas flach drücken. Orange auspressen, Saft mit Salz, Pfeffer, Orangenlikör und Haselnussöl verrühren. Die Steaks darin etwa 4 Stunden im Kühlschrank marinieren lassen.

2 Für's Gratin darf inzwischen geschnippelt werden: Frühlingszwiebeln waschen und die kleinen Wurzelenden, das dunkelgrüne Blattwerk und die feine Haut abschneiden. Rest der Zwiebeln in feine Ringe schneiden. Die Zwiebel schälen und klein schneiden. Die Zucchini waschen, putzen und in feine Scheiben schneiden. Die Paprika waschen, halbieren, putzen und grob würfeln.

3 Zwischendurch schon mal den Backofen auf 200 Grad vorheizen (Umluft ohne Vorheizen 180 Grad). Die Möhren schälen und in kleine Würfel schneiden. Die Champignons mit einem Tuch abreiben und in Scheiben schneiden. Petersilie waschen, hacken.

4 Gemüse und die Kräuter bunt gewürfelt in eine Auflaufform geben. Quark mit Eiern und Sahne gut verrühren, mit Salz, Pfeffer, etwas Paprikapulver und Muskat würzen. Die Mischung über das Gemüse geben und Im Backofen etwa 40 Minuten garen.

5 Die Steaks abtropfen lassen, in grob geschrotetem Pfeffer wenden, den Pfeffer dabei ins Fleisch drücken. Steaks im Öl bei mittlerer Hitze von jeder Seite etwa 5 Minuten braten, rausholen. Die Marinade in die Pfanne schütten, einkochen lassen und über das Fleisch geben. Mit dem Gratin essen.

So viel Zeit muss sein: 45 Minuten
(+ 4 Stunden Marinierzeit + 40 Minuten Backzeit)
Kalorien pro Portion: 630

Minutensteaks
Vorbereiten und im Nu machen

Für 4 Eilige:

600 g Rindfleisch aus Bug oder Brust

je 1 Zweig Thymian und Rosmarin

100 ml Rotwein

4 EL Rotweinessig

8 EL Olivenöl, 4 EL Rapsöl

Pfeffer aus der Mühle, Salz

1 Große Fettadern und Fettschichten sowie Sehnen abtrennen. Das Fleisch in kleine, dünne Scheiben schneiden. Kräuter waschen, trockenschwenken und abzupfen.

2 Den Rotwein mit Essig, der Hälfte des Olivenöls und den Kräutern mischen. Das Fleisch in diese leckere Marinade 4 Stunden lang einlegen.

3 Die marinierten Fleischscheiben gut abtupfen, pfeffern und nach und nach im restlichen Öl in jeweils 1 Minute braten, erst danach salzen.

So viel Zeit muss sein: 10 Minuten
(+ 4 Stunden Marinierzeit)
Das schmeckt dazu: Kartoffelpüree
Kalorien pro Portion: 440

Lammkoteletts mit Adventsgewürzen
So was von schnell

Für 4 zum Sattessen:

8 Lammkoteletts

4 EL Rapsöl

Salz

1 TL Zimt

$1/_2$ TL Pfeffer aus der Mühle

$1/_2$ TL Kardamom

1 TL Piment

50 ml Rotwein

200 g Sahne

1 Die Lammkoteletts im heißen Öl bei starker Hitze von beiden Seiten je 3 Minuten anbraten. Fleisch salzen und kurz warm stellen.

2 Zimt, Pfeffer, Kardamom und Piment mischen und ins noch heiße Öl geben, kurz erhitzen, dabei immer rühren. Mit Rotwein ablöschen und die Sahne unterrühren, salzen. Das Fleisch zugeben, nochmals erhitzen und mit der Sauce servieren.

So viel Zeit muss sein: 10 Minuten
Das schmeckt dazu: Reis
Kalorien pro Portion: 605

Gedämpfte Renke im Kokos-Curry-Sud

Aroma-Knüller – oder wie man Fischfans angelt!

Wer keinen breiten Dämpfeinsatz aus Metall oder Bast hat, darf improvisieren: Fische und Gemüse auf einen großen Teller legen. Sud in den Topf gießen, zwei Tassen rein, Teller drauf, Deckel zu. Dampf machen. Fertig!

Für 4 hungrige Genießer:

4 Renken (ausgenommen, jede ca. 300 g schwer – auch lecker: Forellen oder Saiblinge)

Salz, Pfeffer aus der Mühle

1 Limette oder Zitrone

1 Bund Koriandergrün (oder Petersilie)

800 g Broccoli

500 g junge Möhren

1 walnussgroßes Stück frische Ingwerwurzel

2 Knoblauchzehen

1 kleine rote Chilischote

2 EL Currypulver (oder 1 EL Currypaste aus dem Asienladen)

400 ml ungesüßte Kokosmilch (Dose)

600 ml Gemüsebrühe

1 EL Sojaöl

1 Die Bauchhöhlen der Renken unter fließendem kaltem Wasser gründlich auswaschen, gut mit Küchenpapier trockenreiben. Leicht salzen und pfeffern. Limette heiß waschen, abtrocknen und 4 Schalenstücke abschneiden. Koriandergrün abbrausen, trockenschütteln, Hälfte davon mit jeweils einem Limettenschalenstück in die Fische stecken.

2 Broccoli waschen und in kleine Röschen teilen, die Stiele abschälen und grob würfeln. Möhren schälen und schräg in 1/2 cm dünne Scheiben schneiden. Ingwer und Knoblauch schälen und fein würfeln.

3 Chilischote waschen, längs aufschneiden, entkernen und in Ringe schneiden. Einen Topf auf den Herd, der in der Größe zum Dämpfeinsatz passt. Darin Chilischote und Curry vermischen. Die Kokosmilch einrühren, Brühe dazugießen und zum Kochen bringen, salzen und pfeffern und bei mittlerer Hitze 5 Minuten kochen lassen. Dann den Broccoli und die Möhren rein, 5 Minuten garen.

4 Renken in den Dämpfeinsatz des Topfes legen, mit Knoblauch, Ingwer und den übrigen abgezupften Korianderblättchen bestreuen. Dämpfeinsatz auf den Topf setzen, Deckel drauf. Bei starker Hitze aufkochen. Wenn seitlich Dampf aufsteigt, Hitze abschalten. Fische und Gemüse 10–12 Minuten dämpfen.

5 Renken rausheben, auf vorgewärmten Teller anrichten. Gemüse gut abtropfen lassen, drumherum legen, mit den Kräutern anrichten und mit Öl beträufeln. Kokos-Sud durch ein feines Sieb gießen, Fische mit etwas Sud beträufeln.

So viel Zeit muss sein: 1 Stunde
Das schmeckt dazu: Basmatireis
Kalorien pro Portion: 315

Calamari mit Papayasalsa
Kreolisches für Trendsetter

Für 4 Hungrige:

800 g möglichst kleine frische oder tiefgekühlte Calamari

2–3 Limetten oder Zitronen

Salz, Pfeffer aus der Mühle

4 EL Olivenöl

4 Zweige Petersilie

2 Papayas (jede etwa 300 g schwer)

3 kleine Frühlingszwiebeln

1 kleine rote Paprikaschote

1 kleine rote Chilischote

Cayennepfeffer

1/2 Bund Basilikum

1 Tiefgekühlte Calamari auftauen lassen. Dann die Tintenfische kalt waschen, den Kopf samt Innerem aus dem Beutel ziehen, die dunkle Haut unter fließendem kaltem Wasser abrubbeln. Calamari mit Küchenpapier trockentupfen, Beutel in Stücke von etwa 2 cm Größe schneiden.

2 Saft von 1 Limette auspressen, mit Salz, Pfeffer und Olivenöl in einer Schüssel gründlich verquirlen. Petersilie waschen, trockenschütteln, die Blätter abzupfen und fein hacken, unter die Marinade mischen. Calamari untermischen und zugedeckt im Kühlschrank ziehen lassen.

3 Die Papayas halbieren, die schwarzen Kugelkerne mit einem Teelöffel rausschaben. Die Früchte mit einem Sparschäler dünn schälen. Eine Hälfte erst mal zur Seite legen, übriges Papayafleisch in kleine Würfel schneiden. Frühlingszwiebeln waschen, welke Blätter und Wurzelbüschel abschneiden, dann die Zwiebeln längs halbieren und in sehr kleine Würfel schneiden. Paprikaschote waschen, halbieren, Kerne und Trennwände rausschneiden, Schote in möglichst kleine Würfel schnippeln. Chilischote aufschlitzen, entkernen und winzig klein würfeln.

4 Übrige Papayahälfte grob zerteilen und pürieren, Papayawürfel, Paprika, Frühlingszwiebeln und Chilischote vorsichtig unterheben, mit Salz, Pfeffer, Cayennepfeffer und 1–2 EL Limettensaft abschmecken. Basilikumblätter abzupfen, fein hacken und zum Schluss unter die Salsa mischen. Durchziehen lassen.

5 Eine schwere Pfanne oder Grillpfanne auf dem Herd gut heiß werden lassen. Tintenfische aus der Marinade heben, kurz abtropfen lassen und 2–3 Minuten braten, bis sie rundum goldbraun sind. Dazu Limettenviertel reichen und die süßscharfe Sauce schmecken lassen.

So viel Zeit muss sein: 1 Stunde
Das schmeckt dazu: Weißbrot oder Baguette, ein gut gekühlter Roséwein
Kalorien pro Portion: 315

111

Lachssteaks mit Koriander-Gurken-Gemüse
Ein saftiges Vergnügen

Für 4 zum Sattessen:

4 Lachssteaks (jedes etwa 200 g schwer)

2 EL + 1 TL Olivenöl

Salz, Pfeffer aus der Mühle

1,5 kg Schmorgurken, 1 Zwiebel

1 $\frac{1}{2}$ EL Koriandersamen

2 TL Butter

$\frac{1}{8}$ l Gemüsebrühe

150 g Sahne, 1 Bund Dill

1–2 TL Zitronensaft

1 Die Lachssteaks waschen und mit Küchenpapier sorgfältig trockentupfen. Auf beiden Seiten mit 1 EL Olivenöl einpinseln, salzen und pfeffern. Abgedeckt im Kühlschrank ziehen lassen, bis die Gurken vorbereitet sind.

2 Gurken schälen, Blüten- und Stängelansatz abschneiden. Gurken längs halbieren, Kerne mit einem Löffel rausschaben. Gurkenfleisch in 1 cm dünne Scheiben schneiden. Zwiebel pellen und fein würfeln. Koriander im Mörser mit dem Stößel fein zerstoßen. Oder in Omas alter Kaffeemühle frisch mahlen.

3 Schmortopf auf den Herd, 1 EL Öl und Butter drin erhitzen. Zwiebel dazu, goldgelb dünsten. Gurken und Koriander rein, bei starker Hitze anschmoren, ab und zu umrühren. Jetzt Brühe und Sahne einrühren, Temperatur runterschalten. Gemüse mit Salz und Pfeffer würzen, Deckel drauf und die Gurken bei mittlerer Hitze 10 Minuten dünsten.

4 Jetzt schon mal eine große beschichtete Pfanne mit 1 TL Öl einpinseln und stark erhitzen. Lachssteaks rein, 3 Minuten braten, dann wenden und weitere 2 Minuten braten. Deckel zu, Fisch auf der abgeschalteten Herdplatte 5 Minuten nachziehen lassen.

5 Zwischendurch den Dill abbrausen, trockenschwenken, Blättchen abzupfen, hacken und unter das Gemüse mischen. Mit Zitronensaft, Salz und Pfeffer abschmecken – und mit den knusprig gebratenen Lachssteaks anrichten. Eventuell mit ein paar Dillzweiglein garnieren.

So viel Zeit muss sein: 30 Minuten
Das schmeckt dazu: Pellkartoffeln, Reis-Wildreis-Mischung oder knuspriges Baguette, Zitronenspalten
Kalorien pro Portion: 570

Tunfisch-Bratkartoffeln
Schmeckt einfach überirdisch!

Für 4 hungrige Rustikalos:

500 g frisches Tunfischfilet

1 Zweig Rosmarin

8 Zweige Thymian

6 EL Olivenöl

1 Knoblauchzehe

Salz, Pfeffer aus der Mühle

1 Aubergine (etwa 200 g)

1 Zucchino (etwa 200 g)

1 rote Paprikaschote

700 g kleine junge Kartoffeln (fest kochende Sorte)

1 EL Tomatenmark

6–8 EL Gemüsefond oder -brühe

1 Den Tunfisch waschen, mit Küchenpapier trockentupfen und in Würfel von einem Biss schneiden. Kräuter kurz abbrausen, Rosmarinnadeln und Thymianblättchen von den Stielen streifen und hacken. In einer Schüssel mit 2 EL Öl verrühren. Knoblauchzehe schälen und dazudrücken, salzen und pfeffern. Tunfisch drin wenden und ziehen lassen, bis alles vorbereitet ist.

2 Gemüse waschen. Aubergine in etwa 2 cm große Würfel schneiden und salzen. Zucchino halbieren und in ¹/₂ cm dicke Scheiben schneiden, ebenfalls mit Salz bestreuen. Paprikaschote halbieren, Kerne und Trennwände rausschneiden, Schote grob würfeln. Kartoffeln unter fließend kaltem Wasser abbürsten und ungeschält in 3 mm dünne Scheiben schneiden.

3 Eine große, schwere Pfanne auf den Herd stellen, z.B. aus Gusseisen, Eisen oder Edelstahl, keine beschichtete. 3 EL Öl darin gut heiß werden lassen. Kartoffelscheiben hineingeben, in 2 Portionen in 10–15 Minuten wenden und goldbraun braten. Salzen und pfeffern. Mit Schaumkelle rausheben.

4 Tunfischwürfel in der Pfanne verteilen, mit dem übrigen Öl kurz und scharf anbraten. Auberginen- und Zucchiniwürfel mit Küchenpapier trockentupfen, nach und nach mit den Paprikawürfeln dazugeben und 2–3 Minuten mit braten. Salzen und pfeffern.

5 Tomatenmark einrühren, kurz anschwitzen. Fond oder Brühe dazu, bei mittlerer Hitze noch 2-3 Minuten offen schmoren. Mit Salz und Pfeffer abschmecken. Kartoffeln vorsichtig unter das Gemüse mischen. Pfanne auf den Tisch – und genießen!

So viel Zeit muss sein: 50 Minuten
Das schmeckt dazu: grüner Blattsalat, roter Landwein
Kalorien pro Portion: 550

Backofen-Makrele mit Äpfeln und Ingwer
Fisch plus Frucht

Reicht für 4:

4 kleine Zwiebeln

1 TL Rapsöl

100 ml Weißwein

2 säuerliche Äpfel

2 walnussgroße Stücke Ingwer

1 Bund Dill

4 Makrelen, ausgenommen und geschuppt

Salz, weißer Pfeffer aus der Mühle

2 TL Zitronensaft

Zum Backen: Alufolie, Öl

1 Die Zwiebeln schälen, klein schneiden und im heißem Öl glasig braten. Mit Wein ablöschen und langsam abkühlen lassen.

2 Die Äpfel waschen und das Kerngehäuse herausschneiden. Die Äpfel in dünne Stifte schneiden, die sofort in den Zwiebel-Wein-Sud kommen. Den Ingwer schälen, den Dill waschen. Beides fein schneiden und ebenfalls zu den Äpfeln und Zwiebeln geben. Alles gut vermengen.

3 Die Makrelen gründlich waschen. Dann schneidet man vorsichtig ihre Haut auf beiden Seiten je dreimal schräg ein bis zu Mittelgräte, ohne sie zu durchtrennen! Die Fische salzen, pfeffern, mit Zitronensaft beträufeln. Den Backofen auf 220 Grad vorheizen (auch schon jetzt: Umluft 200 Grad).

4 Vier Alufolienstücke in Größe der Makrelen ausbreiten und einfetten. Auf die Alufolienstücke etwa ein Drittel der Zwiebel-Apfel-Ingwer-Masse verteilen, je 1 Makrele darauf legen. Die Fische mit der restlichen Masse belegen und mit Salz und Pfeffer würzen. Die Alufolie so verschließen, dass kein Saft entweichen kann. Im vorgeheizten Backofen etwa 20 Minuten garen. Den Fisch aus der Alufolie heben und auf vorgewärmten Tellern servieren.

So viel Zeit muss sein: 50 Minuten,
davon 20 Minuten nichts zu tun
Das schmeckt dazu: Kartoffeln oder Brot
Kalorien pro Portion: 425

Die Rohköstl

den Kochtopf vergessen

e r

... weil viele Vitamine beim Kochen zerstört werden. Sagt der
Ernährungwissenschaftler.

... weil die Geschmacksnerven von Gekochtem und Gebratenem
irritiert werden. Sagt der Rohköstler.

... weil nur Unverfälschtes, Ungekochtes, in der Sonne Gereiftes uns
gut tut. Sagt der Sonnenköstler.

... weil es so schnell geht und allen schmeckt. Sagt die gestresste
Hausfrau.

... weil Salate einfach klasse zu Spareribs passen, sagt der Feier-
abend-Griller.

... weil schon das Schnippeln Spaß macht, es viel Platz zum Improvisieren lässt und immer für eine Überraschung gut ist, sagen wir.

Marianne Grüner, Gemüsehändlerin am
Viktualienmarkt in München

Woher kommt Ihr Gemüse?
Das Gemüse bauen wir selbst an. Die
Salate, die Kartoffeln, Kohlrabi, gelbe
Rüben, jetzt gerade auch Johannisbeeren
oder hier die Zwiebeln, alles selbst in
der eigenen Gärtnerei gezogen.

**Wie frisch ist Ihr Gemüse,
wie lange liegt es hier
schon?**
Wir verkaufen nur am Freitag und
Samstag. So können wir am Tag zuvor
alles topfrisch ernten. Den Salat schneiden wir nur am Morgen oder dann noch
abends um neun Uhr, denn mittags
geschnitten macht er schnell schlapp.

**Und wird das Gemüse hier
auf dem Stand in der Sonne
nicht schnell trocken?**
Dafür haben wir hier extra die Sonnen-
schirme aufgebaut. Außerdem sprenge
ich hin und wieder etwas Wasser über das
Gemüse. Ein bisschen Wasser zwischendurch tut nicht nur uns ganz gut.

**Auf manchen Preisschildern
steht »ungespritzt«. Sind
Sie ein Biobetrieb?**
Nein, denn manchmal kommen wir ohne
Spritzen nicht aus, zum Beispiel bei den
Spätkartoffeln. Doch sogar meine Erd-
beeren gedeihen ohne Spritzmittel und
dann schreibe ich das auch drauf.

**Was essen Sie denn am
liebsten?**
Alles, was ich anbiete, esse ich auch
gerne. Was am allerliebsten, das ist
schwer zu sagen. Ja, augenblicklich sicher
Salate, zum Beispiel Eisbergsalat. So
schön knackig und frisch schmeckt er
gerade an heißen Tagen gut.

Was wir vom
Rohköstler
lernen können:

Roh heißt nicht geschmacklos! Wenn Rohes richtig gehobelt,
geschnitten, mariniert und angerichtet wird, können dabei
sehr delikate Spezialitäten herauskommen. In Kalifornien
haben Spitzenköche die Rohkost entdeckt und kreieren »Non-
cooking« Rezepte. Und auch aus der heimischen Küche kennen
wir total leckere Salate oder mariniertes Gemüse.

Frisch auf den Tisch!
Ungekocht und möglichst direkt aus dem
Garten heißt Genuss total. Denn dann sind
noch keine Aromen in der Hitze verdampft
und vom Wasser ausgelaugt. Frischer
geht's nicht. Das kommt vor allem den
Vitaminen und Bioaktivstoffen zu Gute.
Nur Rohkost liefert sie in ganzer Fülle.

**Gut kauen heißt gut
verdauen**
Rohkost hat es verdient, gut gekaut zu
werden. Erst dann werden alle Aromen
frei und es entwickelt sich die gesamte
Geschmacksfülle. Außerdem tun gute
Kauer ihrer Verdauung einen Gefallen.
Magen und Darm fällt es nicht immer
leicht, die Rohkost gut zu verdauen. Wer
aber genussverliebt lange kaut und nicht
mundfaul schnell schluckt, regt schon
damit die Verdauung an. Bereits die
Kaubewegung im Mund und die dabei frei
werdenden Aromen aktivieren die Verdau-
ungsdrüsen. Deshalb langsam genießen.
Zumal Rohkost einiges zum Kauen bietet.

So natürlich wie möglich
Ein alter Spruch der Vollwerternährung gilt auch für
die Rohkost. Und dieser Spruch sagt auch, dass man
es mit der Rohkost nicht übertreiben soll. Wenn es
nicht möglich ist, etwas roh zu essen, sollte man es
kochen. Deshalb genießen clevere Rohkostfans hin
und wieder mal eine gekochte Kartoffel oder gegarte
Hülsenfrüchte. Beides eine prima Ergänzung zum
Rohkostmenü.

natur pur

Raus auf die Wiese und geschaut und gepflückt, was es dort so gibt: leicht bitterer Löwenzahn, saurer Sauerampfer (aber nur die frischen, kleinen Blätter), hocharomatische Brennesseln und auch ganz lecker - die Taubnessel. Alles gut waschen, grob hacken, dazu Möhren raspeln, mit einem Nussöl verrühren und, wenn der Sauerampfer fehlt, noch mit Zitrone abschmecken. Salz und Pfeffer dürfen noch dazu und ein paar gehackte Nüsse. Fertig ist der Wildkräutersalat ganz ohne große Kräuterkenntnisse.

ein gutes
Stück Natur
Rucola

wieso:
... weil Hochgenuss so simpel sein kann.
... weil er mit Tomaten genauso gut schmeckt wie mit Melonen.
... weil sein leicht bitterer Geschmack ihn so interessant macht.
... weil er mit Olivenöl und Ziegenkäse unvergesslich wird.

wie:
... ganze Blätter als Salat mit Essig und Öl
... grob gehackt über eine Suppe gestreut
... fein gehackt aufs Butterbrot gestreut
... ganz fein püriert mit Pinienkernen und Olivenöl als Rucolapesto zu Pasta

wann:
... in der Mittagshitze, weil Rucola ein Fit- und Frischmacher ist.
... einfach jeden Tag, weil Rucola so einfach und doch so gut ist.
... zum Festmenü als Vorspeise, weil er unvergleichlich ist.

womit:
... mit den besten Ölen
... mit würzigem Frischkäse
... mit einem frischen Rotwein
... mit Bündner Fleisch und Weintrauben oder Feigen

Folsäuregehalt unterschiedlicher Salate (μg /100 g)

145	Feldsalat
106	Endivien
97	Rucola
75	Kopfsalat
66	Chinakohl

Folsäure wird beim Erhitzen sehr schnell zerstört, daher liegt das Folsäuredefizit im Schnitt bei über 40 Prozent!

Avocadosuppe
Grüne Freude

Für 4 zum Sattessen:

800 ml Gemüsebrühe

4 reife Avocados

200 g Sahne

1 unbehandelte Zitrone

2–3 EL Sherry

Salz

Pfeffer aus der Mühle

50 g abgezogene Mandeln

1 Die Gemüsebrühe zum Kochen bringen. Die Avocados halbieren und die Steine aus dem Fruchtfleisch pulen. Das Fruchtfleisch mit einem Löffel aus den Schalen lösen und mit der Sahne schaumig pürieren.

2 Die Zitrone heiß abwaschen, die Schale sehr dünn abreiben und die Zitrone dann auspressen.

3 Den Avocadoschaum in die leicht abgekühlte Brühe geben und mit Zitronensaft, Sherry, Salz und Pfeffer kräftig abschmecken.

4 Die Mandeln grob hacken, in einer Pfanne ohne Fett bei mittlerer Hitze kurz anrösten. Die Suppe auf vier Teller verteilen. Vor dem Essen die Mandeln und die Zitronenschale draufstreuen.

So viel Zeit muss sein: 20 Minuten
Kalorien pro Portion: 640

Tomaten-Aprikosensuppe mit Basilikum
Süßscharfer Mix

Für 4 als Vorspeise oder für 2 zwischendurch:

250 g Staudensellerie

1 Zwiebel

1 EL Rapsöl

$^1/_2$ l Traubensaft

$^1/_2$ l Tomatensaft

1 unbehandelte Zitrone

250 g reife Aprikosen

Salz, Pfeffer aus der Mühle

ein paar Tropfen Tabascosauce

Worcestersauce

$^1/_2$ Bund Basilikum

1 Den Staudensellerie putzen, waschen und in Scheiben schneiden. Die Zwiebel schälen und in winzig kleine Würfel schneiden. Gleich im heißen Öl glasig dünsten.

2 Selleriescheiben, Trauben- und Tomatensaft dazuschütten und etwa 10 Minuten in Ruhe einkochen und dann abkühlen lassen.

3 In der Zeit die Zitrone heiß abwaschen, die Schale sehr fein reiben und den Saft auspressen. Die Aprikosen kurz in kochend heißes Wasser tauchen, die Haut abziehen. Aprikosen halbieren, entsteinen und in kleine Würfel schneiden.

4 Die Aprikosen in die kalte Suppe geben und mit Zitronensaft, Salz, etwas Pfeffer, Tabasco und Worcestersauce würzen. Basilikumblättchen abzupfen und grob hacken. Die Blätter kommen mit der Zitronenschale auf die Suppe, bevor sie serviert wird.

So viel Zeit muss sein: 30 Minuten
(+ Abkühlzeit)
Kalorien pro Portion: 165

3-Zwiebel-Vinaigrette
Basic plus viel Aroma

Für einen 4-Personen-Salat:

2–3 EL Rotweinessig

1 TL scharfer Senf (am besten aus Dijon)

Salz, Pfeffer aus der Mühle

6 EL Öl (Sonnenblumenöl, Olivenöl oder
beide gemischt, am besten kaltgepresst)

1 Schalotte, $^1/_2$ kleine rote Zwiebel

$^1/_2$ Bund Schnittlauch

1 Essig, Senf, Salz und Pfeffer mit dem
Schneebesen in einer Schüssel gründlich verrühren. Das Öl in dünnem Strahl zugießen
und so lange schlagen, bis die Sauce leicht
cremig ist.

2 Schalotte und rote Zwiebel abziehen und
fein hacken, dazugeben. Schnittlauch kurz
abbrausen und fein schneiden, zum Schluss
untermischen.

So viel Zeit muss sein: 10 Minuten
Das schmeckt dazu: alle Blattsalate, Eisberg,
Radicchio, Chicorée, Romana, Lollo rosso,
Eichblatt, Feldsalat. Auch toll als Marinade
für gekochtes Fleisch, Fisch und Handkäse
Kalorien pro Portion: 140

Apfel-Vinaigrette
Sorgt für Leichtigkeit

Reicht für 4:

2–3 EL Apfelessig

Salz, Pfeffer aus der Mühle

1 TL Apfelkraut (gibt's im Reformhaus)

1 EL Zitronensaft

1 kleiner säuerlicher Apfel (z.B. Boskoop,
Cox Orange)

5 EL Rapsöl (am besten kaltgepresst)

1 Erst mal die Salatsauce rühren: Apfelessig, Salz, Pfeffer, Apfelkraut und Zitronensaft
mit dem Schneebesen in einer Schüssel
gründlich verquirlen.

2 Dann den Apfel vierteln, schälen, entkernen und in sehr kleine Würfel schneiden oder
raspeln. Sofort unters Dressing rühren, damit
er nicht braun wird. Das Öl einlaufen lassen
und kräftig unterrühren.

So viel Zeit muss sein: 10 Minuten
Das schmeckt dazu: zarter Blattsalat, Gur-
ken, Sprossen, Radieschen, Champignons,
Rohkost von Möhren, Kohlrabi und Sellerie
Kalorien pro Portion: 125

Chili-Vinaigrette
Weckt Lebensgeister

Reicht für 4:

1 Limette oder kleine unbehandelte Zitrone

2 EL Weißweinessig

$^1/_2$–1 TL Sambal oelek

Salz, 1 Prise Zucker

6 EL Soja- oder Erdnussöl

1 kleine rote Chilischote (oder ein paar
Spritzer Chiliöl)

1 Limette oder Zitrone heiß waschen,
trockenreiben und die Schale fein abreiben.
2 EL Saft auspressen. Beides mit Essig,
Sambal oelek, Salz und Zucker gründlich
verrühren. Öl nach und nach zugießen, mit
dem Schneebesen cremig schlagen.

2 Chilischote waschen, längs aufschlitzen
und Kerne rausschaben, Schote in winzig
kleine Würfel schneiden und untermischen.
Oder die Vinaigrette mit ein paar Tropfen
Chiliöl abschmecken.

So viel Zeit muss sein: 10 Minuten
Das schmeckt dazu: kräftige Gemüse wie
Rettich, Spinat, Weißkohl oder zum Marinie-
ren von rohem Rinder- oder Lammfilet
Kalorien pro Portion: 135

Roquefort-Vinaigrette
Kräftig & auch ein bisschen edel

Reicht für einen 4-Personen-Salat:

50 g Roquefort (ohne Rinde)

2 EL Rotweinessig

1–2 TL Aceto balsamico

Salz, Pfeffer aus der Mühle

2 EL Walnussöl (am besten kaltgepresst)

3–4 EL Olivenöl (am besten kaltgepresst)

4 Walnusskerne

1 Den Roquefort mit einer Gabel gründlich zerdrücken. Rotwein- und Balsamessig dazu, mit dem Schneebesen cremig aufschlagen, leicht salzen und pfeffern. Dann das Walnuss- und das Olivenöl löffelweise dazuschütten und gründlich unterrühren.

2 Jetzt die Walnüsse hacken und zum Schluss unter die Vinaigrette mischen.

So viel Zeit muss sein: 5 Minuten
Das schmeckt dazu: robuste Salate wie Chicorée, Radicchio, Endivien, Frisée, Romana, auch Tomaten, Zucchini-, Kohlrabi- und Möhren-Rohkost
Kalorien pro Portion: 160

Tomaten-Vinaigrette
Buonissimo!

Reicht für 4:

2 EL Rotweinessig

1 EL Aceto balsamico

2 TL Tomatenmark

Salz, Pfeffer aus der Mühle

6 EL Olivenöl (am besten kaltgepresst)

1 kleine Knoblauchzehe, 2 TL Kapern

1 Rotweinessig und Balsamico, Tomatenmark, Salz und Pfeffer in einer Schüssel mit dem Schneebesen kräftig verquirlen. Das Öl nach und nach einlaufen lassen und alles zu einer leicht cremigen Sauce aufschlagen.

2 Knoblauch schälen und durch die Presse dazudrücken. Kapern abtropfen lassen, hacken. Unter die Vinaigrette mischen.

So viel Zeit muss sein: 5 Minuten
Das schmeckt dazu: kräftige Blattsalate wie Löwenzahn, Eisberg und Spinat. Auch prima als Marinade für Carpaccio von Rinder- und Tunfischfilet. Sehr fein zu gehobelten frischen Artischockenböden.
Kalorien pro Portion: 140

Oliven-Vinaigrette
Offenes Geheimnis vom Mittelmeer

Reicht für 4:

je 4 schwarze und grüne Oliven

(oder 2 TL Tapenade, also fertige Olivenpaste aus dem Glas)

1 Zitrone, 2 TL Aceto balsamico

Salz, Pfeffer aus der Mühle

6 EL Olivenöl (am besten kaltgepresst)

1 Olivenfleisch vom Stein abschälen und in winzig kleine Würfel schneiden. Oder gleich fertige Olivenpaste nehmen.

2 Saft der Zitrone auspressen, in eine Schüssel gießen. Aceto balsamico, Salz und Pfeffer dazu, mit dem Schneebesen gründlich verquirlen. Das Öl nach und nach unterrühren, zum Schluss die Olivenstückchen unterheben.

So viel Zeit muss sein: 10 Minuten
Das schmeckt dazu: Fruchtgemüse wie Zucchini, Paprika und Tomaten, gemischter Sommersalat. Fein auch zu Carpaccio von dunklem Fleisch wie Rinds- und Lammfilet.
Kalorien pro Portion: 140

Gemüse-Sticks mit Dips
Knabberei, die auch noch fit macht

Für 4 als Vorspeise oder für zwischendurch:

150 g abgezogene Mandeln

2 Bund Petersilie

1 Knoblauchzehe

4 EL Olivenöl (am besten kaltgepresst)

150 ml Gemüsebrühe

Salz, Pfeffer aus der Mühle

3–4 EL Saft und 1 TL abgeriebene Schale von 1 unbehandelten Zitrone

250 g griechischer Jogurt

150 g Kefir

1–2 TL scharfer Senf (Dijon!)

1 rote oder gelbe Paprikaschote

3 Stangen Sellerie

2 Möhren

1 Zucchino

1 kleiner Fenchel

10 Radieschen

¹/₂ kleiner Romanasalat

1 Für den kräftigen Mandel-Knoblauch-Dip: Mandeln mit einem großen Messer grob hacken. Petersilie waschen, gut trocken- schütteln, die Blätter von den Stielen zupfen und auch hacken. Knoblauch schälen.

2 Mandeln, Petersilie und Knoblauch in den Mixer oder Blitzhacker schütten, Olivenöl dazu und alles fein pürieren. So viel von der Brühe einrühren, dass ein sämiger Dip ent- steht. Mit Salz, Pfeffer und 1–2 EL Zitronen- saft würzen. Dip auf vier Schälchen verteilen.

3 Für den frischen Zitronen-Kefir-Dip: Jogurt und Kefir miteinander verquirlen. Den übri- gen Zitronensaft und die Zitronenschale mit dem Senf unter den Jogurt rühren, leicht sal- zen und pfeffern. Creme in vier kleine Schäl- chen umfüllen.

4 Jetzt das Gemüse putzen und waschen, Möhren auch schälen, alles längs in biss- freundliche Streifen schneiden. Fenchel in schmale Stücke schneiden, bei den Radies- chen – weil's hübscher aussieht – den Blatt- schopf dranlassen. Romanasalat in Blätter zerlegen. Gemüsesticks auf einer Platte anrichten.

5 Jeder bekommt zwei Schälchen mit jeweils einem Dip – Gemüsestängel eintun- ken, knabbern und plaudern...

So viel Zeit muss sein: 30 Minuten
Das schmeckt dazu: knuspriges Weißbrot, Salz und Pfeffer zum Würzen
Kalorien pro Portion: 260

Spargel-Carpaccio
Ein bisschen japanisch

Für 4 Genießer als Vorspeise:

400 g zarter weißer oder grüner Spargel

200 g Cocktailtomaten

5 EL Zitronensaft, 1 EL Sesamsamen

1 EL Sesamöl, 2 EL Sojasauce

1 Prise Zucker, Salz, Pfeffer aus der Mühle

3–4 EL Sojaöl, 1 Hand voll Kerbel

1 Spargel waschen, Enden wegschneiden. Weißen Spargel von der Spitze her bis ganz nach unten schälen, grünen Spargel nur im unteren Drittel. Spargelstangen mit einem Sparschäler längs in hauchdünne Scheiben schneiden. Tomaten waschen und in dünne Scheiben schneiden. Mit dem Spargel anrichten. Mit 2 EL Zitronensaft beträufeln.

2 Sesam in einer kleinen Pfanne bei mittle- rer Hitze goldbraun rösten. Hälfte vom Sesam beiseite stellen. Übrigen Sesam mit dem restlichen Zitronensaft, Sesamöl, Soja- sauce, Zucker, Salz, Pfeffer und Öl verrühren. Die Sesam-Vinaigrette über dem Spargel ver- teilen, mit dem übrigen Sesam bestreuen und mit Kerbelblättchen garnieren.

So viel Zeit muss sein: 30 Minuten
Kalorien pro Portion: 145

Marinierte Apfelscheiben
Apfel mal anders

Für 4 als Vorspeise:

4 große Äpfel, 1 Limette

1 EL Apfelessig, 3 EL Walnussöl

3 TL Kapern, Pfeffer aus der Mühle

4 Stängel Kerbel

1 Die Äpfel waschen, das Kernhaus aus der Mitte rausstechen, die Äpfel in sehr dünne Scheiben schneiden. Die Limette heiß waschen, Schale sehr dünn abschneiden. Die Limette auspressen und den Saft mit Essig, Öl und Kapern verrühren. Die Apfelscheiben damit verrühren und ca. 3 Stunden darin marinieren.

2 Apfelscheiben mit etwas Pfeffer und den abgezupften Kerbelblättchen würzen. Die Limettenschale in hauchfeine Fäden schneiden, draufstreuen.

So viel Zeit muss sein: 20 Minuten
(+ 3 Stunden Marinierzeit)
Kalorien pro Portion: 125

Kohlrabi-Möhren-Rohkost
Streifchenweise

Reicht für 4:

2 EL Rosinen, 2 EL Kürbiskerne

2 zarte Kohlrabi, 2 mittelgroße Möhren

3 Frühlingszwiebeln, 4 EL Weißweinessig

1 TL Honig, Salz, Pfeffer aus der Mühle

6 EL Sonnenblumenöl (oder 4 EL + 2 EL Kürbiskernöl), 1 Bund Rucola

1 Rosinen in etwas heißem Wasser einweichen. Kürbiskerne grob hacken. Gemüse putzen oder schälen, die zarten Blättchen nicht wegwerfen! Kohlrabi und Möhren raspeln oder in dünne, gleich lange Stifte schneiden. Frühlingszwiebeln schräg in feine Ringe schneiden. Gemüse mischen.

2 Essig mit Honig verquirlen, salzen und pfeffern. Sonnenblumenöl drunterschlagen. Vinaigrette über die Rohkost gießen. Rosinen gut abtropfen lassen, mit Kürbiskernen dazu, alles vermischen.

3 Rucola waschen, gut abtropfen lassen, dann auf Tellern ausbreiten. Rohkost-Mischung mit Kohlrabiblättchen darauf verteilen.

So viel Zeit muss sein: 25 Minuten
Kalorien pro Portion: 230

Wurzelrohkost mit Meerrettich
Ganz schön pikant

Für 4 als Einstieg:

4 kleine Rote Beten, 2 Petersilienwurzeln

1 Hand voll Radieschensprossen

Salz, Pfeffer aus der Mühle

3 EL Rotweinessig, 4 EL Orangensaft

2–3 TL Zitronensaft

4 EL Traubenkernöl (am besten kaltgepresst)

1 kleines Stück frischer Meerrettich (15 g)

1 Rote Beten waschen und dünn schälen. Knollen in hauchfeine Scheiben schneiden. Petersilienwurzeln putzen, schälen und ebenfalls in sehr dünne Scheiben schneiden. Sprossen waschen und abtropfen lassen.

2 Rote Beten mit Petersilienwurzeln dekorativ auf Tellern anrichten, mit etwas Salz und Pfeffer bestreuen und mit 2–3 EL Essig beträufeln, 10 Minuten ziehen lassen.

3 Orangensaft, Zitronensaft, Öl, Salz, Pfeffer verrühren, über die Rohkost träufeln. Meerrettich schälen, grob raspeln und mit den Sprossen drüberstreuen. Das war's!

So viel Zeit muss sein: 25 Minuten
Das schmeckt dazu: dunkles Brot
Kalorien pro Portion: 110

123

Sushi
Aus drei Fischen

Für 4 zum Sattessen:

150 g japanischer Reis

2 EL heller Reisessig

1 TL Zucker

Salz

150 g frischer Seebarsch

150 g Räucherlachs

100 g Matjesfilets

50 g frischer Ingwer oder eingelegter Ingwer (fertig gekauft)

japanisches Wasabi-Pulver (grünes Meerrettichpulver aus dem Asienladen) oder fertige Paste aus der Tube

4 Noriblätter (geröstete Algen, Asienladen)

Sojasauce

1 Den Reis in ein Sieb schütten und mit kaltem Wasser sehr gründlich durchspülen. Danach mindestens 30 Minuten lang gut abtropfen lassen.

2 Reis mit $1/4$ l Wasser 1 Minute sprudelnd kochen lassen. Deckel drauf und den Reis 15 Minuten bei schwächster Hitze ausquellen lassen.

3 Inzwischen Essig, Zucker und Salz erwärmen, bis der Zucker sich ganz aufgelöst hat, wieder abkühlen und nach und nach unter den fertig gegarten Reis rühren. Er soll dabei vollständig abkühlen.

4 Die Fische in möglichst dünne Scheiben, die Scheiben dann in lange, dünne Streifen schneiden.

5 Den Ingwer schälen, in hauchdünne Streifen hobeln oder schneiden. Wasabi-Pulver mit wenigen Tropfen Wasser zu einer Paste verrühren.

6 Die Noriblätter auf je ein Küchentuch legen. Den Essigreis auf die Noriblätter verteilen, dabei am oberen Ende einen daumendicken Streifen freilassen. Auf mittlere Höhe je ein Viertel der Fischstreifen quer auf die Reisschicht legen und dünn mit Wasabipaste bestreichen.

7 Das vordere Ende des Küchentuches anheben und damit das Noriblatt fest aufrollen. Die Norirolle dann im Abstand von etwa 5 cm abschneiden und die Stücke aufrecht auf eine Platte stellen. Mit dem Ingwer und der Sojasauce servieren.

So viel Zeit muss sein: 40 Minuten
(+ Kochzeit für den Reis)
Kalorien pro Portion: 280

Sashimi
Die Schwester des Sushi

Für 4 echte Fischfans:

500 g ganz frisches Steinbuttfilet

1 Bund Radieschen

1 große Möhre

japanisches Wasabi-Pulver (grünes Meerrettichpulver aus dem Asienladen) oder fertige Paste aus der Tube

1 EL Sojasauce

5 EL Reiswein

1 Den Fisch mit einem sehr scharfen Messer in mundgerechte Happen schneiden und auf Teller legen.

2 Die Radieschen waschen und putzen, die Möhre schälen und putzen. Radieschen und Möhre in hauchdünne Streifen schneiden. Zum Fisch geben.

3 Das Wasabi-Pulver mit wenig Wasser verrühren. Sojasauce mit Reiswein verrühren. Beides zum Dippen mit auf den Tisch stellen.

So viel Zeit muss sein: 20 Minuten
Kalorien pro Portion: 130

Gebeizte Lachs-forelle
Belohnung nach der Zwei-Tagepause

Für 8 als edle Vorspeise:

1 fangfrische Lachsforelle (1,2 bis 1,5 kg)

1 Bund Dill + 3 Zweige Dill

1 Bund Petersilie, 1 Hand voll Kerbel

1 EL schwarze Pfefferkörner

3 EL grob gemahlenes Salz (am besten Meersalz!), 1 EL + 1 TL Zucker

7 EL Rapsöl (möglichst kaltgepresst)

3 EL scharfer Senf (Dijon!)

4 EL Weißweinessig

2 EL Nussöl (z.B. Mandel- oder Walnussöl)

Salz, Pfeffer aus der Mühle

1 Lachsforelle in zwei Filets teilen lassen, die Haut soll dranbleiben. Lachsfilets mit den Fingern auf Gräten abtasten, aufgespürte mit einer Pinzette rauszupfen. Filets unter dem kalten Wasserstrahl kurz abspülen und gut trockentupfen.

2 Eine passende längliche Form, z.B. eine Auflaufform oder flache Porzellanschale aus dem Schrank holen, ein Filet mit der Hautseite nach unten reinlegen.

3 Den ganzen Bund Dill, die Petersilie und den Kerbel waschen, trockenschütteln, die Blätter von den Stielen zupfen und fein hacken. Pfefferkörner im Mörser grob zerstoßen, mit Salz, 1 EL Zucker, Kräutern und 1 EL Rapsöl vermischen. Kräuterbeize gleichmäßig auf dem Filet verteilen, das zweite Filet – Hautseite nach oben – darauf legen. Mit Alufolie bedecken. Ein Holzbrett drauflegen und beschweren – z.B. mit mehreren Konservendosen. Ab in den Kühlschrank damit und 2 Tage dort stehen lassen. Jeden Tag beide Filets »am Stück« wenden.

4 Vorm Servieren für die Sauce den Senf, Essig und 1 TL Zucker gut verrühren, übriges Rapsöl und Nussöl unter ständigem Rühren drunterschlagen. Salzen, pfeffern. Übrigen Dill abzupfen und unterrühren.

5 Lachsfilets abtropfen lassen, mit der Hautseite nach unten auf ein Holzbrett legen. Das längste und schärfste Messer im Haushalt ausfindig machen. Schwanzende abschneiden, dann die Filets ohne Druck in dünnen, breiten Scheiben von der Haut abschneiden. Die Sauce extra dazureichen.

So viel Zeit muss sein: aktiv 45 Minuten (inklusive Aufschneiden) + 2 Tage Warten mit jeweils 1 Wendemanöver
Das schmeckt dazu: Weißbrot, feine Blattsalate, Knusper-Bratkartoffeln
Kalorien pro Portion: 230

Matjes mit Radieschensahne
Einfach und schnell

Für 4 als Vesper oder für 6 als Vorspeise:

8 Matjesfilets, 1 Bund Radieschen

1 säuerlicher Apfel , 1 weiße Zwiebel

2 mittelgroße Gewürzgurken

1 Bund Schnittlauch, 200 g Schmand

250 g Jogurt , 2–3 EL Apfelessig

Salz, Pfeffer aus der Mühle

1 Matjesfilets quer in fingerbreite Streifen schneiden. Die Radieschen waschen, putzen und in Scheibchen hobeln. Den Apfel gründlich waschen, nicht schälen, vierteln und Kerngehäuse rausschneiden. Die Apfelschnitze quer in feine Scheiben schneiden. Zwiebel abziehen, halbieren und in dünne Streifen schneiden. Gurken würfeln. Schnittlauch waschen und in Röllchen schneiden.

2 Schmand, Jogurt und Essig gründlich verquirlen. Matjes, Radieschen, Apfel, Zwiebel, Gurken und Schnittlauch gut untermischen. Mit Salz und Pfeffer abschmecken.

So viel Zeit muss sein: 30 Minuten
Das schmeckt dazu: Pumpernickel oder Vollkornbrot mit Butter oder Pellkartoffeln
Kalorien pro Portion: 580

Ceviche
Roher Fisch aus der Karibik

Für 4 als Vorspeise:

300 g ganz frisches Rotbarschfilet

Salz, 3 Limetten oder Zitronen

2 Fleischtomaten (400 g)

1 weiße Zwiebel

2 Bund Koriander (oder Petersilie)

2 EL Olivenöl + 2 TL zum Bestreichen

Pfeffer aus der Mühle

einige Spritzer Tabasco

1 Fisch kalt waschen und mit Küchenpapier trockentupfen. Eine Glas- oder Porzellan-schussel aus dem Schrank holen, Fisch rein-legen und leicht salzen. Den Saft von den Limetten auspressen, 2 EL abnehmen. Übri-gen Limettensaft über den Fisch gießen, abdecken und 2–3 Stunden kühl stellen.

2 Zeit zum Relaxen. Erst 20 Minuten vorm Servieren Tomaten mit kochendem Wasser übergießen, kurz ziehen lassen, abschrecken und häuten. Tomaten vierteln, entkernen und den Stielansatz rausschneiden. Tomaten in kleine Würfel schneiden. Zwiebel pellen und fein hacken. Koriander waschen, Blätter von den Stielen zupfen, große Blätter beiseite legen, die kleineren grob hacken.

3 Den Fisch abtropfen lassen, dann in klei-ne Würfel schneiden. Tomaten, Zwiebel und gehackten Koriander dazu, vorsichtig vermi-schen. Mit dem abgenommenen Limettensaft und 2 EL Olivenöl beträufeln. Mit Salz, Pfeffer und Tabasco scharf abschmecken.

4 Eine Platte mit 2 TL Olivenöl einpinseln, mit Korianderblättern auslegen. Fisch-Mischung darauf häufen, mit Pfeffer über-mahlen und mit Korianderblättern bestreuen.

So viel Zeit muss sein: 30 Minuten
+ 2–3 Stunden Marinieren
Das schmeckt dazu: knuspriges Weißbrot
Kalorien pro Portion: 165

Lamm-Carpaccio
Edel-Imbiss ohne Schnickschnack

Für 4 Genießer als Vorspeise:

300 g Lammfilet

100 g kleine Champignons oder Egerlinge

2 EL Zitronensaft, 12 Zweige Thymian

2 EL Aceto balsamico

Salz, Pfeffer aus der Mühle

5 EL bestes Olivenöl

40 g Parmesan oder Granakäse am Stück

einige Basilikumblätter

1 Lammfilet trockenreiben, in Klarsichtfolie wickeln und für etwa 1 Stunde ins Gefrierfach legen.

2 Champignons mit Küchenpapier abrei-ben, in dünne Scheibchen schneiden. Sofort mit Zitronensaft beträufeln, damit sie nicht braun werden. Thymian abspülen, trocken-tupfen, Blättchen abstreifen und leicht hacken.

3 Aceto balsamico, Salz, Pfeffer und Olivenöl gründlich verquirlen, Hälfte vom Thymian unterrühren.

4 Das Fleisch mit einem glatten, scharfen Messer längs in hauchdünne Scheiben schneiden. Vier große Teller mit etwas Marinade einpinseln, Filetscheibchen darauf auslegen – sie sollen sich leicht überlappen. Mit den Champignons bestreuen. Übrige Marinade drüberträufeln. Parmesan oder Grana mit einem Sparschäler in dünne Späne hobeln, obendrauf streuen. Übrige Thymian-blättchen und Basilikum darauf verteilen.

So viel Zeit muss sein: 25 Minuten
(+ 1 Stunde im Gefrierfach)
Das schmeckt dazu: ganz frisches Stangen-weißbrot und ein Gläschen Prosecco
Kalorien pro Portion: 245

Die
Homema
Experte

Made in Handarbeit

de-
n

Selbst ist der Hausmann und die -frau. Seit wann sind wir angewie-
sen auf Backmischungen und Fertigprodukte? Wir können mehr als
wir uns vorstellen. Selbst Kalbsleberwurst mit echter Leber, Sauerkraut mit lebendiger Milchsäure und Marmeladen, ganz wie wir sie
mögen. Emanzipation von Fix-und-Fertig-Menüs. Dazu hat man nicht
immer die Zeit. Aber wenn man's mal gemacht und gegessen hat,
immer mehr Lust. Statt »Packung auf – Herd an« besser »Ärmel
hoch – Messer raus – mit Spaß dabei«!

Ach übrigens: Nicht jeder freut sich über Selbstgeklöppeltes.
Über selbstgebackene Brötchen als Mitbringsel zum Fest oder den
Selfmade-Essig zum Abendessen hat sich aber noch niemand
beschwert.

Was wir vom Selbermacher lernen können:

Marianne Schrader, Hausfrau in Niedersachsen mit Mann, fünf Kindern, zwei Enkeln, Garten, Hühnern und einem großen Vorratskeller

Was machen Sie gerade?
Bereite die große Geburtstagsfeier für meinen Sohn vor. Natürlich ohne Partyservice. Vom Brotbuffet über Salate, Suppen, Desserts, die Bowle und den Kuchen alles Eigenproduktion. Nur Wurst und Käse wird eingekauft. Ach ja, Bier und Wein darf natürlich auch nicht fehlen!

Wird immer alles selbst gemacht?
Wir wohnen hier auf dem Lande, haben Platz, Zeit, einen großen Garten und keinen Bäcker im Dorf. Deshalb mache ich Marmelade, backe Brot und habe immer einen selbstgebackenen Kuchen im Haus. Wir schlachten auch!

Sie halten Schweine und Kühe?
Nein, Schweine haben wir früher gemästet, als noch alle Kinder im Haus waren. Was soll ich jetzt mit dem vielen Fleisch! Nun gibt's nur noch Eier von unseren glücklichen Hühnern und 16 Masthähnchen, die dieses Jahr geschlachtet werden und dann die Tiefkühltruhe füllen. Bei diesem Fleisch weiß ich wenigstens, was ich esse.

Und Gemüse aus dem eigenen Garten?
Ja klar, wir ernten fast alles selbst, was wir brauchen. Bei Kartoffeln und Erdbeeren schaffen wir es leider nicht ohne Spritzmittel, doch sonst ist alles biologisch! Da hab ich einfach ein besseres Gefühl.

Und was machen Sie nicht selbst?
Strudelteig. Bei dem würde ich die Krise kriegen. Ich kauf mir aber auch keinen fertigen. So was genieße ich, wenn ich mal zum Apfelstrudel eingeladen werde.

Eigener Herd ist Goldes wert! Selberkochen macht Spaß. Man weiß, was man isst. Das gibt Sicherheit und gleichzeitig auch eine Kontrolle über die Menge der Fette und Kalorien im Essen.

Ein Koch ist nur so gut wie seine Küche!
Ohne geschliffene Messer, große Bretter und gute Töpfe macht Kochen keinen Spaß. Dazu eine praktische Küchenmaschine, die ihren festen Platz hat und nicht immer wieder in den Küchenschrank zurück muss. So bekommt man Appetit auf schneiden, hacken, rühren, pürieren, dünsten und probieren.

Jeder kocht sein eigenes Süppchen
So soll es sein! Schließlich sind Rezepte kein Gesetz, sondern eine Anregung. Deshalb Mut zum Experiment und nicht stoisch am Suppenrezept kleben. Mal ein anderes Kraut zugeben, die Möhre gegen Petersilienwurzel austauschen oder statt der Sahne eine gekochte Kartoffel zum Binden nehmen. So wird jeder selbst herausfinden, dass auch er kreativ kochen kann. Und das nicht nur bei der Suppe.

Ehrlich kocht am längsten – und am liebsten
Es macht mehr Spaß, mit ehrlichen Grundprodukten zu brutzeln als vorgefertigte Lebensmittel inklusive Panade in die Pfanne zu geben und die Sauce dazu aus der Packung anzurühren. Mag ja sein, dass das auch schmeckt und schneller fertig ist. Aber Freude kommt keine auf. Selbst entdecken, wie man eine Sauce sämig und einen Braten knusprig bekommt – nur so hat man Lust, sich für ein Menü mehr Zeit am Herd zu nehmen, als man später zum Genießen braucht.

Gut kochen kann man nur mit guten Zutaten
Deshalb als erstes raus auf den Markt, in die Läden und sich freuen über Produkte, die herrlich duften, gut aussehen und ein leckeres Essen versprechen. Damit zu kochen sollte eigentlich gar nicht mehr schwer sein. Ganz gleich, ob man ein Sterne-Menü kocht oder nur eine Kleinigkeit.

Viele Köche verbessern den Brei
So heißt es nämlich bei guten Köchen, die ein ebensolches Team bilden. Gemeinsam kochen, backen, grillen, dünsten, dämpfen, abwaschen, aufräumen macht genau so viel Spaß wie gemeinsam essen. Voraussetzung: Jeder weiß, was zu tun ist. Und bei acht statt zwei Händen kann man sich gut den Pizzaservice sparen. Einer macht den Teig, der andere den Belag, der dritte achtet auf den Herd und der vierte darauf, dass der Wein nicht fehlt!

ein gutes Stück Natur
selbstgemachte Marmelade

wieso:

... weil es keine bessere gibt.

... weil in ihr mehr Aroma als Zucker ist.

... weil man immer etwas zum Verschenken hat.

... weil sie das Aufstehen versüßt.

... weil man nicht weiß, wo man Rhabarberkonfitüre oder Physalismarmelade kaufen kann.

wie:

... kaltgerührt, als Beerenmarmelade mit Extra-Gelierzucker der Frühstücks-Hit!

... klassisch für den Wintervorrat eingekocht mit Gelierzucker im Verhältnis 1:1.

... herb, weil auch Gemüse mit Essig und Zucker eingekocht eine Marmelade ergibt, die sich allerdings Chutney nennt.

... ganz sauber: Früchte ohne faule Stellen, Gläser heiß ausgewaschen und mit Deckeln gut verschlossen – damit sich die Marmelade lange hält.

wann:

... gehört zum Frühstück

... wann immer möglich, zwischendurch

... im Quark verrührt, auf dem Jogurt (direkt aus dem Becher) oder einfach nur dick auf Vollkornbrot oder einem Toast

... und nachmittags ganz lecker als Füllung in der Torte

... klammheimlich nachts als Betthupferl – unter uns: ganz toll ist ein Esslöffel mit Frischkäse und darauf Kirschmarmelade. Zum Träumen!

womit:

... phantasievoll mit Gewürzen: Zimtstange, Vanilleschote, Sternanis, Ingwer

... geschmackvoll mit Kräutern: Zitronenmelisse oder Pfefferminze

... gehaltvoll mit einem Schuss Alkohol: Rum, Brandy, Likör ...

natur pur

Picknick auf der Wiese. Schon mal gemacht? Na, also -warum nicht öfter? Sobald das nächste Mal die Sonne rauskommt und die Wiesen vom letzten Regen wieder trocken sind, raus zum Schmausen! Versprochen? Am besten natürlich mit lauter Selbstgemachtem. Okay, der Sekt kommt aus dem Supermarkt. Aber die Sandwich-Ideen nicht und der Salat ist Eigenproduktion und natürlich auch die Brötchen. Das Quittengelee hat Edmund mitgebracht, der Kartoffelsalat ist von Thomas und Christiane und Andreas haben neben ihren Kindern auch noch zwei große Gläser mit mariniertem Gemüse dabei. Wenn das Wetter hält, gehen wir erst heute Abend wieder heim.

Auch gute Köche verwenden Fertigprodukte

73 % nehmen Fleischbrühe

68 % nehmen Tiefkühlgemüse

44 % nehmen Kartoffelpüree

Quelle Iglo-Studie

Gewürztes Landbrot
Lohnende Laibesübung

Warum Brot selber backen, wo's im Laden doch die größte Auswahl gibt? Weil das Homebaking so was wie ein schöpferischer Akt ist und der bäckerlike Duft viele Freunde in die Bude lockt. Weshalb man unbedingt ausreichend Butter da haben sollte!

Für 1 längliches Brot:

250 g Roggen-Vollkornmehl

150 g Weizenmehl, Type 1050

1 Würfel frische Hefe (42 g)

1 TL brauner Zucker

1 Päckchen flüssiger Natursauerteig (150 g, gibt's im Supermarkt und im Reformhaus)

125 g kernige Haferflocken

300 g Roggenschrot

1 EL Salz

je 1 TL gemahlener Koriander, Kümmel und Anis

Roggen-Vollkornmehl zum Bestäuben und Formen

Backpapier fürs Backblech

1 Das Roggen- und Weizenmehl in eine große Schüssel schütten und vermischen. In die Mitte eine Mulde drücken – geht gut mit einem Esslöffel. Hefe hineinbröckeln, Zucker und 3 EL lauwarmes Wasser dazu. Hefe mit dem Wasser glatt verrühren, leicht mit Mehl bestäuben und zugedeckt an einem warmen Ort 10 Minuten gehen lassen.

und das Brot noch etwa 1 Stunde backen. Den Laib mit Topflappen rumdrehen und auf die Unterseite klopfen. Hört es sich hohl an? Dann ist das Brot fertig. Raus aus dem Ofen und gut abkühlen lassen. Vorm Anschneiden bitte noch ein wenig Geduld – am besten schmeckt's, wenn es einen Tag ruhen durfte!

So viel Zeit muss sein: Aktiv 30 Minuten + gut 2 $^1/_2$ Stunden zum Gehen + 1 $^1/_4$ Stunden Backen + 1 Tag Ruhe Das schmeckt dazu: na, was schon? Frische Sauerrahmbutter! Und alles, was der Kühlschrank bietet – Wurst, Käse, Quark, Marmelade...
Kalorien pro Scheibe (25): 125

2 Jetzt den Sauerteig dazugießen und von der Mitte aus mit dem Mehl vermengen – geht easy mit den Knethaken des Handmixers. Dann Haferflocken, Roggenschrot, Salz und Gewürze einstreuen. Nach und nach 350 ml lauwarmes Wasser dazugießen und alles mit den Knethaken des Handmixers gründlich verarbeiten.

3 Die Arbeitsfläche mit Mehl bestäuben, den Teig darauf heben und mit den Händen gründlich verkneten, bis er geschmeidig ist. Zurück in die Schüssel legen, mit etwas Mehl bestäuben und mit einem Tuch abdecken. An einem warmen Ort 2 Stunden gehen lassen, bis sich das Volumen etwa verdoppelt hat.

4 Ein Backblech mit Backpapier belegen. Den Teig auf Mehl noch einmal kräftig durchkneten. Zu einem Kloß formen und mit der »Naht« nach unten auf das Blech setzen. Tuch wieder drüberdecken und den Laib noch 20-30 Minuten ruhen lassen.

5 Den Backofen auf 225 Grad (etwas später einstellen: Umluft 200 Grad) vorheizen. Eine ofenfeste Schale mit kochend heißem Wasser auf den Backofenboden stellen. Das Brot diagonal mehrmals 1 cm tief einschneiden. Auf der mittleren Schiene in den Ofen schieben, 15 bis 20 Minuten backen. Dann die Ofentür kurz öffnen – vorsichtig, da kommen heiße Schwaden raus! Die Temperatur auf 200 Grad (Umluft 180 Grad) runterschalten

Varianten:

Sauerteig-Brötchen

Den Teig wie beim Brot zubereiten, aber zusätzlich noch 75 g Crème fraîche mit dem Mehl einarbeiten – er wird damit sehr weich. Mit einem Esslöffel 12 Teigportionen abstechen und mit gut bemehlten Händen runde Brötchen draus formen. Auf ein mit Backpapier belegtes Blech setzen und zugedeckt 30 Minuten gehen lassen. Dann mit etwas Wasser besprenkeln, Sonnenblumenkerne, Mohn und Haferflocken draufstreuen und leicht andrücken. Brötchen kreuzweise einschneiden und im vorgeheizten Ofen bei 200 Grad (Umluft 180 Grad) 30 bis 35 Minuten backen. Herrlich fürs späte Sonntagsfrühstück!

Ciabatta (Italienisches Weißbrot)

In einer Schüssel $^1/_4$ l lauwarmes Wasser mit $^1/_4$ Würfel frischer Hefe (10 g) glatt verrühren. 450 g Weizenmehl (helles), 2 EL Olivenöl und 1 EL Salz dazu, alles gründlich verkneten. Teig kugelig formen, mit Olivenöl einpinseln und abgedeckt 2 Stunden im warmen Zimmer gehen lassen, bis er luftig und klebrig ist. Noch mal 5 Minuten durchkneten, dann halbieren und zu 2 Broten von etwa 30 cm Länge formen. Auf ein bemehltes Backblech legen (Naht nach oben) und noch 30 Minuten gehen lassen. Im vorgeheizten Ofen bei 200 Grad (2. Schiene von unten, Umluft ist nicht empfehlenswert!) 25 Minuten backen. Super zu italienischen Vorspeisen!

Baguette und Brötchen

Für den Vorteig je 50 g Weizenmehl (Type 550) und feines Weizen-Vollkornmehl mit $^1/_8$ l lauwarmen Wasser und $^1/_4$ Würfel frischer Hefe (10 g) verrühren, mit Folie abgedeckt über Nacht im Zimmer gären lassen. Am nächsten Tag je 300 g Weizenmehl (Type 550) und Weizen-Vollkornmehl mischen, 1 EL Salz drüberstreuen und eine Mulde hineindrücken. 10 g Hefe und 1 gute Prise Zucker mit 1/4 l lauwarmem Wasser verquirlen, mit dem Vorteig in die Mulde gießen. Alles mit den Knethaken des elektrischen Handmixers gründlich durchkneten, dann auf Mehl noch 10 Minuten von Hand kneten. Teig einölen, zugedeckt 45 Minuten gehen lassen – das Volumen verdoppelt sich. Teig nochmals kurz kneten, in vier Portionen teilen, erst zu Kugeln, dann zu etwa 30 cm langen Strängen rollen. Auf ein mit Backpapier belegtes Blech legen – zugedeckt nochmals 1 Stunde gehen lassen. Baguettes oben mehrmals 1/2 cm tief einschneiden, mit Milch einpinseln und im vorgeheizten Ofen bei 200 Grad (Umluft 180 Grad) 40-45 Minuten backen. Für Baguettebrötchen den Teig in 10 Portionen teilen und zu kurzen, dicken Rollen formen. 1 Ei und 1 EL Wasser verquirlen, Teigstücke damit bestreichen, mit Sesam oder Mohn bestreuen. Die Backzeit verringert sich auf 25 bis 30 Minuten.

Quark
Selbst gemacht – so gut kann man ihn nicht kaufen

Für 250 g Quark:

$^1/_2$ l Milch, 3 EL Dickmilch

Außerdem:

feines Baumwolltuch, Küchensieb

1 Milch und Dickmilch verrühren, in eine flache Schale geben und mit einem Tuch abdecken. Die Mischung darf sich nun an einem warmen Ort 10 Stunden ausruhen und dabei dick werden.

2 Die entstandene Dickmilch kommt 1 $^1/_2$ Stunden bei 30 Grad (Umluft gleiche Hitze) in den Backofen. Dabei setzt sich oben Molke ab und am Boden der festere Quark.

3 Ein großes Sieb mit einem feinen Baumwolltuch auslegen und die Molke-Quark-Masse hineingeben. Die Molke tropft ab. Danach kommt alles nochmal für 4 Stunden bei etwa 30 Grad in den Backofen, noch mehr Flüssigkeit tropft ab, der Quark wird fest.

4 Das Tuch mit dem Quark mehrfach auswringen, bis keine Molke mehr heraustropft und den Quark entweder im Kühlschrank fest werden lassen oder als Creme-Quark mit Früchten, Kräutern oder Knoblauch würzen.

So viel Zeit muss sein: 10 Minuten
(+ 15 $^1/_2$ Stunden Ruhezeit)
Kalorien insgesamt: 350

Liptauer
Das kann aus Quark werden

Reicht für 4:

2 Zwiebeln, 1 Bund Schnittlauch

150 g weiche Butter, 400 g Quark

1 TL Kapern, 1 TL Edelsüß-Paprikapulver

1 TL Kümmel, 1 TL mittelscharfer Senf

Salz, Pfeffer aus der Mühle

1 1 Zwiebel schälen und so fein wie möglich hacken. Den Schnittlauch waschen, trockenschwenken und in feine Röllchen schneiden.

2 Beides mit der weichen Butter und dem Quark verrühren. Dann mit Kapern, Paprika, Kümmel, Senf, Salz und Pfeffer würzen und kuppelförmig auf einen Teller türmen. Dazu die zweite Zwiebel schälen, in Ringe schneiden und zum Liptauer servieren.

So viel Zeit muss sein: 10 Minuten
Das schmeckt dazu: kräftiges Bauernbrot
Kalorien pro Portion: 395

Pflaumenmus
Nach Omas Art oder ganz fix

Reicht für 5 Gläser à 400 ml:

2,5 kg blaue Pflaumen (möglichst späte Sorte) oder Zwetschgen

600 g Zucker, 1 Zimtstange

oder:

2,5 kg Pflaumen oder Zwetschgen

1 kg Extra-Gelierzucker (für 2 kg Früchte)

1 TL Zimt

$^1/_2$ TL gemahlene Nelken

1 Für Geduldige mit Hang zum Nostalgischen: Die Pflaumen oder Zwetschgen waschen und trockenreiben. Dann die Früchte der Länge nach entlang der Fruchtnaht aufschneiden, auseinander klappen und die Steine entfernen.

2 Einen großen Topf aus dem Schrank holen, eine Lage Pflaumen auseinander geklappt rein schichten, mit etwas Zucker bestreuen. Ein zweite Lage Früchte darauf betten, wieder zuckern und so weiter, bis alles im Topf ist. Nicht vergessen: Die Zimtstange in zwei Hälften brechen und dazwischen stecken. Deckel drauf und die Pflaumen über Nacht an einem kühlen Ort durchziehen lassen.

3 Am nächsten Tag den Topf auf den Herd stellen, Deckel ab und ohne umzurühren(!) langsam aufkochen lassen. Erst einmal relaxen: Die Pflaumen kochen bei mittlerer Hitze 2 1/2 Stunden und dürfen nicht umgerührt werden, auch wenn der Kochlöffel-Arm noch so juckt! Die Früchte schwimmen die ganze Zeit auf dem eigenen Saft. Erst wenn man einen Kochlöffel eintaucht, sinken sie zu Boden und brennen an.

4 Jetzt heißt es aktiv werden: Die Temperatur hochschalten und das Pflaumenmus kräftig, mindestens 15 Minuten lang einkochen – dabei die Fruchtmasse ständig mit einem Kochlöffel umrühren – vorsichtig, es kann spritzen! Das fertige Mus vom Herd nehmen, Zimtstücke herausfischen. Mus in heiß ausgespülte Gläser füllen und mit Twist-Off-Deckeln verschließen. Haltbarkeit: 1 Jahr

5 Für die Eiligen: Die entsteinten Früchte grob pürieren. In einen Topf umfüllen, Gelierzucker, Zimt und Nelken einrühren, langsam zum Kochen bringen. 2–3 Minuten sprudelnd kochen lassen – dabei ständig rühren. Fruchtmasse in heiß ausgespülte Gläser füllen, gut verschließen.

So viel Zeit muss sein: 45 Minuten aktiv, + 2 1/2 Stunden Relaxen + 24 Stunden Durchziehen. Schnelle Variante: 30 Minuten
Das schmeckt dazu: frisches Brot oder Brötchen mit Butter oder Schmand, Pfannkuchen (Seite 150) oder knusprige Waffeln (Seite 151)
Kalorien pro Glas: 710 (1), 995 (2)

Erdbeer-marmelade
Must fürs Sonntags-frühstück

Reicht für 3 Gläser à 500 ml Inhalt:

1,5 kg Erdbeeren

1 Zitrone

500 g Super-Gelierzucker 3:1 (1500 g Frucht auf 500 g Gelierzucker)

2 Vanilleschoten

oder:

1 kg Erdbeeren

500 g Rhabarber (oder andere säuerliche Früchte, z.B. Stachelbeeren, rote Johannisbeeren)

500 g Super-Gelierzucker 3:1

1 Zitrone

1 Für die Puristen: Die Erdbeeren in einer Schüssel mit Wasser kurz waschen und in einem Sieb abtropfen lassen, dann den grünen Stielansatz keilförmig rausschneiden oder mit einer leichten Drehung rauszupfen. Die Hälfte der Erdbeeren vierteln oder halbieren, die übrigen Erdbeeren zu Mus zerdrücken – am besten geht's mit einem Holzstampfer. Erdbeerpüree und Fruchtstückchen in einen großen Topf füllen, Zitronensaft aus-

pressen und mit dem Gelierzucker unterrühren. Fruchtmasse bei starker Hitze aufkochen, dabei ständig rühren, nach Packungsangabe 3–4 Minuten sprudelnd kochen lassen. Von der Herdplatte ziehen.

2 Vanilleschoten längs aufschlitzen, das Mark rauskratzen und untermischen. Die Marmelade bis zum Rand in vorbereitete Gläser füllen, sofort mit Twist-Off-Deckeln verschließen. Für etwa 5 Minuten auf den Kopf stellen, damit zwischen Deckel und Marmelade ein Vakuum entstehen kann, dann abkühlen lassen.

3 Für die Säureliebenden: Die geputzten Erdbeeren in einen großen Topf füllen und mit einem Holzstampfer oder mit dem Pürierstab gründlich zerkleinern. Den Rhabarber waschen, die Endstücke abschneiden, dann die Stangen in kleine Stückchen schneiden, aber nicht abziehen. Zu den Erdbeeren geben, mit dem Gelierzucker und dem Saft der Zitrone verrühren. Aufkochen und 3–4 Minuten sprudelnd kochen lassen. Sofort in heiß ausgespülte Gläser füllen und gut verschließen.

So viel Zeit muss sein: jeweils 30 Minuten
Das schmeckt dazu: fast alles, worauf man Marmelade streichen kann – Brot, Brötchen, Knäcke, Waffeln, Pfannkuchen. Prima auch als Grundlage für Jogurt, Quark und Eis
Kalorien pro Glas: 825 (1), 795 (2)

Grillgemüse in Öl
Klein und fein – Vorräte für Genießer

Hier geht's nicht ums Hamstern von Wintervorräten, sondern um kleine Portionen – ein, zwei Gläser Gemüse etwa, in Öl oder würzigem Essig-Öl-Sud eingelegt, und gerade richtig als kleine Vorspeise oder für den Antipastiteller. Supereinfach und so gut, dass diese Gläser garantiert nie im Regal einstauben!

Reicht für 2 Gläser à ¹/₂ l:

je 2 rote und gelbe Paprikaschoten (700 g)

2 kleinere Auberginen (500 g)

4 kleine Zucchini (500 g)

Salz, Pfeffer aus der Mühle

etwa 400 ml Olivenöl + 2 EL zum Bestreichen

12 Knoblauchzehen

¹/₂ Bund Oregano

2 Zweige Rosmarin

1 Den Backofengrill auf höchste Stufe vorheizen. Die Paprikaschoten waschen, vierteln, Stielansatz rausbrechen, Trennwände und die kleinen Kerne rauszupfen. Auberginen und Zucchini waschen, Stielansatz abschneiden, Auberginen längs halbieren oder vierteln. Dann mit den Zucchini quer in knapp 1 cm dicke Scheiben schneiden. Mit Salz bestreuen und 20 Minuten ziehen lassen. Auberginen- und Zucchinischeiben mit Küchenpapier trockentupfen und pfeffern.

2 Ein Backblech mit 2 EL Öl einstreichen. Paprika mit der Hautseite nach oben und die Auberginen- und Zucchinischeiben nebeneinander darauf legen (in 2 Portionen) und

unter dem Grill je 8–10 Minuten grillen, zwischendurch umdrehen. Die Haut von den Paprikas wird schwarz und wirft Blasen.

3 Während der Grillzeit die Knoblauchzehen schälen und in kochendem Salzwasser 1–2 Minuten kochen, mit einer Schaumkelle rausheben und auf einem Küchentuch abtropfen lassen. Oregano und Rosmarin abbrausen und gut trockentupfen, Rosmarinzweige einmal durchbrechen.

4 Gemüse aus dem Backofen holen, kurz abkühlen lassen, dann von den Paprikas mit einem Messer die Haut abziehen, Paprikas in etwa 2 cm große Stücke schneiden.

5 Zwei Gläser – am besten mit Twist-Off-Deckel – gut säubern und kochend heiß ausspülen, auch die Deckel. Die Paprikas, Auberginen und Zucchini salzen, abwechselnd mit den Knoblauchzehen, Oregano- und Rosmarinzweigen in die Gläser schichten. So viel Öl drübergießen, dass die Gemüse völlig bedeckt sind. Gläser gut verschließen und an einem dunklen Ort 2–3 Tage durchziehen lassen. Einmal angebrochen, bald verbrauchen – und nur ganz sauberes Besteck nehmen. Und darauf achten, dass das Gemüse immer mit einer ausreichend dicken Ölschicht bedeckt ist, damit nichts schimmelt. Das Gemüse hält sich an einem kühlen Ort etwa 10 Tage.

So viel Zeit muss sein: 1 Stunde (ohne die Marinierzeit)
Das schmeckt dazu: knuspriges Weißbrot, mit Salami und Oliven wird's ein leckerer Antipastiteller
Kalorien pro Glas: 775

Varianten:

Pilze in Chili-Öl

750 g frische Pfifferlinge oder kleine, feste Champignons putzen, abreiben, nur wenn nötig, kurz waschen und danach sorgfältig trockentupfen. ¹/₄ l Wasser und ¹/₄ l Weißweinessig mit 1 EL Salz aufkochen. Pilze im Sud aufkochen und bei mittlerer Hitze 5 Minuten köcheln lassen. Mit der Schaumkelle rausheben, gut abtropfen lassen. Pilze noch heiß mit den Gewürzen – 3 Lorbeerblättern, 4 roten Chilischoten, 10 schwarzen Pfefferkörnern, 6–8 Zweigen Thymian – abwechselnd in ein sauberes Glas (etwa ³/₄ l Inhalt) schichten und mit ca. 300 ml Olivenöl begießen. Glas verschließen und an einem dunklen Platz aufbewahren.

Spargel in Basilikum-Zitronen-Öl

500 g grünen Spargel waschen, die Endstücke abschneiden, die Stangen nur im unteren Drittel schälen und schräg in 4 cm lange Stücke schneiden. 1 unbehandelte Zitrone heiß waschen, von der Schale 3 bis 4 Streifen wie von einem Apfel abschälen, den Saft auspressen. ¹/₄ l trockenen Weißwein, ¹/₄ l Weißweinessig und den Zitronensaft mit 2 TL Salz aufkochen, Spargel darin 5 Minuten garen. Mit einer Schaumkelle rausheben und in einem Sieb gut abtropfen lassen. 1 Frühlingszwiebel putzen und in feine Ringe schneiden. 20 große Blätter Basilikum mit Küchenpapier abreiben. Den Spargel mit 1 TL Pfefferkörnern und den Zitronenschalenstreifen in ein sauberes Glas (etwa 1 l Inhalt) schichten, dabei jede Lage mit Frühlingszwiebeln und Basilikum bestreuen. Zum Schluss etwa ¹/₂ l Olivenöl drübergießen – der Spargel muss vollständig bedeckt sein. Gefäß gut verschließen, Spargel an einem kühlen Ort 2–3 Tage durchziehen lassen. Haltbarkeit: ca. 2 Wochen.

Sauerkraut
Selbst gemacht

Für einen kleinen Topf (2,5 l Inhalt):

2 kg Weißkohl

25 g Salz

100 g rohes (!) Sauerkraut

2 TL Zucker

Außerdem:

Kartoffelstampfer

2,5 l Steinguttopf oder ein ebenso großes dunkles Glasgefäß mit passender Abdeckung (Untertasse, rundes Holzbrettchen)

Es gibt auch professionelle Gärtöpfe mit einem Deckel, der in einer speziellen wasser-gefüllten Rinne am Rand des Topfes aufliegt. Über die Rinne können Gase gut entweichen und man braucht keine Folie.

1 Zuerst mal den Topf und die Abdeckung sowie Messer zum Schneiden und Kartoffel-stampfer zum Einschichten des Sauerkrauts penibel heiß waschen.

2 Weißkohl von den äußeren Blättern und vom Strunk befreien und in ganz feine Strei-fen schneiden. Das geht am besten mit einem Hobel. Sind die Streifen zu dick, wird das Sauerkraut nicht weich und misslingt.

3 Den geschnittenen Kohl lagenweise immer mit etwas Salz in den Topf einschich-ten und mit dem Kartoffelstampfer mit ganzer Kraft festdrücken, bis allmählich Saft austritt. Beim Einschichten zweimal je 50 Gramm rohes Sauerkraut mit etwas Zucker in den Ansatz geben. Das rohe Sauer-kraut enthält Bakterien, die die Milchsäure-gärung in Gang bringen, und der Zucker bil-det den ersten Nährstoff für diese Bakterien.

4 Zum Schluss das Kraut nochmals ganz fest in den Topf drücken, am besten mit dem Kartoffelstampfer. Der Kohl muss in seinem eigenen Saft liegen. Entwickelt sich zu wenig Flüssigkeit, noch etwas Salzwasser (1 Teil Salz, 9 Teile Wasser) zugeben, das zuvor abgekocht wurde und wieder vollständig (!) abgekühlt ist. Auf das Sauerkraut kommt dann noch die Abdeckung, die man mit einem großen Stein oder Gewicht beschwert.

5 Den Topf mit Haushaltsfolie luftdicht abschließen. Die Folie in den ersten Tagen alle 8 bis 12 Stunden kurz anheben, später seltener. So können die sich entwickelnden Gase entweichen. Erst muss der Gärtopf bei Zimmertemperatur stehen, am dritten Tag kommt er in einen kühleren Raum, ideal ist ein Keller. Nach 4 Wochen ist das Sauerkraut fertig und muss in den Kühlschrank.

So viel Zeit muss sein: 40 Minuten
(+ 4 Wochen Zeit zum Gären)
Kalorien insgesamt: 425

Tipp:

Manchmal fängt die oberste Sauerkraut-schicht im Gärgefäß an zu faulen. Einfach abheben und wegwerfen, darunter findet sich wohlriechendes Sauerkraut.

Kimchi
Korea lässt grüßen

Für 1 Topf von ca. 5 l Inhalt:

300 g Salz

1 Chinakohl

1 Rettich

3 Frühlingszwiebeln

30 g Paprika-Chilipulver (Asienshop, ersatzweise Rosen-Paprikapulver)

1 walnussgroßes Stück Ingwer

Jodsalz, Zucker

1 Salz mit 3 l Wasser aufkochen und wieder vollständig abkühlen lassen.

2 Den Chinakohl waschen, putzen, längs nur so weit halbieren, dass die Blätter unten noch zusammenhängen. Den Chinakohl 12 Stunden in die Salzlake geben, er muss ganz davon bedeckt sein. Bei Bedarf also noch etwas Salzlake drüberschütten.

3 Den Chinakohl sorgfältig abspülen und abtropfen lassen. Den Rettich und die Frühlingszwiebeln waschen, putzen und in kleine Stücke schneiden.

4 Paprika-Chilipulver mit etwas heißem Wasser zu einem Brei verrühren. Den Ingwer schälen, klein schneiden und im Mörser verreiben oder mit einer Gabel zerdrücken.

5 Rettich und Frühlingszwiebeln mit dem Chilibrei und dem Ingwer sowie etwas Salz und Zucker vermischen, zwischen die Blätter des abgetropften Chinakohls geben, gut zusammenpressen und eng anliegend in ein Gefäß drücken. Alles mit einem Chinakohlblatt und einer Auflage (z. B. Brett, Untertasse) bedecken und mit einem Gewicht beschweren. Das Gefäß mit Klarsichtfolie abdecken. Die Folie hin und wieder abnehmen, damit entstehende Gase entweichen können. Den Kimchi-Ansatz 2 Tage bei Zimmertemperatur, dann mindestens 1 Woche im Kühlschrank gären lassen.

So viel Zeit muss sein: 40 Minuten
(+ ca. 10 Tage zum Gären)
Kalorien insgesamt: 190

Mixed Pickles
Bunte Mischung

Für 2 große Schraubverschlussgläser (je 1 l):
1 kg Gemüse wie Broccoli- oder Blumenkohlröschen, Möhrenscheiben, kleine Gewürzgurken, Perlzwiebeln und Bohnen
Salz
ein paar frische Dillzweige
$^1/_2$ l Weißweinessig
$^1/_2$ l Weißwein, 1 TL Senfsamen
1 TL Zucker, 1 TL Koriandersamen

1 Das Gemüse waschen und putzen, eventuell je nach Gemüsesorte klein schneiden. Getrennt in Salzwasser jeweils in 2 (Broccoli) – 8 (Bohnen) Minuten bissfest garen.

2 Die Schraubverschlussgläser samt den Deckeln mit heißem Wasser sorgfältig waschen. Das Gemüse in die Gläser einschichten. Die Dillzweige mit hineingeben.

3 Essig mit Weißwein, Senfsamen, Zucker, 1 TL Salz und Koriander aufkochen, kochend heiß über das Gemüse geben und die Gläser randvoll füllen. Sofort verschließen, auf den Kopf stellen und abkühlen lassen.

So viel Zeit muss sein: 30 Minuten
Kalorien pro Glas: 195

Honigsenf
Hit aus dem Vorrat

Für 8–10 Genießer als Beigabe:
100 g gelbe Senfkörner
2 TL schwarze Pfefferkörner
1 TL Koriandersamen
100 ml Weißweinessig
4 EL Weißwein
2 EL flüssiger Honig, Salz

1 Die Senfkörner zusammen mit Pfefferkörnern und Koriander in einer Kaffeemühle nicht zu fein mahlen – eventuell in zwei Portionen. Wer keine hat, muss die Gewürze gemahlen kaufen. Die Gewürze in eine kleine Schüssel schütten, Essig und Weißwein dazu und etwa 2 Stunden quellen lassen.

2 Den Senfbrei mit dem Pürierstab pürieren, dabei den Honig einfließen lassen. Wenn die Masse sehr fest ist, noch etwas Wasser dazu, mit Salz würzen. Den Senf in ein sauberes Glas mit Twist-Off-Deckel füllen, gut verschließen und im Kühlschrank aufbewahren – hält sich mindestens 6 Wochen.

So viel Zeit muss sein: 15 Minuten
(+ 2 Stunden Einweichzeit)
Das schmeckt dazu: Schinken, Frikadellen, Weißwürste, Kasseler, Geflügelleber
Kalorien pro Portion (10): 25

Kalbsleberwurst aus dem Glas
Glas statt Pelle

Für 2 Gläser von je 300 ml Inhalt:

3 Zwiebeln

200 g fetter geräucherter Speck

400 g mageres Kalbfleisch

$^1/_2$ Bund Majoran

$^1/_2$ Bund Basilikum

400 g Kalbsleber

Salz, Pfeffer aus der Mühle

frisch geriebene Muskatnuss

1 Die Zwiebeln schälen und klein schneiden. Den Speck in Würfel schneiden. Den Speck in einer großen Pfanne erhitzen, bis sich flüssiges Fett in der Pfanne bildet.

2 Die Zwiebeln darin glasig dünsten. Das Kalbfleisch würfeln, dazugeben und etwa 15 Minuten kräftig darin braten. Immer mal wieder umrühren.

3 Majoran und Basilikum waschen, trockenschwenken und die Blätter hacken. Die Kalbsleber abspülen, trockentupfen und alle Häute abtrennen. Die Leber klein schneiden.

4 Die Hälfte der Leber mit der Zwiebel-Fleisch-Mischung und den Kräutern pürieren, die übrige Hälfte der Leberstücke zugeben. Mit Salz, Pfeffer und Muskat kräftig würzen. Das Fleisch in Schraubverschluss-Gläser geben.

5 Die Gläser in einen hohen Topf stellen und den Topf bis auf die Höhe der Gläser mit Wasser füllen. Die Leberwurst im Glas bei schwacher Hitze etwa 1 Stunde garen. Herausnehmen und abkühlen lassen.

So viel Zeit muss sein:
50 Minuten (+ 1 Stunde Garzeit)
Kalorien pro Glas: 1085

Apfel-Majoran-Schmalz
High fat

Reicht für 10:

200 g fetter Speck

250 g Flomenfett (die Fettablagerungen an der Innenseite des Schweinebauchs, gibt's beim Metzger)

1 kleiner säuerlicher Apfel (z.B. Boskoop)

1 Zwiebel

2–3 Zweige Majoran

Salz, Pfeffer aus der Mühle

1 Den fetten Speck kalt waschen, trockenreiben und die Schwarte abschneiden, dann Speck und Flomen klein würfeln. Den Apfel schälen, vierteln, das Kerngehäuse rausschneiden. Apfelstücke in kleine Würfel schneiden. Die Zwiebel abziehen und fein hacken.

2 Einen breiten Topf auf den Herd stellen, Flomenfett reinwerfen und bei mittlerer Hitze auslassen und bräunen, dabei mehrmals umrühren. Wenn reichlich Fett ausgetreten ist, die Temperatur raufschalten und das Fett so lange erhitzen, bis die Grieben – so heißen die gebräunten Speckwürfel – knusprig sind und das Fett klar ist.

3 Topf von der Herdplatte ziehen, Speck-, Zwiebel- und Apfelwürfel rein, wieder auf den Herd stellen und alles noch 5 Minuten bei schwacher Hitze braten. Aufpassen, die Apfel- und Zwiebelstückchen dürfen nicht dunkelbraun werden!

4 Den Topf von der Herdplatte ziehen. Den Majoran abbrausen, gut trockentupfen, die Blättchen abzupfen und grob hacken, in die Fettmischung einrühren. Mit Salz und Pfeffer würzen.

5 Das Fett etwas abkühlen lassen, dann in einen Topf mit Deckel, z.B. aus Steingut oder Glas, gießen und vollständig auskühlen lassen. Zwischendurch mehrmals umrühren – dann verteilen sich Zwiebel- und Apfelstücke besser. Schmalz gut verschließen und an einem kühlen, dunklen Ort aufbewahren. Einmal angebrochen, am besten in den Kühlschrank stellen. Hält sich 2–3 Wochen.

So viel Zeit muss sein: 40 Minuten
(ohne Abkühlen)
Das schmeckt dazu: kräftiges Bauernbrot, Radieschen, Rettich, Apfelwein oder trockener Weißwein, z.B. Riesling
Kalorien pro Portion: 355

Tipp
Das Schmalz hält sich ohne Äpfel und Zwiebeln wochenlang im Kühlschrank: einfach heiß und flüssig durch ein Sieb seihen, um die Stückchen zu entfernen.

Gänse-Rillettes
Ganz französisch, ganz lecker

Für 8–10 Frankophile:

2 Gänsekeulen (je etwa 400 g schwer)

2 Gänseflügel (500 g)

1 Zwiebel

2 Knoblauchzehen

8 Zweige frischer Thymian oder

1 TL getrockneter Thymian

Salz

1 EL schwarze Pfefferkörner

3 Lorbeerblätter

4 Wacholderbeeren

250 g Gänseschmalz (vom Gänsebraten oder fertig gekauft)

Pfeffer aus der Mühle

1 Die Gänsekeulen und -flügel gründlich abspülen und abtropfen lassen. In einem Topf 1 l Wasser zum Kochen bringen. Inzwischen Zwiebel und Knoblauchzehen schälen und vierteln.

2 Die Gänseteile ins Wasser legen, erst Zwiebel und Knoblauch dazugeben, dann Thymianzweige, 2 TL Salz, Pfefferkörner, Lorbeerblätter und Wacholderbeeren. Aufko-

chen und den Schaum mit einer Schaumkelle abheben. Ohne Deckel bei schwacher Hitze 2 Stunden leise simmern lassen. Also erst mal relaxen und Kaffee trinken...

3 Dann die Gänseteile mit einer Fleischgabel rausheben und etwas abkühlen lassen. Die heiße Brühe durch ein Sieb gießen, zurück in den Topf schütten, aufkochen und bei starker Hitze etwa 20 Minuten einkochen lassen.

4 Zwischendrin das Fleisch häuten, von den Knochen lösen und mit zwei Gabeln fein zerfasern. In einer Schüssel mit 1/4 l Gänsebrühe zu einer geschmeidigen Masse verrühren.

5 Das Schmalz in einen kleinen Topf legen, erwärmen, bis es flüssig ist, dann unter die Fleischmasse rühren. Mit Salz und Pfeffer kräftig abschmecken. In einen Steinguttopf füllen und mit Folie verschließen oder in Gläser mit Twist-Off-Deckeln füllen. Im Kühlschrank hält es sich ca. 2 Wochen.

So viel Zeit muss sein:
40 Minuten aktiv, 2 Stunden relaxed
Das schmeckt dazu: kräftiges Bauernbrot, Roggenbrötchen, neue Pellkartoffeln
Kalorien pro Portion (10): 585

141

Kirschessig
Unbedingt probieren!

Für 2 Flaschen à $1/2$ l:

400 g Sauerkirschen

$1/4$ l Rotweinessig, $3/8$ l Rotwein

$1/8$ l Portwein, 1 Zimtstange

1 Streifen unbehandelte Orangenschale

1 Die Kirschen waschen, gut abtropfen lassen und verdorbene Früchte aussortieren. Kirschen auf Küchenpapier ausbreiten und vorsichtig trockentupfen, dann erst entstielen.

2 Die Kirschen in ein heiß ausgespültes Glas füllen. Den Essig, Rotwein und Portwein mit der Zimtstange und Orangenschale aufkochen und kochend heiß über die Kirschen gießen. Das Gefäß mit einem Deckel oder Folie gut verschließen, kalt werden lassen. Etwa 4 Wochen an einem warmen Ort durchziehen lassen, dabei öfter schwenken.

3 Den Kirschessig durch ein feines Sieb gießen, in zwei Flaschen füllen, verschließen und kalt stellen. Hält sich etwa 1 Jahr.

So viel Zeit muss sein: 10 Minuten
+ 4 Wochen Ruhezeit
Passt zu: Blattsalaten und Rohkost, zum Abrunden von Wildgerichten, Edelfisch, Entenbrust und Filetsteaks

Limettenessig
Frisch & scharf

Reicht für $1/2$ l:

2 Limetten

2 kleine rote Chilischoten

6 Pimentkörner

$1/2$ l Weißweinessig

1 Die Limetten heiß waschen, trockenreiben und die Schale wie bei einem Apfel spiralförmig abschälen – es darf keine weiße Haut an der Schale dranhängen bleiben. Die Chilischoten waschen.

2 Limettenschale, Chilischoten und Pimentkörner in eine breithalsige, gut gesäuberte Flasche füllen, mit dem Essig auffüllen. Die Flasche verschließen und an einem warmen Ort etwa 4 Wochen ziehen lassen, alle 2 Tage schwenken.

3 Den Essig durch ein Sieb in eine Flasche füllen, 1–2 Stücke Limettenschale als Dekoration mit reinhängen. Verschließen und an einem kühlen Ort aufbewahren, hält sich etwa 1 Jahr.

So viel Zeit muss sein: 10 Minuten
+ 4 Wochen Abwarten und ab und zu Schwenken
Passt zu: Salaten mit Bulgur, Reis, Geflügel und exotischen Früchten, auch Salsas

Dillessig
Echt basic, echt gut

Reicht für $1/2$ l:

2 große Stängel Dilldolden (Blüten der Dillpflanze) oder 1 Bund Dill

2 Frühlingszwiebeln, 1 TL Pfefferkörner

$1/2$ l Apfel- oder Obstessig

1 Die Dilldolden abbrausen und trockentupfen. Oder Dill abbrausen, trockenschütteln und die Blätter putzen und abzupfen. Die Frühlingszwiebeln waschen, in feine Ringe schneiden.

2 Dilldolden oder Dill mit Frühlingszwiebeln und Pfefferkörnern in ein großes, sauberes Glas füllen. Essig drübergießen, Glas verschließen und den Essig an einem warmen Ort 3 Wochen stehen lassen. Zwischendrin den Essig ab und zu schwenken.

3 Dann den Essig durch ein Sieb gießen. 1 Dilldolde waschen, in eine saubere Flasche geben und den Essig darüber gießen. Die Flasche gut verschließen. Hält sich etwa 1 Jahr.

So viel Zeit muss sein: 10 Minuten
+ 3 Wochen Ruhezeit
Passt zu: sommerlichen Blattsalaten, Gurken-, Kartoffel- und Fischsalaten

Asiatisches Würzöl
Vier auf einen Schlag

Reicht für ca. $^1/_2$ l:

1 walnussgroßes Stück frischer Ingwer (15 g)

1 kleine Knoblauchzehe, Salz

1 Stängel Zitronengras

6 Stängel Koriandergrün

$^1/_2$ l Soja- oder Erdnussöl

1 Den Ingwer und Knoblauch schälen und fein reiben. Mit Salz bestreuen. $^1/_2$ Stunde stehen lassen, bis sie Saft gezogen haben.

2 Das Zitronengras abspülen, trockenreiben und nur den unteren festen Teil in feine Scheibchen schneiden. Das Koriandergrün waschen und gut trockentupfen. Ingwer und Knoblauch samt Saft in eine Flasche fullen, Zitronengras und Koriandergrün dazugeben. Mit dem Öl auffüllen, verschließen und 1 Woche an einem kühlen Ort ziehen lassen.

3 Das Würzöl durch ein Sieb gießen und in eine andere Flasche füllen. Kühl und dunkel aufbewahren – hält sich etwa 2 Monate.

So viel Zeit muss sein: 10 Minuten
(+ mindestens 1 Woche Abwarten)
Passt zu: asiatischen Gerichten

Tomaten-Kräuter-Öl
Aromatisches Rendezvous

Reicht für ca. $^1/_2$ l:

100 g getrocknete Tomaten (nicht in Öl eingelegt, gibt's im italienischen Geschäft)

$^1/_2$ l bestes Olivenöl, 2 Zweige Rosmarin

2 Zweige Oregano, 4 Zweige Thymian

1 Die Tomaten klein schneiden, im Mixer oder mit dem Pürierstab fein pürieren. Dabei nach und nach Olivenöl untermischen.

2 Die Kräuter gründlich abspülen und mit Küchenpapier gut trockentupfen. Zu einem Bündel zusammenbinden und in eine breithalsige Flasche hängen. Die Tomaten-Öl-Mischung dazugießen, mit dem übrigen Olivenol auffüllen. Gut verschließen und 14 Tage ziehen lassen.

3 Ein Sieb mit einem Tuch oder Papierfilter auslegen, das Öl durchsieben und in eine andere Flasche gießen. An einem dunklen, kühlen Ort hält es sich etwa 4 Wochen.

So viel Zeit muss sein: 10 Minuten
(+ 14 Tage Relaxen)
Passt zu: Blattsalaten oder Carpaccio

Bärlauchöl
Bärenstark & knofelig

Reicht für ca. $^3/_4$ l:

100 g frische Bärlauchblätter

$^3/_4$ l geschmacksneutrales Öl, z.B. Distel- oder Sonnenblumenöl

1 Die Bärlauchblätter behutsam waschen und verlesen, die Stiele aber nicht entfernen. Blätter mit Küchenpapier trockentupfen und in eine saubere Flasche legen. Das Öl so darüber gießen, dass das Kraut vollständig bedeckt ist. Die Flasche mit einem Deckel oder Stöpsel verschließen, 2–3 Wochen an einem hellen Ort durchziehen lassen.

2 Dann das Öl durch ein Haarsieb oder eine Kaffeefiltertüte abseihen, in eine saubere trockene Flasche gießen. Hält sich 4–6 Wochen.

So viel Zeit muss sein: 10 Minuten
(+ 2–3 Wochen Abwarten)
Passt zu: Salaten mit grünen Blättern, Gurken oder Tomaten, feinem Gemüse, Kartoffeln, Pasta und gegrilltem Fleisch

Ananas-Chutney
Süß, sauer und schön scharf

Reicht für 3/4 l:

1 reife Ananas (ca. 1,3 kg)

1 Gemüsezwiebel (ca. 300 g)

3–4 frische rote Chilischoten

1 Stück frischer Ingwer (ca. 30 g)

2 Knoblauchzehen

3 TL Öl

1 TL gelbe Senfkörner

100 g brauner Zucker

1/8 l Obstessig

1 TL Salz

1/2 TL Kurkuma (Gelbwurz)

1 EL Korinthen

1 Von der Ananas den Schopf abschneiden, Frucht der Länge nach vierteln und den Strunk rausschneiden. Die Viertel nochmal längs halbieren, das Fruchtfleisch von der Schale abschneiden und in kleine Stücke schneiden. Ananasstücke in eine Schüssel geben, Schale darüber zusammendrücken, damit der Saft abtropft. Die Gemüsezwiebel pellen und in kleine Würfel schneiden.

2 Chilischoten längs halbieren, Stiele, Kerne und Trennwände rausschneiden. Die Schoten unter fließendem Wasser ausspülen, dann in feine Stückchen schneiden. Den Ingwer schälen und sehr klein würfeln. Knoblauch pellen und fein hacken.

3 In einem breiten Topf das Öl heiß werden lassen, Senfkörner darin rösten, bis sie anfangen zu hüpfen. Sofort den Deckel drauf, sonst springen sie durch die ganze Küche. Die Zwiebelwürfel einrühren und glasig andünsten, dann Ingwer, Knoblauch, Chilis und Ananas samt gezogenem Saft dazugeben und gut durchrühren. Alles mit Zucker, Essig, Salz, Kurkuma und Korinthen vermischen. Deckel drauf und alles bei mittlerer Hitze aufkochen. Dann Temperatur runterschalten und das Chutney offen noch 20–30 Minuten sanft köcheln lassen, bis die Masse marmeladenartig eingekocht ist. Gegen Ende der Garzeit öfters umrühren, damit nichts am Topfboden ansetzt.

4 Für den Vorrat das Chutney sofort in heiß ausgespülte Gläser mit Twist-off-Deckeln füllen und gleich gut verschließen. Die Gläser 5 Minuten kopfüber auf die Deckel stellen. An einem kühlen Ort hält es sich 1–2 Monate. Wer's sofort verbrauchen möchte: einfach abkühlen lassen.

So viel Zeit muss sein: 1 Stunde
Passt zu: gegrilltem Fleisch und Geflügel, Puten- oder Schweinebraten, Kasseler, Fisch, asiatischen Reisgerichten
Kalorien insgesamt: 1015

Tomatenketschup
Ohne ihn läuft nichts!

Reicht für 4 Essen oder 2 Gläser à 300 ml:

2 rote Paprikaschoten

2 Zwiebeln

2 Knoblauchzehen

1/2 Bund Petersilie

1 kg reife Tomaten

2 EL Olivenöl

Pfeffer aus der Mühle

5 Pimentkörner

2 Gewürznelken

1 Lorbeerblatt

1 EL Meersalz

50 **g** brauner Zucker

2 TL Senfpulver

1/8 l Weißweinessig

1 Die Paprikaschoten waschen, halbieren, Kerne und Trennwände rausschneiden, Paprika in große Stücke schneiden. Zwiebeln schälen, in Würfel schneiden. Knoblauchzehen pellen und fein würfeln. Petersilie abbrausen, trockenschütteln, die Blätter von den Stielen zupfen und fein hacken. Die Tomaten waschen, achteln, dabei den grünen Stielansatz rausschneiden.

2 In einem breiten Topf das Öl heiß werden lassen. Zwiebeln darin bei schwacher Hitze andünsten, bis sie glasig aussehen. Dann die Paprika und den Knoblauch einrühren, gut mischen, 3 Minuten dünsten. Tomatenstücke, Petersilie, Pfeffer und Pimentkörner, Nelken und Lorbeerblatt dazugeben, salzen und den Herd auf mittlere Hitze schalten. Wenn das Ketschup kocht, zugedeckt bei schwacher Hitze 1 Stunde gemütlich köcheln lassen.

3 Dann das Ganze durch ein Sieb oder die flotte Lotte in einen hohen großen Topf passieren. Zucker, Senfpulver und Essig einrühren, wieder aufkochen und ohne Deckel in weiteren 30 Minuten dicklich einköcheln lassen, ab und zu umrühren, damit nichts am Topfboden hängen bleibt.

4 Wenn die Sauce schön cremig ist, mit Salz und Pfeffer abschmecken – fertig! Für den Vorrat das Ketschup in kochend heiß ausgespülte Gläser (mit Twist-off-Deckeln) füllen und gut verschließen.

So viel Zeit muss sein: 30 Minuten, 1 1/2 Stunden Kochzeit
Passt zu: kurz gebratenem Fleisch, Geflügel und Fisch, Bratwürstchen, Pasta und Pommes frites
Kalorien pro Glas: 345

Die
Süßen

Süßschnäbel, outet Euch!

Also mal ganz ehrlich, jetzt wird's Zeit, sich zu outen. Wir sind Süßschnäbel, und das ist auch gut so. Für uns hört ein gutes Essen erst mit dem Nachtisch auf. Und am besten ist es, wenn schon die Hauptspeise aus Früchten, Mehl, Zucker, Eiern oder Quark besteht. Gibt's nicht? Gibt's doch. Wenn Mutter mal richtig lieb war oder der Geldbeutel etwas zu schmal für Fleisch oder Fisch, dann gab es Quarkauflauf, Kaiserschmarrn, Pfannkuchen, große Augen und volle Mägen. Einfach köstlich. Das muss es ab jetzt wieder öfter geben. Ehrliche süße Rezepte für ehrliche Süßschnäbel. Mehr braucht es nicht zum Glücklichsein – zumindest während des Mittagessens.

5 Fragen an

Dr. Andrea Rodenbeck, Neurobiologin, beschäftigt sich mit dem Einfluss von Ernährung auf die Psyche

Essen Sie gerne Süßes?
Ja, ich mag gerne Süßes und kenne durchaus auch Heißhunger auf Süßes, wenn ich im Stress bin. Dann reichen mir einige Stücke Schokolade.

Muss man bei Süßem ein schlechtes Gewissen haben?
Wer nicht übergewichtig ist, braucht kein schlechtes Gewissen zu haben. Nur leider enthalten Süßigkeiten oft Fett. Zu viel davon lässt die Pfunde anschwellen.

Tut Süßes der Seele gut?
Kohlenhydrate, also auch Zucker, führen dazu, dass im Gehirn mehr Serotonin ausgeschüttet wird. Dieses »Glückshormon« wirkt harmonisierend. Man fühlt sich ausgeglichener, besonders in Stress-Situationen. Übrigens funktioniert dieser Effekt noch besser, wenn zu den Kohlenhydraten auch Fett gegessen wird. Beides haben wir ja beispielsweise in der Schokolade.

Ist die Lust auf Süßes angeboren?
Möglicherweise, doch ganz bestimmt ist die Lust auf Süßes anerzogen, denn mit dem ersten Schluck süßer Muttermilch verbinden wir den süßen Geschmack mit dem wohligen Gefühl der Geborgenheit.

Was macht man gegen den Heißhunger auf Süßes?
Besonders vor und nach Stress-Situationen entsteht dieser Heißhunger. Mein Tipp: Dem Verlangen nachgeben, sich kein schlechtes Gewissen machen, sonst wird der Stress noch größer. Und darauf achten, dass man dem Heißhunger in Maßen nachgibt, also nur ein paar Stückchen Schokolade. Es darf nicht dazu kommen, dass man Probleme nur noch mit Schokolade meistert.

Was wir von Süßschnäbeln lernen können:

Richtig feine Süßigkeiten sind in der Regel klein: Pralinen, Erdbeeren, Kirschen, Schokotäfelchen, für manche zählen auch Gummibärchen dazu. Was zeigt, dass Genuss keine Frage der Menge, sondern eine der Qualität ist. Deshalb nicht die erste beste Schokolade verdrücken, sondern selbst bei größtem Heißhunger überlegen, auf was man nun wirklich Appetit hat. Je genauer man den trifft, desto weniger braucht man. Zweifel? Ausprobieren!

Keine Angst vor süßen Kalorien!

Gute Nachricht für Liebhaber von süßen Sachen. Süßes macht nicht dick, nur weil es süß ist und viele Zuckerkalorien in sich trägt. Fett lässt die Oberschenkel und den Bauch anschwellen, nicht der Zucker. Dumm nur, dass vieles Süße neben dem Zucker auch viel Fett enthält. Aber es gibt ja gute Alternativen: Gummibärchen, Marshmallows, Geleefrüchte, Lakritze, Baisers sind now-fat-Alternativen und unzählige low-fat-Alternativen gibt es auch: Biskuitteig-Obsttörtchen, Schokoküsse, Milchreis aus fettarmer Milch ....

Auch Süßes ist gesund

Zucker raubt weder Vitamine noch Kalzium aus den Knochen. Selbst die so genannte Zuckerkrankheit oder Diabetes hat nichts damit zu tun, dass man zu viel Zucker gegessen hat. Das einzige, was Zucker verursacht, ist Karies. Schlimm genug, aber dagegen gibt es ja Zahnbürsten! Gesund wird Süßes immer dann, wenn Früchte mit ins Spiel kommen. Sie bringen viele Vitamine, Ballaststoffe, Mineralstoffe, Spurenelemente und Bioaktivstoffe. Der beste Beweis, dass Gesundes superlecker sein kann.

Weniger ist oft mehr

Gerade Süßschnäbel wissen, dass zu viel Marmelade auf dem Brötchen einfach nicht mehr schmeckt und zu viel Zucker im Kuchenteig nachher nur süß, aber nicht mehr lecker ist. Man kann sich auch etwas so sehr versüßen, dass es einem den Mund zupappt. Deshalb das Maß finden wie bei anderen Gewürzen auch. Nur weil Zucker heute so billig geworden ist, braucht man ihn nicht gleich halbpfundweise zu verstreuen.

natur pur

Gibt es einen Entsafter im Haushalt oder vielleicht noch bei Muttern in der hinteren Küchenschrank-ecke? Irgendwann mal gekauft oder geschenkt gekriegt. Her damit. Jeden Tag eine andere Frucht durchgedrückt. Und frisch getrunken. Da können die Säfte aus Packung oder Flasche glatt einpacken. Und für alle, denen ein Entsafter bislang noch gerade fehlte, tut es auch eine Küchenmaschine oder ein ordentlicher Mixer. Früchte rein, Mixer an und weil das jetzt noch kein Saft ist, ein paar Eiswür-fel dazu, etwas Kefir, Milch, Jogurt oder Butter-milch und fertig ist der erfrischende Energymix, den man neuerdings auch Smoothie nennt. Könnte auch Basic-Natural-rundum-lecker-Frucht-Milch heißen. Okay, wir lassen es bei »Smoothie«.

ein gutes Stück Natur
Erdbeeren

wieso:

... weil Erdbeeren nur dann supergut schmecken, wenn sie ganz frisch gepflückt wurden.

... weil Erdbeeren ehrlich sind. Sind sie älter als zwei Tage oder überreif, merkt man es ihnen sofort an.

... weil mit der Erdbeerzeit die Hoffnung wächst, dass der Sommer endlich kommt.

wie:

... einfach so am besten beim Selberpflücken.

... halbieren, etwas Zucker drüber streuen, Vollmilch drüber gießen, 15 Minuten stehen lassen und mit geschlossenen Augen essen.

... einen guten Mürbeteigboden damit belegen, einen simplen Tortenguss drüber, Schlag-sahne steif schlagen und jeder Tag wird zum Sonntag.

wann:

... immer, jeden Tag, mehrmals in der Erdbeerzeit.

... auf jedem Fest in der unübertroffenen Erdbeerbowle – hier dürfen es ausnahmsweise auch mal die tiefgekühlten sein, die gleichzeitig die Bowle kalt halten.

... gleich morgens das erste am Frühstückstisch: frische Erdbeeren mit Milch – das ist fast so toll wie Bei-Sommerregen-im-See-schwimmen.

womit:

... solo, ganz ohne was

... mit Quark, Buttermilch, Milch, Kefir, Jogurt: lecker verrührt oder püriert

... passt prächtig dazu: echte Vanille

... Geschmackssache: grüner Pfeffer

Pro Kopf -Schokoladenkonsum pro Jahr
10,5 Kilo für jeden Schweizer
10,0 Kilo für jeden Deutschen
9,3 Kilo für jeden Österreicher

Pfannkuchen mit karamellisierten Erdbeeren
Anleitung zum Glücklichsein

Für 4 zum Sattessen oder für 8 als Nachtisch:

Für den Pfannkuchenteig:

250 g Mehl

2 EL Zucker

1 EL Vanillezucker

1 Prise Salz

$1/_2$ l Milch

3 Eier

1 TL abgeriebene Zitronenschale

40 g Butter

8 EL Mandelblättchen

Puderzucker zum Bestäuben

Für die Erdbeerfüllung:

750 g Erdbeeren

2 EL Zitronensaft

2 Orangen

50 g Zucker

2 EL Amaretto (italienischer Mandellikör)

1 Das Mehl in einer Schüssel mit dem Zucker, Vanillezucker und Salz vermischen. Nach und nach Milch und Eier dazugeben und alles zu einem glatten Teig verrühren. Die Zitronenschale unter den Teig mischen, 30 Minuten quellen lassen.

2 Zwischendrin die Erdbeeren kurz abbrausen, gut abtropfen lassen, Blätter und Stiele abzupfen. Größere Erdbeeren vierteln, kleinere halbieren. Mit dem Zitronensaft beträufeln und ziehen lassen. Die Orangen auspressen.

Vanille-Waffeln
Da lacht das Herz!

Duftend, knusprig und alle stürzen sich drauf. Waffeln – ein heißes Eisen für viele Events!

Reicht für 4–6:

125 g weiche Butter

50 g Zucker

2 Päckchen Bourbon-Vanillezucker

1 Prise Salz

3 Eier

$1/4$ l Milch

200 g Mehl

$1/2$ TL Backpulver

etwas Öl zum Bestreichen

Puderzucker zum Bestäuben

1 Die Butter in Stückchen schneiden, mit Zucker, Vanillezucker und Salz mit den Quirlen des Handrührgeräts schaumig schlagen.

2 Eier und Milch dazugeben, unterrühren. Mehl mit dem Backpulver vermischen, löffelweise zufügen und alles zu einem glatten Teig ohne Klümpchen verrühren. Teig etwa 20 Minuten quellen lassen.

3 Jetzt geht's ans Backen: Das Waffeleisen auf der mittleren Stufe vorheizen, beide Backflachen dünn mit Öl einpinseln. 3 4 Esslöffel Teig auf der unteren Backfläche verteilen, Waffeleisen schließen. Waffeln bei mittlerer Hitze in 3–5 Minuten goldbraun backen.

4 Nacheinander alle Waffeln backen (Eisen immer wieder mal mit etwas Fett bestreichen). Mit Puderzucker bestäuben und sofort essen.

So viel Zeit muss sein: 40 Minuten
+ 20 Minuten Ruhen
Das schmeckt dazu: geschlagene Sahne, Crème fraîche, Obstsalat, Früchtekompott, z.B. Kirschkompott (Seite 157) oder Fruchtpürees
Kalorien pro Portion (bei 6): 275

Variante:

Haferflocken-Waffeln

Wer's kräftiger mag, ist mit diesen herzhaften Waffeln gut bedient. Flocken und Vollkornmehl geben ihnen einen wunderbar kernigen und natural taste.
Wie beschrieben aus Butter, braunem Zucker, Vanillezucker, Salz, $1/2$ TL Zimt, 4 Eiern und 300 ml Buttermilch einen Teig rühren, nach und nach 200 g Weizenvollkornmehl, 1 TL Backpulver und 100 g kernige Haferflocken druntermischen. Waffeln backen, gut schmecken dazu Orangensahne, Aprikosenkompott oder Preiselbeeren.

3 Für die Sauce den Zucker in die Mitte eines kleinen Edelstahltopfs häufen und bei mittlerer Hitze langsam schmelzen lassen. Erhitzen und rühren, bis der Zucker goldbraun karamellisiert ist. Topf von der Herdplatte ziehen und den heißen Zucker mit dem Orangensaft ablöschen – vorsichtig, das spritzt! Topf wieder auf den Herd stellen, rühren und sirupartig einkochen lassen. Zum Schluss die Sauce mit dem Amaretto abschmecken und bei schwacher Hitze warm halten.

4 In einer beschichteten Pfanne 2 TL Butter schmelzen lassen, mit einem Pinsel verstreichen und erhitzen. Jeweils 1 EL Mandelblättchen hineingeben, dann eine Schöpfkelle voll Teig darüber gießen, Pfanne sofort schwenken, damit sich der Teig gleichmäßig verteilt. Bei mittlerer Hitze die Unterseite in 4–5 Minuten goldbraun backen, umdrehen und noch 3 Minuten weiterbacken. Nacheinander Pfannkuchen backen, fertige im vorgeheizten Backofen bei 100 Grad warm halten, bis alle fertig sind.

5 Erdbeermischung auf die Pfannkuchen verteilen, mit Sirup beträufeln, zu Tüten einschlagen oder umklappen und mit Puderzucker bestäuben.

So viel Zeit muss sein: 1 Stunde
Das schmeckt dazu: halbsteif geschlagene Sahne, 1 Kugel Vanille- oder Schokoladeneis
Kalorien pro Portion (8): 380

Zwetschgen-michel
Ofen-Ehre für älteres Weißbrot

Für 4 zum Sattessen oder für 6–8 als Dessert:

8 trockene Brötchen (vom Vortag oder 400 g

Weißbrot oder Brioche)

1 unbehandelte Zitrone

$3/4$ l Milch, 3 Eier

1 Prise Salz, $1/2$ TL Zimt

7 EL brauner Zucker

1 kg Zwetschgen (oder Kirschen, Rhabarber,

Aprikosen, Mirabellen, Äpfel)

100 g Mandelstifte

2 EL Butter + 1 EL Butter für die Form

1 Die Brötchen in dünne Scheiben schneiden und in eine Schüssel legen. Die Zitrone heiß waschen, abtrocknen, die Schale fein abreiben. Die Milch mit der Zitronenschale, den Eiern, Salz, Zimt und Zucker mit dem Schneebesen gründlich verquirlen. Die Mischung über die Brötchen gießen und durchziehen lassen.

2 Jetzt kommen die Zwetschgen dran: Gut waschen, abtropfen lassen und die Stiele rauszupfen, die Früchte längs halbieren und den Stein entfernen.

3 Den Backofen auf 200 Grad vorheizen (erst später einstellen: Umluft 180 Grad). Eine große Auflaufform mit 1 EL Butter einfetten. Abwechselnd je eine Lage eingeweichte Brötchen und Zwetschgen einschichten und mit zwei Drittel der Mandelsplitter bestreuen. So weitermachen, bis alle Zutaten in der Form sind. Als oberste Schicht sollten Brötchen liegen. Die übrige Eiermilch darüber gießen und mit 1 EL Butter in kleinen Stücken belegen.

4 Zwetschgenmichel im Backofen (Mitte) 30 Minuten backen. Dann die übrigen Mandelsplitter und die restliche Butter in Stücken obendrauf streuen. Und alles noch etwa 10 Minuten backen.

So viel Zeit muss sein: Aktiv sein 30 Minuten, Relaxen 40 Minuten
Das schmeckt dazu: Vanillesauce, Weinschaumsauce, Aprikosenpüree
Kalorien pro Portion (8): 420

Grießschnitten mit Obstsalat
Supersaftige Verführung

Für 4 zum Sattessen oder für 8 als Nachtisch:

1 l Milch, 80 g Zucker

1 Vanilleschote

250 g Grieß

1 Prise Salz

3 Eier, 3 EL Butter

1–1,5 kg Obst (Bananen, Äpfel, Birnen, Wein-

trauben, Erdbeeren, Orangen, Kiwis – alle

Früchte, die der Obstkorb bietet!)

4 EL Zitronensaft

$1 1/2$ EL flüssiger Honig

Puderzucker zum Bestäuben

1 Die Milch mit dem Zucker in einem Topf verrühren. Die Vanilleschote aufschlitzen, das Mark rauskratzen und beides in die Milch werfen, zum Kochen bringen. Die Vanilleschote wieder rausfischen.

2 Dann den Grieß und das Salz einrieseln lassen, unterrühren und bei schwacher Hitze etwa 5 Minuten köcheln lassen. Mischung vom Herd ziehen, die Eier und 1 EL Butter unterrühren.

3 Ein Brett mit kaltem Wasser abspülen, den Grießbrei drauf stürzen und mit einem breiten Messer oder einer Kuchenpalette etwa 1 cm dick ausstreichen, ganz erkalten lassen.

4 Zwischendrin das Obst je nach Sorte waschen und putzen oder schälen und klein schneiden. Zitronensaft und Honig verrühren, das Obst damit beträufeln und zugedeckt kalt stellen.

5 Die Grießplatte diagonal in Rauten von etwa 5 x 5 cm schneiden. In einer großen beschichteten Pfanne die übrige Butter schmelzen lassen, die Grießschnitten portionsweise reinlegen und 3–4 Minuten anbraten, dann wenden und in weiteren 2–3 Minuten goldbraun braten. Mit Puderzucker bestäuben und mit dem Obstsalat anrichten – gleich essen!

So viel Zeit muss sein: 1 Stunde
Das schmeckt auch dazu. Kompott und Fruchtpürees aller Art – Kirschen, Zwetschgen, Aprikosen, Beeren
Kalorien pro Portion (8): 395

Milchreis mit Birne
Weckt Kindheitserinnerungen

Für 4 zum Nachtisch:

200 g Rundkornreis

1 Vanilleschote

300 ml Milch, 3 EL Zucker

2 Gewürznelken, 4 Birnen

1 Den Reis mit 200 ml Wasser im Topf aufkochen und ca. 10 Minuten aufquellen lassen. Damit er nicht am Boden ansetzt, muss man ihn gelegentlich umrühren.

2 Die Vanilleschote längs aufschneiden und mit der Milch, dem Zucker und den Nelken in einem anderen Topf aufkochen. Die Milch durch ein Sieb zum Reis geben und den Reis bei schwacher Hitze in 10 Minuten ausquellen lassen.

3 Bleibt genug Zeit, um die Birnen zu schälen, das Kerngehäuse herauszuschneiden und die Birnen selbst klein zu schneiden. Die Birnenstücke kommen ganz zum Schluss unter den heißen Reis. Und müssen drin nur warm werden, dann kann der Reis auf den Tisch. Lecker schmeckt dazu Zimt!

So viel Zeit muss sein: 25 Minuten
Kalorien pro Portion: 330

Hirsebrei mit Orange
Gelbe Versuchung

Für 4 als Dessert:

1 Vanilleschote

400 ml Milch

200 g Hirse

3 Orangen

2 EL Honig

1 Die Vanilleschote längs aufschneiden, mit der Milch in einen Topf geben und aufkochen. Die Hirse einstreuen und bei schwacher Hitze etwa 25 Minuten drin quellen lassen.

2 In dieser Zeit die Orangen wie einen Apfel schälen, dabei dürfen keine weißen Schalenreste mehr an der Orange zurückbleiben. Die einzelnen Filets aus den Häuten herausschneiden. Die Vanilleschote rausfischen, die Orangenfilets und den Honig unter die Hirse rühren und warm servieren.

So viel Zeit muss sein: 30 Minuten
Kalorien pro Portion: 305

Topfenknödel mit Rhabarber-Erdbeer-Kompott
Österreichische Liebeserklärung an den Quark

Ein Knödelingenieur muss man nicht sein, nur ein bisschen über den Topfrand schauen können. Unsere südlichen Nachbarn haben das Talent vom Quark längst erkannt. Jetzt sind bei uns Dreharbeiten gefragt. Bitte schön – hier ist das erste Rezept!

Für 4 Hungrige oder für 8 als Dessert:

Für das Kompott:

750 g Rhabarber

500 g Erdbeeren

1/8 l ungesüßter Apfelsaft

100 g brauner Zucker

1 kleine Zimtstange

Für die Topfenknödel:

750 g Topfen (Magerquark)

2 EL Crème fraîche

2 Eier

1 Eigelb

1 Prise Salz

3 EL Zucker

1 EL Vanillezucker

50 g Mehl

abgeriebene Schale und 1 EL Saft von

1/2 unbehandelten Zitrone

Für die Brösel-Butter:

100 g Butter

50 g Zucker

75 g Semmelbrösel

1 TL Zimt

154

1 Für das Kompott den Rhabarber putzen, die Blätter abschneiden und die Stangen waschen, aber nicht abziehen, in 3 cm lange Stücke schneiden. Die Erdbeeren waschen und gut abtropfen lassen, Stiele samt Kelchblättern rauszupfen. Größere Erdbeeren halbieren oder vierteln.

2 In einem Topf den Apfelsaft, den braunen Zucker und die Zimtstange zum Kochen bringen. Den Rhabarber dazugeben und bei schwacher Hitze zugedeckt etwa 5 Minuten dünsten. Topf von der Herdplatte ziehen, Rhabarber in eine Schüssel umfüllen und mit den vorbereiteten Erdbeeren vermischen. Das Kompott erkalten lassen, dann die Zimtstange herausfischen.

3 In der Zwischenzeit für die Knödel den Topfen portionsweise auf ein sauberes Küchentuch geben, darüber zusammendrehen und den Topfen gut ausdrücken, damit er schön trocken wird.

4 Die Crème fraîche, dann die Eier, das Eigelb, Salz, Zucker und den Vanillezucker drunter rühren. Danach auch das Mehl, die Zitronenschale und den Zitronensaft untermischen. Die Masse etwa 20 Minuten in den Kühlschrank stellen.

5 In einem breiten Topf reichlich Salzwasser zum Kochen bringen. Einen Eisportionierer oder zwei Esslöffel in heißes Wasser tauchen und vom Topfenteig 10–12 Knödel abstechen. Ins kochende Salzwasser geben und darin in 12–15 Minuten gar ziehen lassen. Kochen soll das Wasser nicht!

6 Zwischendrin die Butter in einer Pfanne aufschäumen und den Zucker darin schmelzen. Die Semmelbrösel und den Zimt untermischen, bei mittlerer Hitze 4–5 Minuten anrösten, dabei ständig rühren.

7 Die Knödel mit einer Schaumkelle rausheben, auf Teller legen und mit den Butterbröseln begießen. Kompott dazu essen

So viel Zeit muss sein:
1 Stunde (+ 20 Minuten Relaxen)
Kalorien pro Portion (8): 395

Basic Tipp

Nichts kann schief gehen, wenn man alle Zutaten für die Knödel genau abwiegt und den Topfen in einem Küchentuch sehr gut ausdrückt. Er soll dabei die Hälfte seines Gewichts verlieren. So werden die Knödel noch feiner: den ausgepressten Quark durch ein feines Sieb streichen.

Aprikosen-Quarkauflauf
Süßes satt

Schmeckt wie früher und lässt sich auch gut mit Birnen oder Äpfeln abwandeln.

Für 4 Hungrige:

1 kg reife, aromatische Aprikosen

2 EL Saft und 1 TL abgeriebene Schale

von 1/2 unbehandelten Zitrone

eventuell 2 EL Marillenschnaps zum

Beträufeln

4 Eier

100 g Zucker

500 g Quark

1 Prise Salz

50 g Grieß

75 g Mandelblättchen

etwas Butter für die Form

etwas Mehl für die Form

1 Die Aprikosen waschen, halbieren und den Stein rauslösen, die Hälften in Spalten schneiden. Mit Zitronensaft und nach Belieben noch mit Marillenschnaps beträufeln, zudecken und kurz ziehen lassen.

2 Die Eier trennen. Die Eigelbe mit der Hälfte des Zuckers mit den Quirlen des Handrührgeräts schaumig schlagen. Nach und nach den Quark, die Zitronenschale, Salz, Grieß und Mandelblättchen druntermischen.

3 Jetzt den Backofen nicht vergessen: auf 200 Grad vorheizen (erst später einstellen: Umluft 180 Grad). Die Eiweiße mit dem übrigen Zucker zu steifem Schnee schlagen, mit dem Kochlöffel vorsichtig unter die Quarkmasse heben. Die Aprikosenspalten mit der Flüssigkeit druntermischen.

4 Eine Auflaufform mit Butter ausstreichen und mit Mehl bestäuben. Auflaufmasse in die Form füllen und auf der untersten Schiene im Ofen in etwa 45 Minuten goldbraun backen. Eventuell mit Backpapier abdecken, falls der Auflauf zu dunkel wird.

So viel Zeit muss sein: aktiv sein 30 Minuten, Backen 45 Minuten
Das schmeckt dazu: Puderzucker obendrauf
Kalorien pro Portion: 660

Kaiserschmarrn
Liebling der Nation

Für 4 zum Reinsetzen:

50 g Rosinen, 100 g Mehl

1 gehäufter EL Zucker

1 EL Bourbon-Vanillezucker

Salz, 1/8 l Milch

125 g Sahne

3 Eier, 2 EL Butterschmalz

40 g Pistazienkerne oder Mandelstifte

Puderzucker zum Bestäuben

1 Die Rosinen mit heißem Wasser übergießen, kurz stehen lassen, dann abgießen. Das Mehl in eine Rührschüssel schütten, Zucker, Vanillezucker und 1 Prise Salz dazu. Mit der Milch und der Sahne verquirlen.

2 Die Eier trennen, die Eigelbe nach und nach zum Teig geben, untermischen. Die Eiweiße mit 1 Prise Salz zu ganz steifem Schnee schlagen und unter den Teig heben.

3 Das Schmalz in einer großen Pfanne (keine beschichtete!) erhitzen, den Teig 2–3 cm hoch reingießen und bei mittlerer Hitze stocken lassen, bis die Unterseite leicht gebräunt ist. Mit zwei Gabeln den Teig kreuz und quer in Stücke reißen.

4 Die Rosinen und Pistazien oder Mandelstifte draufstreuen und die Teigstückchen bei stärkerer Hitze noch etwa 5 Minuten braten und wenden, bis alle rundum knusprig gebacken sind. Dick mit Puderzucker bestäuben – und nur noch genießen!

So viel Zeit muss sein: 30 Minuten
Das schmeckt dazu: Kompott (unten), Apfelmus (rechts) oder Früchtepürees
Kalorien pro Portion: 435

Kirschkompott
Sommertraum

Für 4–6 als Nachtisch oder für 8 dazu:
750 g Kirschen oder Sauerkirschen
$^3/_8$ l Kirschsaft oder Weißwein
30 g (2 El) Speisestärke
6 EL Zucker
1 TL abgeriebene Schale und 3 EL Saft
von 1 unbehandelten Zitrone
$^1/_2$ Zimtstange

1 Die Kirschen waschen, Stiele rauszupfen und die Früchte entsteinen – am besten geht's mit einem Kirschentsteiner –, den Saft dabei auffangen.

2 Vom Kirschsaft oder Wein $^1/_8$ l abnehmen und die Speisestärke darin anrühren. Den restlichen Kirschsaft oder Wein mit Zucker, Zitronenschale, Zitronensaft und Zimtstange in einem Topf verrühren und zum Kochen bringen. Die angerührte Speisestärke einrühren und so lange kochen lassen, bis die Flüssigkeit glasig ist. Die Kirschen samt Saft drunterheben und 2–3 Minuten kochen lassen. Das Kompott etwas abkühlen lassen, dann abgedeckt in den Kühlschrank stellen. Vor dem Servieren die Zimtstange rausfischen.

So viel Zeit muss sein: 30 Minuten
Das schmeckt dazu: Kaiserschmarrn (Rezept links), Waffeln (Rezept Seite 151), Pudding jeglicher Art, Pfannkuchen (Rezept Seite 150), halbsteif geschlagene Sahne
Kalorien pro Portion (8): 170

Apfelmus
Basic
zum Reinsetzen!

Für 4 oder auch für 6, je nach Begleitung:
1 kg Äpfel (zum Beispiel Berlepsch, Gravensteiner oder Elstar)
50–75 g Zucker (je nach Süße der Äpfel)
2 EL Zitronensaft
eventuell dunkle Schokolade zum Garnieren

1 Die Äpfel gründlich waschen und vierteln, Blütenansatz und Stiel rausschneiden, Kerngehäuse und Schale aber nicht entfernen – sie enthalten Stoffe, die das Mus schön sämig machen. Die Apfelviertel in einen Topf füllen, Zucker drüberstreuen, Zitronensaft draufträufeln.

2 Topf auf den Herd setzen, Äpfel bei schwacher Hitze aufkochen und 20–25 Minuten köcheln lassen, bis sie weich sind.

3 Ein rundes Sieb in eine Schüssel hängen, die heiße Apfelmasse portionsweise darauf geben und mit einem Holzstößel oder Löffel durchpassieren. Ohne Mühe geht das mit einer »flotten Lotte« – das ist eine Gemüsemühle, in der die weichen Äpfel durch ein Sieb gerührt werden. Das Apfelmus im Kühlschrank richtig kalt werden lassen. Wer mag, garniert mit grob geraspelter Schokolade.

So viel Zeit muss sein: 35 Minuten + Kühlzeit
Das schmeckt dazu: Vanillesahne, Quarkcreme, Löffelbiskuits, Kekse, Kaiserschmarrn (Rezept links), Pfannkuchen (Rezept Seite 150) oder Crêpes, Kartoffelpuffer, Schweinebraten oder Kasseler
Kalorien pro Portion (6): 150

157

Orangen-Rahm-Eis
Voll fett, voll cool

Für 4–6 als Dessert:

4 unbehandelte Orangen

400 ml Milch

4 Eigelbe

150 g Zucker

200 g Crème double oder Schmand

200 g Sahne

1 Die Orangen heiß waschen und die Schale sehr fein abreiben. 3 Orangen auspressen, 1 Orange wie einen Apfel schälen und die Orangenfilets mit einem kleinen Messer zwischen den Häutchen heraustrennen, Filets klein schneiden.

2 Die Milch mit der geriebenen Orangenschale aufkochen. Eigelbe mit dem Zucker schaumig rühren und mit Crème double zu der heißen Orangenmilch geben. Bei mittlerer Hitze die Orangenmilch schaumig rühren, dann durch ein Sieb zum Orangensaft und den Orangenfilets geben. Die Sahne schlagen, unter die Masse heben und in vier Formen füllen.

3 In der Tiefkühltruhe in etwa 4 Stunden gefrieren lassen, dabei jede Stunde durchrühren, damit sich keine großen Eiskristalle bilden.

158

So viel Zeit muss sein: 25 Minuten
(+ 4 Stunden Kühlzeit)
Das schmeckt dazu: Mandelkekse
Kalorien pro Portion (6): 405

Basic-Tipp

Rein in die Form kommt sie leicht, die Masse, die später zu Eis wird. Umgekehrt ist das schon ein bisschen schwieriger.
So geht's trotzdem:
Förmchen kurz in heißes Wasser tauchen. Die äußere Schicht schmilzt und die Eisförmchen lassen sich ganz easy auf Teller stürzen.

Kokos-Jogurt-Eis
Leckere Light-Version

Reicht für 4–6:

6 Eigelbe, 150 g Zucker

400 ml Kokosmilch, 300 g Magermilchjogurt

50 g Schokoraspel, 50 g Kokosflocken

eventuell etwas Kokoslikör

1 Die Eigelbe mit dem Zucker zu einer dicklichen Creme rühren, die Kokosmilch zugeben, alles in einen Topf schütten und fast bis zum Kochen erhitzen. Dabei ständig mit einem Schneebesen rühren, dadurch wird die Masse cremig.

2 In eine Schüssel Wasser mit Eiswürfeln füllen. Topf da rein stellen und die Creme weiterrühren, bis sie kalt ist.

3 Den Jogurt, die Schokoraspel, die Kokosflocken und eventuell auch den Likör unter die Masse geben, in vier Becher verteilen. Im Eisfach in etwa 4 Stunden gefrieren lassen, aber jede Stunde kurz durchrühren, dann bilden sich keine großen Eiskristalle.

So viel Zeit muss sein: 30 Minuten
(+ 4 Stunden Kühlzeit)
Das schmeckt dazu: (exotische) Früchte
Kalorien pro Portion (6): 340

Vanillepudding
Klassisch gut

Reicht für 4:

50 g Speisestärke, $1/2$ l Milch

50 g Zucker, 1 Vanilleschote

1 TL abgeriebene unbehandelte
Zitronenschale

2 Eier

1 Die Stärke mit etwas Milch verrühren, die
restliche Milch mit dem Zucker aufkochen,
die angerührte Speisestärke dazuschütten,
unterrühren und zum Kochen bringen.

2 Die Vanilleschote der Länge nach aufschneiden, in die Milch legen.

3 Die Zitronenschale ebenfalls in die Milch
geben. Die Eier trennen, die Eiweiße mit
etwas Salz steif schlagen. Die Eigelbe unter
Rühren in die heiße Milch geben, aber jetzt
nicht mehr kochen, sondern nur noch heiß
halten, dabei immer rühren. Die Vanilleschote entfernen. Den Eischnee locker unterheben und den Pudding sofort in eine kalte
Schüssel füllen. Abkühlen lassen.

So viel Zeit muss sein: 20 Minuten
(ohne Abkühlzeit)
Das schmeckt dazu: Beeren
Kalorien pro Portion: 220

Grüne Grütze
(Fast) besser als die
rote

Für 4 als Dessert:

$3/4$ l Birnensaft

50 g Perlsago (Supermarkt)

400 g grüne Früchte, z. B. grüner Rhabarber,
Kiwi, Stachelbeeren, Melonen

50–100 g Zucker (ja nach Süße der Früchte)

1 Den Birnensaft mit dem Perlsago aufkochen und etwas quellen lassen.

2 In der Zeit die Früchte waschen, je nach
Sorte auch schälen und entkernen. Die
Früchte klein schneiden und mit dem Zucker
in die langsam dicker werdende Flüssigkeit
geben.

3 Die Grütze ingesamt etwa 20 Minuten
leicht köcheln lassen, die Sagokörner müssen dabei durchsichtig werden. Die Grüne
Grütze in eine Schüssel oder in Schälchen
füllen und abkühlen lassen. Sie wird dabei
noch sehr viel zähflüssiger.

So viel Zeit muss sein: 35 Minuten
(ohne Abkühlzeit)
Das schmeckt dazu: Vanillesauce oder
Kokos-Jogurt-Eis (Rezept links)
Kalorien pro Portion: 220

Melonenkalt-
schale
Für heiße Tage

Für 4 nach einem leichten Essen:

2 Galiamelonen, 1 Cantaloupe-Melone

200 ml heller Traubensaft

4 EL Zitronensaft

5 g Johannisbrotkernmehl oder Bisorbin
(Reformhaus), 1 unbehandelte Zitrone
eventuell Zucker

2 Zweige Zitronenmelisse

1 Melonen halbieren, Kerne mit einem
Loffel herausschaben. Das Fruchtfleisch von
drei Melonenhälften herausschneiden und
pürieren, Traubensaft dazuschütten, Johannisbrotkernmehl einrühren.

2 Die restlichen Melonen mit einem Kugelausstecher aushöhlen und die Melonenku-
geln mit dem Zitronensaft unter die Kaltschale rühren. Eventuell süßen.

3 Die Kaltschale im Kühlschrank etwa
2 Stunden ziehen lassen. Mit Zitronen-
melisseblättchen belegen.

So viel Zeit muss sein: 20 Minuten
(+ 2 Stunden Kühlzeit)
Kalorien pro Portion: 125

Gütesiegel und Logos

Anog

Etwa 70 Biobetriebe sind dieser »Arbeitsgemeinschaft für naturnahen Obst-, Gemüse- und Feldfruchtanbau« angeschlossen. Neben gründlichen Betriebsinspektionen werden zur Kontrolle auch Rückstandsuntersuchungen der Produkte und Bodenanalysen durchgeführt.

Biokreis Ostbayern

Diese regionale Erzeuger-Verbraucher-Gemeinschaft mit etwa 320 Betrieben legt besonderen Wert auch auf die regionale Vermarktung ohne lange Transportwege.

Bioland

Begründet in den 30er Jahren in der Schweiz hat sich Bioland mit 3700 Biobauern und 600 Verarbeitern in Deutschland zum größten Bioanbauverband entwickelt.

Biopark

Dieser junge Anbauverband hat sich schnell auf 575 Betriebe entwickelt und ist von der Fläche her der zweitgrößte deutsche Bioanbau-Verband mit Schwerpunkt in den neuen Bundesländern.

ECO VIN

Verband der ökologisch wirtschaftenden Weinbauer und Kellereien. Etwa 1 Prozent aller deutschen Winzer sind dem ECO VIN-Verband angeschlossen.

Demeter

Ältester Öko-Anbauverband, der weltweit arbeitet. Er geht auf Dr. Rudolf Steiner, den Begründer der Anthroposophie, zurück. Aus dieser Philosophie heraus werden kosmische Rhythmen beachten und spezielle Naturpräparate angewandt.

Gäa

Entstand aus der kirchlichen Umweltbewegung der ehemaligen DDR und ist in den neuen Bundesländern mit etwa 350 Betrieben vertreten.

Naturland

Entstanden in Süddeutschland ist dieser große Anbauverband mit über 1350 Betrieben in ganz Deutschland vertreten. Naturland hat spezielle Richtlinien für die Fischproduktion in Aquafarmen, unter anderem auch für Lachs und Forellen.

Ökosiegel

Kleiner Ökoanbau-Verband mit 24 Betrieben in Norddeutschland. Er will mehr Rücksicht auf regionale Besonderheiten nehmen und eine regionale Vermarktung stärken.

Öko Prüfzeichen

ergänzt die Zeichen verschiedener Öko-Verbände als einheitliches Siegel. Wurde geschaffen von der AGÖL (ArbeitsGemeinschaft Ökologischer Landbau) und der CMA (Centrale Marketing-Gesellschaft der Deutschen Agrarwirtschaft).

AMA Biozeichen

Kennzeichnet alle in Österreich vertriebenen Biolebensmittel.

Bio Suisse Knospe

Herausgegeben von dem Dachverband der Schweizer Bio-Bauern (Bio Suisse)
Die Richtlinien der Schweizer Öko-Verordnung und der Bio-Suisse ähneln den EG-Verordnungen.
Die Zutaten müssen zu über 90 Prozent aus der Schweiz stammen.

EU Ökosiegel

Derzeit wird eine weiteres EU-einheitliches Ökosiegel geplant. Leider konnte der Druck dieses Buches nicht auf die Veröffentlichung dieses Siegels warten.

Ernte

Größter Bioanbau-Verband in Österreich, dem in ganz Österreich Bauern angeschlossen sind.

Bio Knospe

Für alle anderen Biorohwaren und -produkte kann die Knopse ohne den Zusatz Suisse verwendet werden.

AMA Biozeichen Austria

Produkte müssen zu 100% aus Österreich stammen. Bei Verarbeitungsprodukten dürfen bis zu 30% auslandischer Zutaten enthalten sein, wenn diese nicht in entsprechender Qualität in Österreich herstellbar sind.

In Österreich gibt es neben den überregionalen Siegeln auch noch zahlreiche regionale Siegel.

Adressen

allgemein

Bundesministerium für Verbraucherschutz, Ernährung und Landwirtschaft
Postanschrift: Postfach 14 02 70, 53107 Bonn.
www.verbraucherministerium.de
oder: www.bml.de

Deutsches Agrarinformationsnetz (DAiNet)
www.dainet.de

Deutsches Ernährungsberatungs- und -informationsnetz (DEBInet)
www.ernaehrung.de/

AID Auswertungs- und Informationsdienst für Ernährung, Landwirtschaft und Forsten (aid) e.V.
Friedrich-Ebert-Str. 3
53177 Bonn
www.aid.de
www.talkingfood.de

Bundesinstitut für gesundheitlichen Verbraucherschutz und Veterinärwesen
Thielallee 88-92
14195 Berlin
www.bgvv.de

Bundeszentrale für gesundheitliche Aufklärung (BZgA)
www.bzga.de (Bestellung von Infomaterial)

Informationsdienst Landwirschaftsverwaltung Baden-Württemberg
www.landwirtschaft-mlr.baden-wuerttemberg.de

Bundesverband der Verbraucherzentralen und Verbraucherverbände
Markgrafenstr. 66, 10969 Berlin
www.bvzv.de
www.agv.de

Informations- und Dokumentationsstelle am Institut für Ernährungwissenschaften der Justus-Liebig-Universität
Goethestr. 55
35390 Gießen
www.uni-giessen.de/nutriinfo/

Deutsche Gesellschaft für Ernährung
Godesberger Allee 18
53175 Bonn
www.dge.de

Verein für unabhängige Gesundheitsberatung UGB
Sandusweg 3
35435 Wettenberg/Gießen
www.ugb.de

ArbeitsGemeinschaft Ökologischer Landbau (AGÖL) e.V.
Am Köllnischen Park 1 0
10179 Berlin
www.agoel.de

Deutscher Demeter-Bund e. V.
Brandschneise 2
64295 Darmstadt
www.demeter.de

Bioland Bundesverband
Kaiserstr. 18
55116 Mainz
www.bioland.de

Bioprodukte
www.alles-bio.de (Suchmaschine für Bioprodukte in Deutschland)

Slow Food Deutschland
Geiststr. 81
48151 Münster
www.slow-food.de

Warenkundeseiten
www.edeka.ision.net/Content/EdekaWarenkunde/

Österreich

Bundesministerium für Land- und Forstwirtschaft
Stubenring 1
1012 Wien
www.biobauern.at

Österreichische Gesellschaft für Ernährung
Zaunergasse 1-3
1030 Wien
www.oege.at

Verein für unabhängige Gesundheitsberatung UGB
Kreuzweg 12
5061 Elsbethen/Salzburg
www.ugb.at

Ernte für das Leben Österreich
Europaplatz 4
4020 Linz
www.ernte.at

Österreichischer Demeter-Bund
Hietzinger Kai 127/2/31
1130 Wien
www.demeter.at

Agrarmarkt Austria Marketing
Pasettistraße 64
1200 Wien
www.ama.at

Schweiz

Schweizerische Vereinigung für Ernährung
Effingerstr. 2
3001 Bern
www.sve.org

Bio Suisse Vereinigung Schweizer Biolandbau-Organisationen
Missionsstrasse 60
4055 Basel
www.bio-suisse.ch

Verein für unabhängige Gesundheitsberatung UGB
Seewadelstraße 7c
8444 Henggart
www.ugb.ch

Slow Food Schweiz
Dufourstrasse 187
8008 Zürich
www.slow-food.ch

Fleisch und Fisch

Bundesanstalt für Fleischforschung
E.-C.- Baumann-Str. 20
95326 Kulmbach
www.bfa-fleisch.de

Deutsche Landwirtschaftsgesellschaft (DLG): Wursttest
www.dlg.org/cgi-bin/wurst/suche_result.cgi

VIER PFOTEN »Einkaufsliste« für Fleisch von Tieren aus artgerechter Haltung in Österreich, gratis bei www.vier-pfoten.at/

Bundesverband der deutschen Fleischwarenindustrie
www.bcdf.de

zu BSE:
siehe www.bml.de
www.rindfleisch-etikettierung.de

Einkaufsliste Biofleisch Schweiz:
kagfreiland Engelgasse 12a
9001 St. Gallen
www. kagfreiland.ch

Einkaufliste Biofleisch in Österreich:
www.biofleisch.ernte.at

Einkaufliste für Deutschland:
www.alles-bio.de

Bundesforschungsanstalt für Fischerei
Palmeille 9
22767 Hamburg
www.bfa-fish.de/iud/iud-d/index.html

Fisch Informations Zentrum e. V
Große Elbstraße 133
22767 Hamburg
www.fisch-grosshandel.de/fizindex.htm

Getreide

Bundesanstalt für Getreide-, Kartoffel- und Fettforschung
Schützenberg 12
32756 Detmold
www.bagkf.de/

GMF Vereinigung Getreide-, Markt- und Ernährungsforschung
Postfach 30 01 65 ·
53181 Bonn
www.gmf-info.de

Milch und Käse

Bundesanstalt für Milchforschung
Hermann-Weigmann-Str. 1
24103 Kiel
www.bafm.de

Warenkundeseiten: www.cma.de/c/e/kaese/roadshow/2ver/v_wkahe.htm

Warenkundeseite: www.swissmilk.ch

Obst und Gemüse

Warenkundseiten:
www.mediatime.ch/gemuese/

Warenkundeseite der sächsischen Landesanstalt für Landwirtschaft:
www.smul.sachsen.de/de/wu/Landwirtschaft/lfl/Fachinformationen/Ernaehrung/

warenkundeseiten der Firma Spar:
www.spar.at/lebensmittel/obstugemuese/

Warenkundeseite Obst und Gemüse mit vielen Exoten: www.fruitlife.de

Gemüse für Freizeitgärtner: www.stmelf.bayern.de/lwg/faltblaetter/gemuese/gemuese_sorten.html

alte Gemüse-, Obst- und Getreidesorten, vergessene Haustierrassen:
www5.coop.ch/psr/cnt/motive

gesundheitlicher Vorteil von Obst und Gemüse
www.5amtag.de

Register von A - Z